跨境营销推广实务

谭 玲 主 编

北京理工大学出版社
BEIJING INSTITUTE OF TECHNOLOGY PRESS

图书在版编目（ＣＩＰ）数据

跨境营销推广实务 / 谭玲主编. -- 北京：北京理
工大学出版社，2023.11

ISBN 978-7-5763-3165-3

Ⅰ.①跨… Ⅱ.①谭… Ⅲ.①网络营销-高等学校-
教材 Ⅳ.①F713.365.2

中国国家版本馆 CIP 数据核字（2023）第 230207 号

责任编辑：王梦春	**文案编辑**：邓　洁
责任校对：刘亚男	**责任印制**：施胜娟

出版发行 / 北京理工大学出版社有限责任公司

社　　址 / 北京市丰台区四合庄路 6 号

邮　　编 / 100070

电　　话 / （010）68914026（教材售后服务热线）

　　　　　（010）68944437（课件资源服务热线）

网　　址 / http://www.bitpress.com.cn

版 印 次 / 2023 年 11 月第 1 版第 1 次印刷

印　　刷 / 涿州市新华印刷有限公司

开　　本 / 787 mm×1092 mm　1/16

印　　张 / 17.75

字　　数 / 417 千字

定　　价 / 88.00 元

前　　言

随着全球化的快速发展，跨境营销推广已成为企业拓展国际市场、提升品牌影响力、实现业务增长的重要手段。然而，跨境营销推广面临着各种挑战和特殊性。在这个全球化的时代，企业需要秉持二十大精神，不断追求创新和卓越。本书通过大国工匠、润心育德模块，将二十大精神融入教材，确保企业适应不断变化的国际市场环境。

本教材旨在通过系统的介绍和分析，帮助读者了解和掌握跨境网络营销的概念、市场调研与机会分析、品牌塑造、推广内容策划、搜索引擎营销、电商社交媒体推广以及其他关键要素。同时，本书融入了二十大精神的理念，强调企业的责任、合作、领导力、适应性、灵活性、决策能力、团队合作和创新力等，帮助企业不断适应变化的全球环境，完成时代所赋予的责任和使命。

本教材共分为八个项目，从认知到实践，系统地介绍了跨境网络营销的各个环节。在项目一主要分析讲解了跨境网络营销的基本概念和重要性，通过对跨境网络营销平台与生态的分析，更好地了解跨境电商的发展，后续介绍了跨境网络营销相关岗位以及职责分析，为后续的学习和实践打下坚实的基础。项目二将引导读者进行跨境市场调研和机会分析，影响消费者的购买决策因素，购买动机和过程，帮助企业做好市场选择核定位，最终帮助确定跨境目标用户画像，以便更好地把握市场需求和竞争态势。项目三则重点讲解了跨境品牌塑造的策略和技巧，帮助学生在激烈的市场竞争中建立起独特的品牌形象。项目四帮助读者学习如何策划和执行跨境推广内容，包括跨境图文内容塑造、跨境短视频内容塑造以及跨境直播内容塑造。通过精心策划和创作吸引人的图文、短视频和直播内容，帮助企业吸引目标受众的注意力并促进销售增长。搜索引擎营销作为项目五的重点内容，将为您揭示如何利用搜索引擎优化和付费广告等手段，提升企业在搜索结果中的排名，吸引更多潜在客户。在项目六中，通过对跨境客户旅程的分析，可以了解客户在购买决策过程中的关键触点和需求，从而更好地满足他们的需求并提供个性化的服务。对跨境社交媒体营销渠道进行分析，包括各种社交媒体平台的特点、受众群体和使用习惯，有效地利用这些渠道与潜在客户进行互动和沟通。在跨境社交媒体营销投放策略方面，介绍如何选择合适的社交媒体平台和广告形式，以及如何根据目标受众的特点制定有效的投放策略，制定针对性的内容和广告策略，以提高品牌知名度和销售额。项目七介绍了主流平台的站内营销和其他最新的营销方式，帮助学生扩宽营销思路。最后，在项目八中，学生将学习如何评估跨境营销的效果，从而不断优化和改进营销策略，取得更好的商业成果。本教材力求理论与实践相结合，通过案例分析、实操演练等方式，帮助学生更好地理解和应用所学知识。

本教材特色在于将跨境营销的理论知识与实践案例相结合，通过实用的案例分析、操作指南和最佳实践，帮助学生理解和应用核心概念和技巧。每个章节都深入探讨相关主题，并提供实践练习和评估工具，确保学生能够将所学知识转化为实际应用。此外，本教材还融入了二十大精神的理念，帮助企业适应不断变化的市场环境，追求创新和卓越。最后，本教材还引领读者思考更多新的跨境网络推广方式，以帮助企业在全球化时代取得成功。每个章节都将深入探讨相关主题，并提供实践练习和评估工具，以帮助学生将所学知识转化为实际应用。

本教材是浙江商业职业技术学院国家"双高计划"电子商务专业群所在专业的专业核心课程配套教材，由浙江商业职业技术学院谭玲老师组织一批经验丰富的跨境营销专家和互联网行业资深人员组成的团队完成本教材的编写工作。团队的专家具有广泛的行业背景和专业知识，包括市场调研、品牌建设、内容策划、搜索引擎优化、社交媒体营销等。他们以专业的态度和扎实的实战经验，为读者提供了一本实用的教材。在此特别感谢杭州普特教育咨询有限公司、杭州奇单科技有限公司、杭州领聚创海信息咨询有限公司的支持和帮助，他们为教材编写团队提供了宝贵的指导和资源，我们对他们的辛勤付出表示衷心的感谢！

跨境电商处在高速发展阶段，跨境营销推广形式变化万千，我们只能在本书中抛砖引玉，引领大家思考更多新的跨境营销推广方式，由于编者水平有限，本书难免有疏漏之处，希望各位专家、领导、同行和读者们多多批评指正，提出宝贵意见，以便后期不断完善。

编　者

目　　录

项目一
跨境网络营销认知

📄 项目背景

随着我国对外开放的不断扩大与加深，越来越多的中国企业更多地参与到"走出去"之中。尤其是近年来，随着跨境电子商务的快速发展，越来越多的企业逐渐通过跨境电商的方式参与国际市场竞争，但想要在激烈的市场竞争中立于不败之地，需要洞察目标市场的各种需求，特别是近年来社交媒体的快速发展，通过何种方式才能够得到消费者的喜爱，是商家必须深入思考的问题。

纵观当下跨境电商发展趋势，根据 Sprout Social 的研究数据，73% 的公司已经通过社交媒体来销售产品，同时有 79% 的公司打算在未来 3 年布局社交电商。根据最近的一项调查，18~24 岁和 25~34 岁消费者会经常在社交媒体上下单买东西。如果消费者对这个品牌比较了解，那他们购买的意愿会更强，因此"90 后"和"00 后"都已经成为线上购物的主要群体。

跨境社媒平台，近年来也成了跨境卖家的必争之地，通过社交电商营销，方便用户在互动沟通，娱乐之际产生新的消费也成为日常，Facebook（脸书）和 Instagram（InS）都提供商店功能、TikTok Shop（TikTok 旗下的电商平台）也在不断增加新站点，在营销之余，也方便感兴趣的客户直接购买产品。因此，通过跨境社媒方式进行推广，可以明显提高消费者的转化率和加购率（也叫"加入购物车"率，即将产品加入购物车的访客占总访客量的比例）。

在流量为王的时代，借用网红的影响力实现引流转化已然成为主流营销方式之一。网红与消费者是有情感联结的，与广告相比，更容易得到粉丝的信任，通过网红的视频来传达品牌或者产品，更容易激发粉丝情感。据 eMarketer（电子营销家）数据显示：就美国的网红营销市场规模而言，2021 年美国网红营销总消耗增幅为 33.6%，为 2019 年以来最大增幅，即 36.9 亿美元，到 2023 年年底，这一指标将继续平稳增长至 46.2 亿美元。虽然商家和网红合作的效果显而易见，但想找到合适的网红却并不容易。对初入行和对网红营销了解不多的商家来说，最佳选择是寻求第三方网红营销平台或服务商的帮助，这样能极大地提升网红的工作效率和效果。

跨境电商是一个快速变化的行业，特别是其营销方式方法的变化，更让企业应接不暇，我国企业想要在激烈的竞争中胜出，必须紧跟市场步伐，只有了解跨境行业中的营销变化，才能在风云变幻的跨境市场中立于不败之地。

【知识目标】

1. 理解跨境网络营销的相关含义；
2. 了解跨境电商的发展情况；
3. 了解跨境电商的相关岗位情况。

【能力目标】

1. 能分析企业跨境营销状况；
2. 能基于企业发展制定跨境营销策略；
3. 能根据不同跨境岗位掌握相关技能。

【素质目标】

1. 树立正确的跨国营销价值观；
2. 培养具有家国情怀，爱岗敬业的精神；
3. 培养具有敢为人先的开拓精神。

【思维导图】

润心育德

　　麦克奥迪集团是来自厦门的世界级光学仪器巨头。麦克奥迪已成为国际五大知名显微镜品牌之一，除中国外，已在美国、加拿大、德国、西班牙等海外市场设立销售公司，在全球拥有1 300余名员工。

　　回顾麦克奥迪30余年的发展历程，"常为天下先"是其一以贯之的精神。正是秉持这一开拓者精神，麦克奥迪屡屡抓住行业与时代的发展契机，从一家国有显微镜企业成长为全球主要的显微镜类光学仪器的供应商之一。在跨境电商的赛道上，麦克奥迪也凭借对目标市场的精准定位，以"产品-品牌-渠道"为矩阵，走出了一条与众不同的发展之路。

动画：大疆圣诞节

海外营销案例

　　本项目为课程的认知阶段，要求学生通过了解跨境营销相关的理论了解跨境网络营销的相关知识，培养学生与时俱进的精神，树立正确的跨国营销价值观，以及"敢为人先，勇于开拓"的创新精神。

任务一　跨境营销相关理论

【任务介绍】

通过学习本任务，学生对跨境网络营销有了初步的认知，掌握了跨境网络营销的相关概念与理论，了解了跨境网络营销的发展脉络，知晓了跨境网络营销的主流平台和营销生态组成。

【案例引入】

经过几年的埋头奋进，中国制造交出了一份新的答卷：以智能家居家电产品为代表的国货势力不仅发展迅猛，也调整了原有主打 OEM（原始设备制造商）的业务模式，由代工转向自有品牌，触角也伸向海外市场。尤其是在跨境电商中，不少中国企业抓住了新的历史机遇期：全球疫情形势仍在反复，很多地区面临供需错配，中国成熟的制造能力乘势补位，据相关数据显示，2021 年，中国跨境电商出口规模为 1.98 万亿元，达到了 15% 的高增速。

专做扫地机器人的 ILIFE（智意），在 2017 年时尝试将海外业务的模式从 B2B 扭转向B2C。当时的大环境全球智能家居家电市场需求膨胀，在其他同类品牌价格普遍为 300~500美元的时候，ILIFE 有针对性地推出主力价位为 150~300 美元的扫地机器人。

在速卖通的助力下，高性价比的扫地机器人一炮而红，ILIFE 成功打入美国、德国、日本、澳大利亚、俄罗斯、意大利等全球 30 多个国家。

作为较成熟的出海品牌，ILIFE 在仓储物流、海外营销方面更加完备，它们的新诉求是：获得更清晰的用户需求以提升产品，并让产品持续在公域流量内曝光，把品牌进一步做大做强。

事实上，不止 ILIFE，智能家居家电行业品牌星光熠熠，小米、追觅、添可、石头科技等近年崛起的头部商家纷纷入驻，希望在海外做强品牌。智能家居家电企业集体出海，并在我国跨境电商科技产品出海中形成一股"新品牌"势力，成为中国"智造"在新时期转型中颇具特色的一笔。

【任务描述】

Mayouty 是一家传统饰品制造企业，以批发代加工为主营业务，近年来随着电商的快速发展，在国内各电商平台上创立了自有品牌并发展得较好。但由于国外市场销售依旧以传统外贸代工批发为主，没有自己的品牌，量大但利润低，且市场很不稳定，Mayouty 公司的负责人王总决定通过跨境电商品牌 DTC 出海开拓新的海外市场，于是成立跨境海外事业部，将之前外贸业务部的崔经理调到该部门当经理，协助新招聘来的员工一起开拓新的跨境电商品牌出海业务。小李是一名跨境电商专业刚毕业的大学生，跟着崔经理一起学习并开拓跨境电商市场，崔经理认为，新部门面临的首要任务就是了解跨境电商，调研海外饰品市场并明确定位，设立跨境新品牌，塑造品牌内容，并分析目标市场通过哪些渠道进行业务开拓比较好，以及如何进行跨境电商营销推广，然后决定让小李主要负责跨境网络推广这方面的业务。因此，小李需要在学校专业学习的基础上收集并整理相关任务。

【任务分析】

1. 什么是跨境网络营销？
2. 跨境电商营销发展的历程有哪些？
3. 跨境电商营销推广的主要平台和生态体系是怎样的？

【相关知识】

一、跨境网络营销相关含义

（一）市场营销的含义

市场营销是企业在进行市场宣传推广过程中非常复杂的综合性活动，它贯穿于企业经营管理的全过程，是企业非常重要的组成部分。对于市场营销的定义，其中比较流行的是美国市场营销协会和营销大师菲利普·科特勒的定义。

美国市场营销协会对于市场营销的定义是：**它是一项有组织的活动，包括创造、沟通和交付消费者价值和管理消费者关系的一系列过程，从而使利益相关者和企业都从中受益。**

菲利普·科特勒认为，**市场营销是个人或集体通过创造、提供、出售，与别人自由交换产品和服务的方式以获得自己所需产品或服务的社会过程。**

（二）国际市场营销的含义

国际市场营销是企业通过计划、定价、促销和引导，创造产品和价值并在国际市场上进行交换，以满足各国消费者的需要和获取利润的活动。国际市场营销是市场营销的一种延伸，国际市场主要服务于境外的消费者，比国内市场更加复杂，而国外消费者的需求比国内消费者更加多样化，即国外消费者对产品的要求也就更优质化、高档化和自动化。

（三）网络营销的含义

网络营销是建立在互联网的基础之上，借助互联网，从而更高效地满足消费者的需求和欲望，从而实现企业营销目标的一种手段。它包括互联网传播媒体、未来的信息高速公路、数字电视网和电子货币支付等。网络营销贯穿于企业经营的整个过程，包括市场调查、消费者分析、产品开发、生产流程、销售策略、售后服务和反馈改进等环节。

（四）跨境网络营销的含义

跨境网络营销是基于互联网经济全球化的基础之上，借助于互联网更高效地满足不同国际市场顾客的需求和欲望，从而实现外贸企业进行跨境网络营销的一种手段。跨境网络营销是随着跨境电商的发展而产生的，它是结合网络营销和国际市场营销等方面的知识，研究不同市场消费者的网络购买行为，制定企业跨境网络营销策略的一个过程。

（五）与营销相关的其他重要概念

1. 需求指人们某种不足或短缺的感觉

它是促使人们产生购买行为的原始动机，是市场营销活动的源泉。人类需要是丰富而复杂的。主要包括生存需求，如食品、服装、房屋、温暖、药品、安全等；社会需求，如归属感、影响力、情感、社交等；个人需求，如知识、自尊、自我实现等。这些需要不是由企业营销活动创造出来的，而是客观存在于人类本身的生理组织和社会地位状况之中的。

2. 欲望是指建立在不同的社会经济、文化和个性等基础之上的需求

需求对人类整体而言，具有共性。欲望则对消费者个体而言，具有特性。个人的需求因其所处的社会经济文化和性格等不同而异，这种有差异的需要就是欲望。

3. 需求是以购买能力为基础的欲望

在市场经济条件下，人类需求表现为市场需求，因此，并非所有的人类需要都能转化为需求，也并非所有的人类欲望都能得到实现，购买能力是问题的关键。因此，**需求是对于有能力购买并且愿意购买的某个具体产品的欲望**。人类欲望无限，而购买能力有限。当价格一定时，消费者选择购买具有最大满足效用的产品，购买效益的高低决定着市场需求的实现程度，市场需求是企业营销活动的中心。市场需求处在经常变化之中。消费者收入和产品价格是影响市场需求变化的两个最基本因素。一般而言，需求同收入成正方向变化，同价格成反方向变化。当价格一定时，若消费者收入增加，购买力增加，市场需求数量增加，选择性加强。当消费者收入一定，产品价格上升，市场需求下降，则市场需求增加。

二、跨境网络营销相关理论

（一）4P 的内涵与应用

1960 年，美国密歇根大学教授杰罗姆·麦卡锡提出了 4P 营销理论，它认为企业进行营销的目的就是通过公司制定一系列策略，使消费者能够更好地了解产品从而形成购买的过程。

在市场营销组合中，4P 分别是产品（Product），价格（Price），渠道（Place），促销（Promotion）。

1. 产品

主要包括产品的实体、服务、品牌、包装。它是指企业提供给目标市场的货物、服务的集合，包括产品的效用、质量、外观、式样、品牌、包装和规格，还包括服务和保证等因素。

2. 价格

主要包括基本价格、折扣价格、付款时间、借贷条件等。它是指企业出售产品所追求的经济回报。

3. 渠道

主要包括分销渠道、储存设施、运输设施、存货控制，它代表企业为使其产品进入和达到目标市场所组织，实施的各种活动，包括途径、环节、场所、仓储和运输等。

4. 促销

是指企业利用各种信息载体与目标市场进行沟通的传播活动，包括广告、人员推销、营业推广与公共关系等。

以上便是市场营销过程中可以控制的因素，也是企业进行市场营销活动的主要手段，对它们的具体运用，形成了企业的市场营销战略。企业要满足顾客，实现经营目标，不能孤立地只是考虑某一因素和手段，必须从目标市场需求和市场营销环境的特点出发，根据企业的资源和优势，综合运用各种市场营销手段形成统一的、配套的市场营销战略，使之发挥整体效应，争取获得最佳效果。

（二）4C 的内涵与应用

1990 年，美国学者劳特朋教授提出了以消费者为导向的新型营销思路 4C 营销理论。4C 的基本原则是以顾客为中心进行企业营销活动，它是将企业的营销活动由 4P 向 4C 转变，在进行规划设计的过程中进行改变，从研发产品到如何实现消费者需求（Consumer's Needs）的满足；从制定价格到综合权衡消费者购买所愿意支付的成本（Cost）；从设计渠道销售产品到如何实现消费者购买的便利性（Convenience）；从设定促销方案向顾客传递信息到实现与消费者的双向交流和沟通（Communication），4C 强化了以消费者需求为中心的营销组合其内涵与应用。

1. 消费者

是指消费者的需求和欲望（the Needs and Wants of Consumer）。企业要把重视顾客放在第一位，强调创造顾客比开发产品更重要，满足消费者的需求和欲望比产品功能更重要。强调企业要提供能满足消费者需求的产品。

2. 成本

是指消费者获得满足的成本（Cost and Value to Satisfy Consumer Needs and Wants）或是消费者满足自己的需要和欲望所肯付出的成本价格。这里的营销价格因素延伸为生产经营过程的全部成本，包括：企业的生产成本即生产适合消费者需要的产品成本；消费者购物成本，不仅指购物的货币支出还有时间耗费、体力和精力耗费，以及风险承担。新的定价模式要求：消费者支持的价格–适当的利润＝成本上限。因此企业要想在消费者支持的价格限度内增加利润就必须降低成本。

3. 便利

是指购买的方便性（Convenience to Buy）。比之传统的营销渠道，新的观念更重视服务环节在销售过程中，强调为消费者提供便利，让顾客既购买到商品也购买到便利。企业要深入了解不同的消费者有哪些不同的购买方式和偏好，把便利原则贯穿于营销活动的全过程。售前做好服务及时向消费者提供关于产品的性能、质量、价格、使用方法和效果的准确信息。售后应重视信息反馈和追踪调查，及时处理和答复顾客意见对有问题的商品主动退换，对使用故障积极提供维修方便，大件商品甚至终身保修。

4. 沟通

是指企业与消费者沟通（Communication with Consumer）。企业可以尝试多种营销策划与营销组合，要着眼于加强双向沟通，增进相互的理解，实现真正的适销对路，培养忠诚的消费者。

4P 和 4C 是在营销中最基础的营销理论，随着社会的发展，营销理论也在更新，特别是基于不同行业的特性所形成的不同的营销理论，如在服务行业中更为适用的 4S 理论，还有 4I、4R、4V 等理论，具体分析详见二维码。

4S、4I、4R、4V
的内涵及应用

三、跨境电商发展阶段

（一）跨境电商 1.0 阶段（1999—2003 年）

跨境电商 1.0 时代的主要商业模式是网上展示、线下交易的外贸信息服务模式。在跨境电商 1.0 阶段，第三方平台主要的功能是为企业信息和产品提供网络展示平台，而且不在网络上涉及任何交易环节。

此时的盈利模式主要是通过向进行信息展示的企业收取会员费（如年服务费）。跨境电商 1.0 阶段发展过程中，也逐渐衍生出竞价推广、咨询服务等为供应商提供一条龙的信息流增值服务。

在跨境电商 1.0 阶段中，阿里巴巴国际站、环球资源网为典型的代表平台。其中，阿里巴巴国际站成立于 1999 年，以网络信息服务为主，线下会议交易为辅，是中国最大的外贸信息黄页平台之一。环球资源网于 1971 年成立，前身为 Asian Source，是亚洲较早的提供贸易市场资讯者。跨境电商 1.0 阶段虽然通过互联网解决了中国贸易信息面向世界买家的难题，但是依然无法完成在线交易，对于外贸电商产业链的整合仅完成信息流整合环节。

（二）跨境电商 2.0 阶段（2004—2012 年）

2004 年，跨境电商 2.0 阶段来临。在此阶段，跨境电商平台开始摆脱纯信息黄页的展示行为，将线下交易、支付、物流等流程实现电子化，逐步实现在线交易平台。相比第一阶段，跨境电商 2.0 更能体现电子商务的本质，借助电子商务平台，通过服务、资源整合有效打通上下游供应链，包括 B2B 平台模式，以及 B2C 平台模式两种。跨境电商 2.0 阶段，B2B 平台模式为跨境电商的主流模式，通过直接对接中小企业商户实现产业链的进一步缩短，提升商品销售利润空间。

在跨境电商 2.0 阶段，第三方平台在实现了营收的多元化的同时，也进入了后向收费模式，将"会员收费"改为以收取"交易佣金"为主，即按成交效果收取百分点佣金。同时，其还通过平台上营销推广、支付服务、物流服务等获得增值收益。特别是自 2011 年后，国家对此现象开始非常重视，出台各种政策支持，各个地区政府的扶持力度加强，同时竞争也越来越激烈了，有传统的行业转型进入，线下供应商、物流商、服务商对跨境电商的服务也同时跟进。

（三）跨境电商 3.0 阶段（2013—2017 年）

2013 年是跨境电商的重要转型年，一系列跨境电商扶持政策密集出台，我国跨境电商行业进入高速扩张期，我国跨境电商行业交易规模高达年均符合增长率高达 26.1%。天猫国际、考拉海购等大型平台不断涌现，整合营销、交易、支付、结算、物流、金融等诸多功能实现全链路在线化。

跨境电商 3.0 阶段，主要卖家群体正处于从传统外贸业务向跨境电商业务艰难转型期，生产模式由大生产线向柔性制造转变，对代运营和产业链配套服务的需求较高。3.0 阶段的主要平台模式也由 C2C、B2C 向 B2B、M2B 模式转变，而批发商买家的中大额交易成为平台订单的主体。

跨境电商 3.0 阶段具有大型工厂上线、B 类买家成规模、中大额订单比例提升、大型服务商加入和移动用户量爆发五个特征。与此同时，跨境电商 3.0 服务全面升级，平台承载能力更强，全产业链服务在线化也是 3.0 时代的重要特征。在跨境电商 3.0 阶段，用户群体由草根创业阶层向工厂、外贸公司转变，它们具有极强的生产设计管理能力。平台销售产品由网商、二手货源向一手货源好产品转变。

（四）跨境电商 4.0 阶段（2018 年至今）

从 2018 年开始，我国跨境电商监管政策不断完善，跨境电商综合试验区加速扩容，推动行业规范健康发展。另外，受全球贸易政策中不确定性因素的影响，亚马逊掀起的"封号潮"风波，跨境电商开始加速构筑品牌、渠道、供应链、营销等方面的竞争优势，以应对宏观环境、平台限制等风险挑战，同步带动电商 SaaS，物流仓储、跨境支付等跨境电商服务生态持续完善，逐步进入了 4.0 阶段。

在 4.0 阶段，企业不断提升跨境出海品牌意识，95% 的跨境卖家都认识到了"品牌打造"的重要性，越来越多的出海企业开始在第三方平台发力的同时，也建立自己的独立站，并通过全方位的打造数字营销网络，实现品牌全球化目标。因此，"品牌化"和独立站运营成为跨境电商 4.0 阶段的重要标志。企业的营销思维也就要从获取单一客户订单转变为让客户成为自己品牌的忠实用户，让客户长期复购，而独立站有更多的自主权，因此成为跨境企业连接客户并运营客户，让客户成为品牌忠实粉丝的阵地。另外，跨境电商企业在 4.0 阶段，不断优化供应链管理方式提升企业的盈利能力。

四、跨境电商主流平台

近年来，中国跨境电商交易规模稳步增长。2021 年，中国跨境电商交易规模 14.2 万亿元，较 2020 年（12.5 万亿元）同比增长 13.6%。预计 2022 年中国跨境电商交易规模将超15 万亿元。按照跨境网络商业模式，跨境网络平台除了可以通过跨境电商第三方 B2B、B2C、C2C 以及 B2B2C 等多种类型进行运营之外，还可以通过独立站的形式进行市场推广。

（一）跨境网络平台的特点

1. 独立站的特点

（1）独立的域名。自己购买国际顶级域名建设的网站，域名中可以包含自己公司的双拼，让客户能更方便地记住公司。例如 www.tjsteroids.com 是竹海天建化工有限公司的 B2B跨境网络平台的网站，客户可以在上面看到该公司提供的各项产品和服务，方便客户随时联系并购买产品。

（2）企业形象窗口。可以利用最新媒体高效低费地宣传自己的产品和服务，从而提高公司的知名度和影响力，是现代企业的首先。例如，在独立网站上增加公司新闻（动态）等内容，可以更好地宣传自己的公司形象、企业文化等。可以将网站中的公司简介、产品说明制作得更加精美，还可以加入公司的宣传视频，从而提升整体宣传水平。

（3）企业实力展示。让客户第一时间获得所需的商业信息，企业的最新产品和科研成果等，均可在自己网站上进行展示，让客户看到企业的实力，提升客户对企业的印象。

（4）更好地服务客户。在企业网站上，设置在线交流和问答频道，及时回答客户关心的问题，并将产品使用过程中可能出现的故障及排除方法进行在线解答，提高企业的服务水平。进行多用户设置，与企业销售团队随时保持联系，可以让企业时刻掌握商机。

（5）提升企业知名度。企业拥有自己的网站，除了可以进行销售之外，还可以为客户提供更高效的服务，同时还可以企业形象宣传推广，提升企业的网络知名度以及提高网站的排名。

2. 平台网站的特点

（1）知名度高。

平台网站一般都会投入大量费用进行平台推广，经过长期市场沉淀下来的，在行业内知名度较高，企业和用户都比较信任且使用较多的网站。例如，跨境网络业内的阿里巴巴国际站、亚马逊、EBay 等，由于平台的知名度高，市场价值也大。

（2）流量大。

平台知名度的提升，伴随的就是有更多的用户选择使用该平台，在平台购买产品，从而为该平台带来巨大的流量，而流量也是企业选择平台进行市场推广的主要原因。

（3）客户集中。

平台有综合性的，也有专业性的。对于不同客户群体，他们熟悉的平台也会有所不同，或者是经常使用的平台也有不同，如综合性平台中，欧美国家的中产阶级客户比较喜欢使用亚马逊网站购物；而在专业性平台中，如对于五金跨境交易，日本客户则较喜欢使用日本产品网（www.tipsun.com）购买产品。

（4）竞争激烈。

作为交易平台，只要符合需求的企业都可以在平台上面进行产品的展示和销售，因此，竞争对手很多，竞争激烈，如在速卖通网站上，输入"Socks"一词，可以搜到 13 万多种相关产品。

（5）操作简单。

对于企业来说，平台网站一般会以方便企业操作和方便客户购买为前提进行网站设计，平台在不断的优化过程中会本着客户体验最佳为中心进行不断改进。

（6）通过平台交易。

网站平台一般通过交易获取佣金；同时，为了保证交易的安全性和可控性，使用网站平台，大部分交易都在平台上完成，如阿里巴巴国际站之前是线上沟通线下交易，现在也通过一达通项目鼓励企业在线上完成交易，从而提升企业的信用和保障客户的支付安全。

（二）跨境 B2B 平台

截至目前，我国跨境网络交易中主要仍是 B2B 占较大比例，2016 年占总交易金额的70%以上，而 B2B 跨境网络平台则指企业提供相关的信息、产品或服务面对最终客户，服务的最终客户也主要是企业或集团用户。模式一般有交易量比较大，交易过程较长，交易比较谨慎等特征。主流的 B2B 平台主要有阿里巴巴国际站、敦煌网、中国制造、环球资源网、大龙网等。

1. 阿里巴巴国际站

阿里巴巴国际站是阿里巴巴集团的业务模块，旨在帮助中小企业拓展国际贸易的出口营销推广服务，它基于全球领先的企业间电子商务网站阿里巴巴国际站贸易平台，通过向海外买家展示、推广供应商的企业和产品，进而获得贸易商机和订单，是出口企业拓展国际贸易的首选网络平台之一。阿里巴巴国际站为企业提供一站式的店铺装修、产品展示、营销推广、生意洽谈及店铺管理等全系列线上服务和工具，帮助企业降低成本、高效率地开拓外贸大市场。

2022 年，阿里巴巴国际站自己建立无忧海运，"保仓保柜，甩柜必赔"。同时，其提供"合规"出海，提供"贸 E 税"服务，让外贸企业降本提效运作。阿里巴巴国际站仍在沿袭自己的品牌信念：让数字贸易成为当下企业的一个简单的生意链路，一站式跨境 B2B 服务平台，让天下没有难做的跨境生意。

2. 环球资源

环球资源是一家扎根中国香港地区，面向全球的专业展览主办机构。其旗下的环球资源网站是深度行业化的专业 B2B 外贸平台，更是中国商务部主办的、国际商报多次发文点名认可的全球高端买家的首选采购平台和主流平台。

成立 50 多年以来，环球资源一直致力于促成国际贸易，并通过展会、数字化贸易平台及贸易杂志等多种渠道连结全球诚信买家及已核实供应商，为它们提供定制化的采购方案及值得信赖的市场资讯。其于 1995 年率先推出全球首个 B2B 在线电子商务跨境贸易站点。其拥有超过 1 000 万来自全球各地的注册用户。

其他 B2B 平台
介绍

（三）B2C 平台营销

B2C 跨境网络指跨境网络企业主要针对零售用户进行产品推广和销售的平台，不同性质的平台销售的产品类目有较大的差别，如速卖通、亚马逊等是综合性的第三方交易平台。而兰亭集势主要以婚纱销售为主，FocalPrice 主要经营的是 3C 类目的电子类产品。近年来，随着消费者市场的迅速发展，中国跨境交易市场中面对消费者的交易模式中的占比不断升高。

亚马逊、速卖通、eBay、Wish 不仅是目前的主流跨境 B2C 平台，也是当下海外消费者用得做多的平台。了解主流跨境 B2C 平台，有利于企业选择平台和推广产品。

1. 亚马逊

亚马逊平台覆盖的市场基本上是目前世界上最核心的主流市场，如美国、加拿大、德国、英国、法国、意大利、西班牙和日本。在这些国家，亚马逊都是当地最大的网上购物平台。作为跨境出口卖家，想要让自己的产品在这些国家获得销售，在亚马逊平台上开店是不二之选。亚马逊的全球化是为了适应经济全球化的趋势。亚马逊的全球开店按照国家和地区分为中国、美国、加拿大、墨西哥、英国、德国、法国、西班牙、意大利、澳大利亚、日本、印度、土耳其、中东和巴西。现在，亚马逊的优势主要体现在以下几个方面。

（1）平台流量最大：以美国为例，亚马逊的流量是 2 200 M，而同属于 B2C 类型的平台，eBay 为 999 M，阿里全球速卖通（Aliexpress）的流量是 593 M。亚马逊（美国）相当于 2 个 eBay（美国）；相当于 4 个速卖通（美国）。

（2）平台体量最大：在跨境电商主流市场，都是当地最大的网上购物平台。北美第一大电商网站平台，2021 年，亚马逊净销售额为 4 698 亿美元，同比增长 22%，净利润为 334 亿美元，增幅高达 56%。亚马逊在全球的各个站点可以让你足不出户，也能迅速将业务拓展到国外，接触全球海量的亚马逊客户。

（3）平台客户最优：企业文化以"世界上最以用户为中心的企业"为基础，一切决策都以让用户满意为原则。在亚马逊美国站，重度用户（Prime 会员）有 1.01 亿，年消费额达人均 1 200 美元。Prime 会员是亚马逊的重视拥趸，他们对亚马逊的信任将自然而然延伸到中国卖家身上。

（4）物流体系最强：拥有全球最大的仓储物流体系 FBA；送货速度快，仓储空间大。

（5）平台规则最规范：平台自营与第三方卖家同在，亚马逊也会基于平台数据选择热销产品自己销售；入驻商家平等，没有排名垄断，容易后来居上。在日常运营中，亚马逊虽然也对平台规则进行了小幅调整，但都是基于原有框架对漏洞的修复而已。

（6）平台平均利润率最高：基于亚马逊独特的平台属性和消费群体较高的消费能力，客户对价格不太敏感，通常保持在 30% 以上；如果产品独特，可高达 100% 以上。

2. 阿里全球速卖通

速卖通平台业务的模式主要是 B2C 模式，是中国供货商面向国外各厂交易的一种小额跨境电商业务。速卖通业务 65% 的客户是个人，35% 的客户是从事小额批发业务的企业。该平台成立于 2009 年下半年，经过 10 多年的迅猛发展，目前已成为中国最大、全球第三大的英语在线购物电商平台。该平台作为阿里巴巴集团重点推出的一种业务，借助阿里巴巴集团其他平台的资源优势，发展迅猛。

速卖通平台业务是借助网络和阿里巴巴平台诞生的业务，有传统国际贸易业务模式无法比拟的优点。

（1）进入门槛低，交易活跃，能满足众多小商家迅速从事出口业务的愿望。速卖通平台会对卖家没有企业组织形式和资金的限制，进入门槛低，公司营业执照和个体工商户都可以在平台上发布商品。

（2）交易流程手续简便。速卖通平台的一大优点是交易流程非常简便，出口商无须具备企业外贸资质，无须亲自进出口报关，进出口报关由物流方简单操作即可完成。

（3）无关税支出。由于速卖通业务的单笔订单成交金额少，发出去的包裹价值普遍较低，一般没有达到进口国海关关税最低起征点的标准，因而无关税支出，这大大降低了客户的购买成本。因此，速卖通平台上的商品具有较强的价格竞争优势。

（4）品种多，价格低廉。由于我国制造业具有聚集优势，因此我国目前成为众多国家销售商品的货源国。国外客户利用网络和速卖通平台，跳过自己国家的零售、批发商，直接向货源的供应基地——中国供货商购买商品。面临的商品选择品种多，价格低廉。

（5）短期内无国际贸易摩擦问题。由于速卖通平台上的订单金额小，该商品往往以礼品或样品方式进入进口国，其对进口国的同类产业影响往往被进口国忽略。因此，短期内小额跨境电商可以避免发生国际贸易摩擦问题。

速卖通平台业务虽然具有许多优点，但也存在着相对不足，如价格竞争激烈，性价比不高，受国际物流问题制约明显，卖家对平台的依赖性过强等问题。后期速卖通平台的海外布局主要致力于打通供应链。全球的中小企业实现"全球买、全球卖"。提升物流服务，加速布局海外仓，卖家可以针对具有海外仓的国家和地区提供本地化的物流和服务。通过海外仓提供本地化服务，相对传统跨境电商的物流模式，具有较为明显的优势。

其他 B2C 平台
介绍

（四）B2B 独立站

由于线下展会等渠道受限，B2B 外贸更依赖于线上获客，其中 B2B 企业独立站作为集形象展示、引流落地、转化销售等多功能为一体的官方平台，重要性不言而喻。B2B 外贸通常以长周期决策、依赖老客户复购、服务周期长为特点。面对更为激烈的全球竞争，很多外贸企业当下最迫切的升级转型需求是从制造工厂转型为智造品牌。因此，如果企业官方独立站能在目标客户的心中形成品牌辨识度，将大幅提升企业的生命力与竞争力。外贸 B2B 独立站可以从产品、客户、品牌三个方面体现独立站优势。

1. 凸显产品优势

很多 2B 产品的目标客户并不是产品的最终消费者，通常采购商在选择合作对象时，会将产品质量、生产实力、是否支持定制化等因素纳入考量范围。而这些重点信息也需要在 B2B 企业的独立站中表现出来。

好的外贸独立站能做到让产品被"被对的人看见"，即产品信息展示在精准客群面前。这里所指的产品信息范围广泛，既包括 B 端客群关注的产品参数与生产包装，还有终端客户关注的使用场景与产品应用。因此，B2B 独立站中的产品呈现，既要注重保证信息全面，也要做到重点突出、清晰美观。同时，从网站搜索引擎优化的角度来看，丰富的产品宣传内容也将增加关键词部署与整站权重，为网站拓展曝光渠道，使潜在客户主动上门购买产品。

2. 获取更优质的客户

B2B 外贸企业相较于 B2C 企业，更依赖老客户复购，合作通常具有长期性。因此，外贸企业精准定位目标客户，构建健康稳定的合作关系，为后期的业务拓展铺路，这些需求就显得尤为重要了。比如，在自己的网站内配备内容专区，发布丰富的产品使用教程、产品故事、企业动态等内容，用以宣传品牌理念、产品说明，为目标客户提供更加丰富的"内容服务"。这些内容，可以让网站的访客更深入地了解这家企业，这样既能推动老客户加深了解、二次复购，也能让精准的潜在客户"留下来"，为 B2B 外贸企业裂变商机。

与此同时，随着大数据智能技术的发展，独立站客群数据的沉淀也能帮助 B2B 外贸企业勾勒出更加清晰的客群画像，让企业可以更有针对性地优化策略，帮助 B2B 企业告别"大海捞针"式的拓客方式，精准定位优质客群，并凭借营销自主性和数据沉淀，轻松推动访客的转化。

3. 提升企业品牌形象

传统 B2B 外贸企业以做 OEM/ODM 代工为主，品牌意识较弱，吃了不少竞争力不够的亏。而企业如果想实现长期发展，品牌化已经成为一条必经之路，只有打造属于自己的品牌影响力，形成品牌附加值，才能提升客户忠诚度，使企业真正享受品牌溢价的红利，避免陷入价格竞争。在这种情况下，品牌官方独立站就更是重中之重。企业可以通过这个官方的平台增强自身品牌力，如独立站中的公司介绍栏目，不必再是干巴巴的文字堆砌，作为 B2B 外贸企业的名片，它可以是图文并茂的聚合页、视频文化墙、创立历史时间轴、荣誉大事纪等。任何能够增强品牌认知度的内容，都可以使出海品牌在国际市场上变得更有"人情味"；同时，也自带品牌辨识度。

（五）B2C 独立站营销

B2C 独立站营销主要企业通过自己开发的平台对零售用户进行产品推广和销售，这类企业通过自营平台向海内外终端消费者进行产品售卖，而相对于第三方平台，独立站具有以下一系列优势。

1. 塑造企业品牌

通过 B2C 企业独立站或者 App，可以不断累积企业品牌，既可以提升产品的消费者信赖度，又可以为品牌赋能做好铺垫（就像京东从自营开始，做开放平台后，其品牌优势可以赋能于入驻的品牌商）。

2. 实现数据安全和增值

将数据 100% 留存在自己手里可以实现数据的安全和增值。目前，第三方平台只开放了一部分数据，很多核心的用户数据是不对卖家开放的。在独立站上，所有数据都属于企业，企业除了对数据的安全性有掌控之外，还可以实现数据的二次开发，从而源源不断地挖掘数据的价值。

3. 避免规则制约

自主权高，避免规则制约，由于平台是自营，灵活性非常高，不必担心平台规则的变动会影响运营；同时，还可以通过产品设计，提高产品的溢价空间。

4. 降低成本

交易佣金成本低，减少了向第三方平台缴纳的交易佣金或年费，同时在支付端的服务费用也相对低廉。

五、跨境电商营销特征和趋势

（一）跨境电商营销特征

1. 开启"云上生活"，数字化成新常态

B2C 独立站 SHEIN 和 Anker 的介绍

自线上"云模式"激活后，其便成为互联网+的加速剂。在此期间，数字化程度较低的企业，业务基本上陷入瘫痪。对于跨境电商企业而言，这无疑迎来了新生机，云物流、云供应链管理等模式将会带来一种新的可能。eMarketer 提供的数据显示，全球零售达到 3.7% 的年增速，全球零售电商达 16.5% 年增速，预计跨境电商在全球零售电商占比达 20%。

线上购物、线上支付、线上营销、线上运营等环节已经不单仅是普通的生活需求，也使企业全面步入互联网+的数字商业模式，而在线化、数字化势必将成为未来的发展趋势。

2. 消费模式改变，消费习惯养成

对于海外消费者，线下门店受限关闭，线上商城成为疫情期间的唯一购物渠道，这无异于加速了消费者日常购物从线下往线上转移的习惯养成，进一步提升了线上消费的频率与黏性。Global Web Index 提供的数据显示，海外用户对于电商的需求爆发式增长，28%的美国消费者网购的次数更加频繁。

线上购物突破时间和空间的限制，提升了购物效率，海外消费者正在由尝试转向依赖。三成以上消费者表示，即便疫情结束，仍将频繁地用线上购物取代线下购物。

3. 社交电商新玩法，全球直播盛行

国内掀起的直播热潮已蔓延至海外，遍布东南亚和欧洲部分国家。Crimson Hexagon 数据显示，自 2020 年 1 月起，关于直播活动的讨论量增加了 9 倍。2020 年上半年 TikTok 在海外 App Store 和 Google Play 下载量将近 6 亿次，较 2019 年同期增长 88.7%，排名前三的市场为印度、巴西和美国，分别占 27.5%、9.6% 和 8.2%。

YouTube 提供的数据显示，2020 年，直播观看时长比点播视频时的时长高 4 倍，每周进行直播或频次更高的频道将会获得 40%的新用户注册增长和 70%的频道观看时长增加，直播时长年增长率可达到 130%，而观看时长年增长率达到 80%。

阿里巴巴旗下电子商务平台全球速卖通将中国制造商品推向国际客户。目前，阿里巴巴正尝试在全球范围内建立网络红人网络，该公司打算在全球范围内招募共 10 万名内容创作者、网络红人。

这项招募活动的重要性在于，阿里巴巴希望将业务扩展到本国市场以外。而无论是在业务模型还是技术上，阿里巴巴一直使用在本地验证过的创新方法，以推动其全球扩张。这一次，阿里巴巴将测试：在中国已炙手可热的直播电商被置于全球市场语境下时能够获得怎样的效果。

4. "宅经济"爆发，新热点出现

现在，消费者对健康保健领域的关注开始增加，由此衍生出了"宅经济"——居家办公、居家锻炼等，办公用品、室内运动器材、宠物用品等成为人们大量采购的产品。

在足不出户的情况下，一些新品类的产品异军突起。根据亚马逊的畅销产品清单可知，远程办公成为数百万美国人的工作新常态，也带火了大量的办公相关产品；居家生活增加了他们与孩子和宠物相处的时间，母婴、玩具及宠物用品销量大增；同时，很多消费者开始调整饮食方式，他们在家自主学习烹饪和烘焙技能，由此也增加了厨房用品及冰箱等厨房电器的购买频率。

5. 运营精细化，品牌垂直化

近些年随着平台红利的衰退，跨境出口卖家进入红海市场，竞争越发激烈。由于中小卖家产品缺少品牌积累，同质化竞争严重，不得不打起"价格战"。

而当下消费者端对产品的设计、质量、品牌的要求逐渐增加，精细化运营的垂直细分类目跨境电商越来越受到海外消费者的喜欢。更多的跨境卖家开始关注 DTC 和个性化定制，在销售产品的同时，更加关注人性和海外消费者的真实需求，不但大大提高了营销的转化，并逐渐沉淀垂直人群的口碑，实现了品牌的用户积累。

同时，精细化运营的作用开始显现，跨境电商卖家需要去构建供应链的上下游以及完整的客服系统，以此提升买家体验，摆脱了过去的粗放式管理。

（二）跨境电商营销趋势

1. 移动营销发展迅猛

随着手机的普及，以及品牌能根据人口统计信息和其他消费者行为特征定制个性化信息，移动营销发展迅速。品牌运用移动营销在购买和关系建立的过程中随时随地到达顾客，并与顾客互动。对于消费者来说，一部智能手机或平板电脑就相当于一位便利的购物伙伴，随时可以获得最新的产品信息、价格对比、来自其他消费者的意见和评论，以及便利的电子优惠券。移动设备为营销者提供了有效的平台，借助移动广告、优惠券、短信、移动应用和移动网站等工具，吸引消费者深度参与并迅速购买。

移动营销是在强大的云端服务支持下，利用移动终端获取云端营销内容，实现把个性化即时信息精确有效地传递给消费者个人，达到"一对一"的互动营销目的。

2. 营销自动化提升效率

营销自动化指的是基于大数据的用于执行、管理和自动完成营销任务和流程的云端的一种技术。营销自动化可以提高营销 ROI（投资回报率），提高客户的生命周期价值，简化产生销售线索的过程，减少客户需求响应时间，产生高质量的销售线索等。

（1）节省时间。在营销活动中，某些原本费时费力的重复性操作被自动化后，这些时间就被省了下来，这样就可以给决策留下更多的时间，从而实现降低成本，增加营收。营销自动化能够精简重复的工作，减少人工成本。

（2）用户体验更佳。如果要全年无休地满足消费者对于全渠道无缝的体验，这一点靠人力是很难做到的。引入营销自动化后，可以根据向某一行业发出的电子邮件进行定制主页，根据消费者已知优化行为召唤，抑或不询问消费者已经知道的信息，让整个服务流程衔接得更加紧密，更好地与客户互动，从而改善用户体验。营销自动化平台可以大规模收集有价值的数据，企业可以把这些数据加以应用，从而制定出更有效的营销和销售决策。

3. 品牌化铸就企业壁垒

品牌化是跨境电商卖家发展到一定阶段之后必须要面临的挑战。品牌是企业的壁垒与护城河，面对市场激烈的竞争，品牌可以让企业有底气与竞争对手抗衡，也是一家企业可持续发展的必要条件。品牌化是一个非常困难但又无法逃避的过程。企业想要做品牌化，必须从思想上转变，不应该为了短期的利益而改变整个经营思路和初心。

4. 垂直化成为品牌的切入点

垂直化是中小卖家做品牌化的切入点。在越来越激烈的市场竞争中，大型综合品类的蓝海市场已经不复存在，企业只有把垂直领域的体验做到极致化，才能立于不败之地。

5. 社交化购物成为趋势

随着网络技术的持续发展，消费者不再围绕着购物平台形成圈子，而是围绕着内容形成个性鲜明的社交式购物。消费者关注并融入以兴趣为连接桥梁的社交圈，在圈中交流信息，获取对商品的认知，从而确定对商品的购买选择。

社交电商是社交媒体社区与在线购物重合的产物。社交电商有两种主要形式：一是在社交媒体上以电商为目的的交互；二是在电商平台上以小组等社区形式进行的活动。

【大国工匠】

追觅科技："用中国人的智慧服务更多海外用户"

成立于 2015 年的追觅科技是一家有极客基因的创新科技公司，其前身是创始人俞浩在清华大学创建的"天空工场"。在追觅团队布局中，其研发人员占比高达 70%，科研团队汇集了国内"985""211"高校顶尖人才，专注核心技术攻关。如此强大的科研团队，势必造就过硬的研发能力。秉持着"不断求索和成长的世界顶级科技企业"的品牌愿景，追觅科技始终致力于推动科技生活的产品普惠和技术进步而不遗余力。追觅科技现有粉丝数超过了 20 万。其以往举办的 V11、T20、L10 Pro 等系列产品首发活动都十分成功，首发期新品全部是售罄状态，且复购率较高。

在营销推广方面，从推广分层至首发预热期，首发活动期以及产品推广长尾期。通过 KOL 推广、社媒活动策划、PR、跨界品牌合作，以及广告投放的层面等进行闭环式的推广布局。

目前，追觅科技主打吸尘器和扫地机两个大品类，追觅科技在品牌建设上的三步走策略：

首先，通过多样化的品牌传播方式，向更多的消费者普及追觅品牌及核心产品；

其次，基于公司规模的不断扩大，市场营销团队逐渐成型，将目标放在"品销合一"的发展策略上，通过市场份额的提升，进而更好的增加品牌曝光量；

最后，目光放于 3~5 年长线行业发展的研发投入中，结合深耕算法，以及机器人领域，将产品覆盖不同价格段以及不同功能属性的产品分层，围绕"丰富渠道布局+产品传播"策略。

工欲善其事，必先利其器。企业想要在市场的优胜劣汰中获取成功，仅依靠品牌打造以及全面打通全球销售渠道远远是不够的，在选品上亦不能盲目跟风。追觅科技基于不同国家和地区的用户，针对性地对产品进行了优化和调整。

比如，国内以及亚洲消费者家庭更多的使用环境是地板，由此针对亚洲的用户，吸尘器采用适配地板使用的软绒地刷；而针对欧美用户家中大多配有地毯的居住环境，则对地刷进行了改良并配备了 V 字形地毯刷。

国家和地区的不同会直接导致消费者需求以及购买力存在差异。追觅会基于不同国家的使用习惯和使用场景需求，针对产品进行定制化的设计。通过多样化的设计迎合不同消费者的本地化需求，让不同配件能够在不同的环境下更有效的工作，产品的核心技术也能更好地融入消费者的生活中。

截至 2022 年 5 月，追觅吸尘器的总销售量已超过 200 万台。该企业生产的智能家电产品在席卷各大电商平台的同时迅速向国际市场扩张，产品覆盖了包括美国、法国、波兰、德国、俄罗斯、西班牙、意大利、荷兰、韩国、日本等在内的众多国家。

追觅科技的下一个目标将是希望在未来的 5 年在销售层面和品牌层面实现质的突破。企业将继续借助海外电商平台加持，在智能科技领域不断探索与创新，加大海外市场开拓力度，用中国人的智慧服务更多海外用户。

【任务实施】

实训项目	跨境电商营销相关理论
实训目的	掌握跨境营销相关概念及发展阶段，以及 4P 和 4C 理论
项目小组 成员分工	
实训方式 和步骤	（1）项目团队模拟任务描述中的场景，组建跨境电商公司，给自己的团队命名，成为小组名称； （2）结合任务描述任务，以项目小组为单位展开讨论 （3）针对所要求的任务写出相应的思考结果； （4）各项目小组可进行交流互评； （5）思考并总结，完成实训报告
实训问题	（1）什么是跨境网络营销？ （2）跨境电商营销发展的历程？ （3）跨境电商营销推广的主要平台和生态体系是怎样的
个人反思 和总结	

任务二　跨境营销岗位认知

【任务介绍】

通过学习本任务，学生能够了解跨境电商行业基本的岗位设置，并且掌握不同岗位所需的技能要求。

【案例引入】

中国跨境电商行业一直以极快的速度向前发展。根据艾媒咨询提供的数据显示，在 2019 年，中国跨境电商交易规模已经达到了 0.80 万亿元，随后一直呈现出上升趋势。到了 2021 年，中国跨境电商出口交易量已经达到了 1.97 万亿元。预计，在 2024 年，中国跨境出口电商交易规模总体将突破 2.95 万亿元。

在跨境电商行业奔涌向前过程中，新的生态也陆续出现，新岗位往往伴随新生态出现，所以，近年来，除了我们熟悉的上述岗位，一些新岗位也开始进入招聘的海洋。而为了招揽人才，企业也十分舍得下血本，可以说这些职位是新一批宝藏蓝海岗位/职业。

新岗位的出现，以及企业以高薪待人才，证明了跨境电商行业正在逐渐走向成熟，因此除了新岗位，一些原有的，不被重视，或者被忽视的岗位，其重要性也日益凸显，并蕴藏着广阔的职业发展前景。

伴随着新业态的发展，新岗位应运而生。这些新岗位人才紧缺、待遇高、前景好，但对应聘者的综合素质要求也不低。

亚马逊品牌收购经理：年薪 30 万元，熟悉亚马逊，有资源者具备竞争优势

现在亚马逊品牌聚合商融资总数已经超过 150 亿美元，在 98 家活跃聚合商中，有 32 家已经融资超过 1 亿美元。头部聚合商 Thrasio 更是凭一己之力筹集了 34 亿美元的资金，并在短短两年内，依靠聚合品牌，一举拿下了亚马逊全球卖家前五名的位置。

除商务拓展经理这类协助收购亚马逊品牌的岗位外，聚合商们也会招聘如采购助理、物流专员、亚马逊运营经理等岗位。而给出的薪资也比同行略高，如某聚合商对深圳的亚马逊运营经理岗位开出的薪资为：底薪 15 000~20 000 元+提成+分红。不过在任职要求上也明确表示，需要有 4 年以上亚马逊运营经验，至少 1 年以上亚马逊运营团队管理经验，且过往经验必须懂"白帽打法"。

跨境电商主播：底薪最高每月 15 000 元，要懂外语，还要会卖货

另一波浪潮是跨境直播电商。直播带货在国内已经不是什么新鲜事，并且市场已经逐渐饱和，但在国外却是一片亟待开发、潜力无限的商业领域。研究零售数据的美国科尔赛特研究公司（Coresight Research）预测，美国的电子商务直播市场预计到 2023 年其销售额将超过 250 亿美元。海外直播电商仍是蓝海一片。

近年来，虽然亚马逊、速卖通、Lazada、Shopee 等平台都布局了直播领域，但最先取得突破发展的却是有着丰富的经验和"先知"优势的短视频社交媒体 TikTok，作为抖音在国外的兄弟，TikTok 在 2021 年 4 月以印尼、英国为起点试水直播电商业务，开通直播购物小黄车（TikTok Shop）功能，未来还将在东南亚四国（泰国、越南、马来西亚、菲律宾）上线跨境业务。

在国内，跨境直播带货的萌芽也逐渐苏醒，艾媒咨询数据显示，2020 年，中国跨境直播电商市场规模为 240 亿元；2021 年，中国跨境直播电商市场规模为 360 亿元，到 2025 年预计增长到 8 287 亿元。

目前，在社交媒体方面，不仅 TikTok 开拓了直播业务，Youtube、Facebook 等也已布局直播板块，因此，部分有跨境直播需求的跨境电商卖家，几乎涵盖了全平台。

相信很多人都已经感受到由于疫情影响，这几年跨境电商的发展遇到了一些阻滞，但从总体趋势来看，跨境电商向上的趋势是不会变的。正如商务部外贸司负责人所言：跨境电商是发展速度最快、潜力最大、带动作用最强的外贸新业态，仍处于高速发展期。在这个过程中，除了新岗位，一些原有的、被人忽略的岗位重要性也日益凸显，其中蕴藏着广阔的职业发展前景。

【任务描述】

鉴于是新成立的部门，对于跨境电商业务的开拓，崔经理建议小李查找跨境电商相关岗位设置情况，并了解每个岗位的具体职责，为后续部分招纳新人打下基础，因此，小李根据崔经理的要求，需要收集相关任务。

【任务分析】

1. 跨境电商相关岗位有哪些。
2. 跨境电商相关岗位的职责是什么。
3. 对于跨境营销推广岗位的能力要求有哪些。

【相关知识】

一、跨境电商相关岗位分析

中国跨境电商近年来发展迅速，已经成为国际贸易新的增长点。B2B 与 B2C 结构占比中 B2B 模式份额占 70%～80%，居主体地位，但 B2C 呈逐年上升趋势，市场潜力巨大。由于各种模式跨境电商蓬勃发展，企业对人才的需求量非常大。

（一）人才能力素质模型

美国心理学家麦克利兰教授提出了一个著名的能力素质模型，即"冰山模型"（图1-2-1）。该模型将个人能力素质分为海平面以上的"冰山上部分"，包括技能和知识，是能够通过教育、培训等手段进行干预和改变的，即为显性的能力或外在能力；海平面以下的"冰山下部分"，包括社会角色、自我认知、特质和动机，不能通过外界干预而改变，即为隐性能力或是内在能力。通过对跨境电商人才需求、岗位分布、职业素养进行分类，把核心人才的主要特征用定性的语言描述出来，构建跨境电商人才核心职业技能体系模型。

（二）岗位分布

跨境电商招聘的岗位职责对应冰山模型的"冰山上部分"即技术和知识上的能力，每个岗位职责的具体技能都描述的很准确，具体要求都很详细。通过调研可知，跨境电商人才需求占比如下：市场运营占45%、平台操作占10%、网络营销占25%、客户服务占10%、物流管理占5%、其他占5%。这些技能不是需要传统的贸易型人才、单一英语型人才、国内电商人才，而是需要熟悉跨境电商企业业务流程、能在跨境电商平台操作、具有良好商务英语能力的复合型人才。跨境电商的职业岗位较多，法语（土耳其语等语种）客服、销售经理（广告销售）、鞋类（纺织品、照明/灯具、服装行业等）行业经理、促销运营、国际物流运营/海外仓物流运营、文化主管/经理、谷歌推广销售、行业经理、Facebook 优化师（跨境营销）、跨境直播，产品经理、跨境采购、互联网运营经理等，如图1-2-2所示。

图 1-2-1　冰山模型

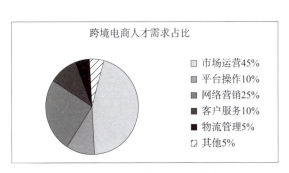

图 1-2-2　跨境电商人才需求占比

二、跨境电商行业职业技能要求

从调研职位要求情况来看，跨境电商的职位要求主要对应冰山模型的"冰山下部分"即社会角色、自我认知、特质和动机。

通过调研可知，跨境电商企业要求员工具有敬业精神占 97%；具有较强的沟通能力占 96%；具有团队精神占 95%；具有较强的再学习能力占 52%，具有创新能力占 28%。其中敬业精神、沟通能力及团队精神是跨境电商企业更为重视的素养。这些职业素养在具体的工作过程中才能显现出来，直接影响人的工作效率和工作效果，如图 1-2-3 所示。

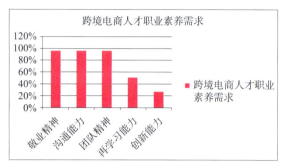

图 1-2-3　跨境电商人才职业素养需求

在跨境电商交易规模迅速增长的情况下，跨境电商企业对人才的需求越来越大。跨境电商行业越来越规范，岗位越来越细化，岗位的核心技能也越来越明晰。基于调研数据，我们可以把跨境电商人才核心技能分为七个大的岗位群。

（一）设计类岗位群

其包含网页设计、平面设计、美术设计、摄影技术、图形图像处理、店铺装修，设计类人才是跨境电商人才核心职业技能体系的重要组成部分。

（二）运营类岗位群

其包含文案策划、市场调研、第三方外贸平台营销、搜索引擎营销（SEM）、电子邮件营销、搜索引擎优化（SEO）、社会化媒体营销、移动新媒体营销、新闻营销、微营销、跨境全网营销、跨境电商运营、数据分析、店铺运营、网络推广，运营类人才是跨境电商核心职业技能体系的重点。

（三）销售类岗位群

其包含国际市场开拓、客户开发、国际客户服务、国际订单处理、CRM 系统操作、客户关系管理、电商客服，销售类人才是跨境电商核心职业技能体系的核心。

（四）贸易服务类岗位群

其包含国际贸易单证、国际贸易跟单、国际贸易报关、税务策划、财务管理、人力资源管理、国际贸易支付、国际贸易金融、国际贸易结汇、国际贸易退税，贸易服务类人才是跨境电商核心职业技能体系区别于国内电商的重要组成部分。

（五）供应链管理类岗位群

其包含跨境采购、国际物流管理、供应商管理、仓储管理、ERP 信息系统操作、渠道管理，供应链管理类人才是跨境电商核心职业技能体系中很重要但又相对独立的组成部分；

（六）跨境电商企业管理岗位群

其包含跨境电商企业人力资源管理、跨境电商企业财务管理、跨境电商研发运营管理、跨境电商企业市场运营管理、跨境电商企业文化建设、跨境电商项目管理，跨境电商企业管理类人才是跨境电商核心职业技能体系能力要求较高的部分。

（七）跨文化沟通岗位群

其包含跨境电商各种形式沟通技巧、跨文化冲突解决、国际商务谈判、国际商务礼仪，跨文化沟通人才是跨境电商核心职业技能体系的基础组成部分。每一岗位群都对应相应的核心职业技能。

三、跨境电商潜力岗位职责分析

跨境电商发展到今天，已经不是十余年前外贸行业的小分支，无论是现在还是将来，跨境电商营销推广相关岗位在卖家的发展中必定会占据越来越重要的位置，其主要有以下几个岗位。

（一）品牌营销经理

跨境电商诞生之初，红利可观，卖家们只要上架产品，就能挣钱。但如今，随着竞争的逐渐激烈，依靠产品、供应链和营销能力赚取利润的空间正在不断被压缩。市场告诉我们，品牌是可以溢价的，强势的品牌不仅意味着市场地位，更代表着丰厚的利润。

在前十几年，卖家可以从市场红利中获取丰厚的回报，但现在红利期已过，卖家只能从品牌中找增长了。现在很多平台卖家开始布局独立站，这样做除了分散可以风险，减少对平台的依赖外，也是因为意识到了品牌的重要性。

在这个大趋势下，品牌营销经理一岗的重要性不言而喻。不过从这个岗位的名字也可以看到，能胜任的人需要是一个综合型人才，既要懂品牌，也要懂营销，还要了解市场。

（二）风控专员

这一岗位更多地见于银行等金融机构，在跨境电商行业一些跨境大卖会设置这一岗位，但并未受到过多的重视，然而从 2021 年起，这个岗位却突然火起来，甚至还有卖家高薪从互联网大厂挖人。至于原因，相信大家也知道，源于亚马逊的合规性整顿。

亚马逊这种突如其来的整顿，让卖家们吃了一记教训，同时也在努力应对，而风控专员就是方式之一，此前这一岗位的职责可能只是专注于差评控制、账号关联等上面，但经此一事，就能扩大到平台规章制度研究、调研和分析方面。

如今很多平台都已经走过了最初粗放式发展阶段，合规化是必然趋势，不仅是亚马逊，其他平台也随时都有可能对不合规行为进行整治。再加上平台政策一直在变化，因此，风控专员一岗在将来对卖家而言只会越来越重要。

（三）产品经理

都说"产品为王"，大家都在同一个平台销售，渠道一样，消费者购买商品的便捷性相同，那拼的就只有产品。同一产品，更加注重产品的个性化、品质化和满足切身需求点的产品必定更能获得消费者的青睐。

况且，跨境电商卖家的基石在产品，"七分靠选品，三分靠运营"一言足见对卖家的重要性，可以说好的产品是卖家在这场无硝烟战争中胜出的关键。因此产品经理一岗可以说决定着卖家跨境生意的生死，如果他不能研发出有竞争力的产品，那运营、物流计划专员、库存管理等做得再出色也是徒劳。

不过要成为一名合格的产品经理并不容易，他不仅要具备挖掘潜在客户痛点的能力，还需要有行业品类的调研能力，还不能缺少营销意识，在选择一款产品的时候就要考虑到在做终端销售时可以将哪些作为卖点或者爆点。

（四）数字营销经理

数字营销即"广告投放"。在竞争日益激烈的现在，"酒香不怕巷子深"的经营理念已经不适用。好的产品有了，但如果不把它推到人前，默默无闻将是它的归宿。对跨境电商卖家而言，流量往往等于单量，广告永远围绕流量来做，这是卖家的核心。

另外，还有一句名言："我知道我的广告费至少浪费了一半以上，但我不知道究竟浪费在了哪里。"说的就是由于不当的广告投放造成的巨大浪费。投放广告时如何才能使钱花在"刀刃"上，让卖家的每一分钱都发挥作用，非常考验数字营销经理的工作能力。

经常有亚马逊卖家说："不烧广告等死，烧广告穷死。"这句话侧面也说明了广告营销经理对卖家的重要性，这个岗位的人选好了，不仅可以直接提升卖家的 GMV（商品交易总额），还可以大幅降低成本。现在平台的竞争越来越激烈，广告投入成不断上涨，这种情况下，广告营销经理一岗的需求只会越来越大。

虽然看着是简单的做个广告投放，但有招聘相关岗位的卖家直言道，广告营销经理需要同时具备三方面能力，即数据优化能力、上下游思考能力，以及新广告渠道的拓展能力。目前，广告营销经理也是人才稀缺岗位，很多卖家会出高价挖人。

（五）内容营销专家

这里所指的内容营销主要偏向社媒运营。我们可以发现，现在消费者对于硬广越来越不买账了，反而是软广深得人心。在这种情况下，内容营销岗位优势凸显，这也是现在一些跨境卖家加大社交媒体运营力度的原因。

优质的文案、视频不仅可以获得更广泛的传播，在效果上也更能触达消费者的内心，起到潜移默化的效果。有人可能会抱怨内容营销太难了，见效又慢，但不要忘了它的有效触达率非常高，投入成本也较低。

眼下卖家的广告投入和产出比十分不协调，广告成本一路高涨，但产出却越来越少，若能在内容营销上取得突破，对于卖家来说，无疑是既节省了成本，又打开了新的流量渠道。更重要的是，如果你创造了高质量的内容，你将可以在谷歌搜索结果中超过那些烧钱营销的企业，获得比它们更高的排名。

（六）GTM 经理

GTM（Go to Market）俗称操盘手。在大的跨境电商企业中，这个岗位的重要性会更显著。公司越大，所涉及的部门就越多。一个产品从开发最后到消费者手中，中间会经历多个部门，如果没有一个人全程把控，那很可能，买家收到的产品与最初的设计风马牛不相及。这个角色就是 GTM。

GTM 经理的岗位职责就是负责产品设计、研发、生产、推广、销售整个流程的把控，将这些流程所涉及的部门串联起来。因此任职的人不仅要具有本岗位的能力，还要有跨岗位能力。

众所周知，从 2020 年开始，布局独立站已经成了越来越多卖家的选择。据商务部的不完全统计，中国跨境独立站的数量在 2021 年就已突破 20 万大关。在这样的发展速度下，GTM 的需求也会越来越大。

跨境电商岗位往往和高薪联系在一起，除行业本身的特性之外，人才稀缺也是推高薪资的另一因素。说到跨境电商人才，往往会有一个词和它相对应，那就是"缺口大"。相关数据显示，目前跨境电商人才缺口高达 600 万。智联招聘平台发布的《2021 外贸人才形势研究报告》显示，从外贸行业岗位需求程度来看，跨境电商运营岗位占外贸核心岗位的 14.4%，但其招聘需求同比增速却高达 135.7%，对人才的需求翻倍。

而导致跨境电商人才紧缺的主要原因是行业偏好复合型人才。从众多岗位也可以看到，很多不仅要求应聘者同时具备多种能力，如对于跨境电商主播这一岗位，不仅要求应聘者会英语，还要具备销售能力，要求非常高。

【拓展案例】

月薪 4 万元！拼多多跨境项目大量挖人

拼多多跨境项目 Temu 已于 2022 年 9 月 1 日正式上线。虽然没有传说中的"砍一刀"，但 Temu 未来能否成为跨境电商的另一个大平台依旧备受关注和讨论。而在外界议论纷纷的同时，雨果跨境发现，拼多多已经在各大主流招聘平台上线大量有关跨境电商的招聘信息，包括招商经理、物流经理、跨境买手等多个方面的人才，为其跨境电商项目筹备兵力。

根据国内多个主流招聘平台显示，拼多多正在招聘大批跨境电商相关的人才，包括跨境商家产品运营、招商运营经理、商家产品经理等。

在国内，拼多多的总市值已经超过 900 亿美元，仅次于阿里巴巴和京东，是国内的老牌电商，为各商家所熟悉。但在跨境出口领域，Temu 是拼多多首个试水项目。

据了解，拼多多已经开放了办公用品、宠物用品、大家电、电子、家居厨房用品、美容和个人护理、汽车用品、母婴用品、服装、鞋靴和珠宝饰品、运动与户外用品等十几个类目。而从目前已公布的招聘岗位看，招商经理是需求最大的岗位。

根据招聘信息显示，拼多多目前给到跨境电商招商运营经理的薪资待遇是每月 2 万~4 万元，且 14 薪，主要职责包括：

（1）根据平台需求，制订品牌/优质商家的定向招商计划，招募具有跨境经验的卖家入驻，能针对目标企业的需求，结合平台的特点及发展方向，找到双方的共同利益点，提升品牌商家对平台合作意愿。

（2）对商家分类分层管理，按照商家特征及商圈发展方向，制定对应的运营策略。

（3）帮助新入驻的优质商家快速落地和发展，引导品牌做好发展规划，包括市场定位、商品规划、品牌营销、运营策略等。

（4）分析数据，能够出具行业分析报告，并结合数据深度挖掘客户的潜在需求，并根据客户需求做方案调整。

此外，对招商经理要求本科及以上学历，有3年以上相关运营经验；熟悉服饰、箱包、母婴等品类，有一定商家资源的将被优先考虑。

从几个招商经理的招聘信息看，普遍要求他们具有母婴、服饰、箱包、美妆、运动户外、宠物用品等商家资源，可见这几个类目是目前拼多多相对看重的，前期可能会投入较大的扶持资源。

此外，拼多多还在招聘海外社交媒体运营，负责海外社交媒体上官方账号矩阵的内容日常运营，有意在海外社交媒体上扩大声量。据了解，Temu也有布局海外社交媒体，但粉丝量不大，均处于起步阶段。其Twitter账号是2022年8月才申请的，只有几十个粉丝；TikTok账号仅有10个粉丝，发了11个帖子；Instagram上有203个粉丝。

从模式上看，拼多多跨境电商平台Temu与SHEIN类似，卖家只需要将货发到拼多多指定的国内仓，然后由拼多多官方来定价等。

在Temu网站页面上，能看到首页许多商品有一个"30%折扣"的明显标识，首页大多数展示的产品价格在10美元以下，低价策略和SHEIN如出一辙。此外，和SHEIN一样，为了捕捉当下时尚品牌产品的流行元素，主动预测市场流行趋势，拼多多也在组建买手队伍，包括箱包、女鞋、美妆等品类的买手。

以"美妆买手主管"这个岗位为例，需要完成美妆品类的商品规划，包括必备风格，必备元素，重点国家商品比例等多项内容，并协助品类经理做不同渠道的元素分配，而且要求具备至少5年买手或商品企划工作经验，Instagram重度爱好者会被优先考虑。

而"买手专家"（跨境）这个岗位，则要求为爆款数负责，要持续关注商品的流量情况，协同外部资源做推广，打造更多爆款。另外，还需要收集时尚信息和流行元素进行趋势分析，了解类目头部供应商的基本信息和核心产品线指引给供应商选款，设计、改款。

从上述岗位要求中能够看出，拼多多目前正在大力组建买手团队，这也是其平台供货模式必须做的动作之一。

在人才储备上，拼多多在招聘跨境物流商务经理，专门负责物流供应商的对接问题，要求物流经理能够根据采购需求，独立开发供应商，拓宽采购渠道，与物流供应商维持健康、良好的商业合作关系，确保供货优质、稳定，满足业务所需。此岗位要求3年以上跨境电商仓储物流供应商采购相关工作经验，有跨境、海外物流行业头部供应商资源者优先。

资料来源：雨果网：月薪4万元！拼多多跨境项目大量挖人 https://www.cifnews.com/article/131194

【任务实施】

实训项目	跨境营销岗位认知
实训目的	通过该实训了解跨境电商岗位分布及岗位职责
项目成员 任务分工	

续表

实训方式和步骤	1. 为自己的跨境电商团队进行人员框架搭建和分工； 2. 结合任务描述任务，以项目小组为单位开展讨论； 3. 针对所要求的任务写出相应的思考结果； 4. 各项目小组可进行交流互评； 5. 思考并总结，完成实训报告
实训问题	1. 跨境电商相关岗位有哪些？ 2. 跨境电商相关岗位的职责是什么？ 3. 跨境营销推广岗位的能力要求有哪些
个人反思和总结	

项目评价

评价内容			评价		
项目内容		目标观测点	分值	学生自评	小组互评	教师评价
项目一　跨境网络营销认知	跨境营销相关理论	了解跨境网络营销的相关含义	10			
		掌握跨境网络营销的相关理论	20			
		了解跨境电商主流平台	10			
	跨境营销岗位认知	了解跨境电商相关岗位	10			
		了解跨境电商行业职业素养要求	10			
		掌握跨境电商岗位职责分析	20			
	整体效果	能够了解跨境网络营销的基本含义，并能够分析岗位职责	20			
总评		目标达成总体情况	100			

综合实训

步骤一：登录前程无忧或智联招聘，以及其他招聘网站，查看关于跨境电商企业的岗位都有哪些，这些岗位的工作职责，以及职业技能要求等，完成下表的填写。

岗位名称	工作职责	能力要求	待遇	工作地点

续表

岗位名称	工作职责	能力要求	待遇	工作地点

步骤二：查找关于 SHEIN 的公司架构，写出这家公司关于跨境营销推广的职位，并写下各职位的工作职能有哪些？

岗位名称	工作职责	能力要求	待遇	工作地点

步骤三：去调研其他项目团队的情况，并采访他们的发展规划，并针对他们的发展情况给予分析。

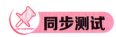 同步测试

课后习题参考答案

一、单选题

1. 在跨境电商 1.0 阶段，主要商业模式为（　　）。

A. 网上交易　　　　　　　　　　　　　B. 线下交易

C. 网上展示、线下交易　　　　　　　　D. 全网交易

2. 在跨境 2.0 阶段，主要盈利模式为（　　）。

A. 会员收费　　　　B. 佣金收费　　　　C. 点击收费　　　　D. 展示收费

3. 目前世界上主要辐射核心主流发达国家的 B2C 平台为（　　）。

A. eBay　　　　B. Wish　　　　C. 速卖通　　　　D. 亚马逊

4. 跨境电商企业对员工要求最高的是（　　）。

A. 敬业精神　　　　B. 学习能力　　　　C. 创新能力　　　　D. 沟通能力

5. 跨境电商企业对员工要求最高的是（　　）。

A. 敬业精神　　　　B. 学习能力　　　　C. 创新能力　　　　D. 沟通能力

二、多选题

1. 需求的构成要素有（　　）。

A. 购买力　　　　B. 价值　　　　C. 欲望

D. 需要　　　　E. 交换

2. 4P 营销组合包括（　　）。

A. Product　　　　　B. Promotion　　　　C. Place

D. Price　　　　　　E. Person

3. 4C 理论包含（　　）。

A. Consumer　　　　B. Connect　　　　　C. Cost

D. Convenience　　　E. Communication

4. 独立站的特点有（　　）。

A. 独立的域名　　　B. 企业形象窗口　　　C. 企业实力展示

D. 能够更好地服务客户　E. 提高企业知名度

5. "冰山模型" 中人的能力素质分为（　　）。

A. 技能与知识　　　B. 社会角色　　　　　C. 自我认知

D. 特质　　　　　　E. 动机

三、判断题

1. 跨境电商是随着互联网全球化的发展而兴起的。　　　　　　　（　　）

2. 我们考虑目标市场时，主要看潜力人群是否有钱。　　　　　　（　　）

3. 外贸 B2B 独立站在产品、客户、品牌三个方面都体现了它的独特优势。　（　　）

4. 个性化即时信息精确有效地传递给消费者个人，达到 "一对一" 的互动营销目的。

（　　）

5. 跨境电商岗位很多，我们只要把跨境运营做好了，就可以一通百通地胜任其他工作岗位。　　　　　　　　　　　　　　　　　　　　　　　（　　）

四、简答题

1. 分析跨境电商发展的阶段及特点。

2. 分析第三方平台和独立站的区别。

3. 独立站的优势主要体现在哪些方面。

4. Shopee 平台的优势有哪些。

5. 跨境电商营销的特征有哪些。

📢 案例分析

"世界毯王" 的跨境电商之路

在跨境电商的赛道上，永远能看到新进者。主营毛毯产品、被称作 "世界毯王" 的真爱美家是国内跨境电商的龙头企业之一，其 2023 年 1 月 21 日在互动平台表示，已经在阿里巴巴国际站、MadeinChina 和 1688 跨境电商平台销售产品。

真爱美家的主要产品为毛毯及床上用品（套件、被芯、枕芯等），也对外销售少量毛巾、家居服、地毯等纺织品及包装物，出口业务的营收占比达到九成。2022 年前三季度，真爱美家营收约 6.87 亿元，净利润约 8 971 万元。根据中国毛纺织行业协会统计数据，2020—2022 年，真爱美家毛毯类产品在中国纺织工业联合会组织的中国纺织服装行业企业竞争力排序中均位列同行业首位。

2022年下半年，真爱美家在阿里巴巴国际站等跨境电商平台开设业务，通过跨境电商进行全新试水的业务。

据了解，真爱美家的毛毯出口采取直销模式，分为三种方式：第一种是以ODM模式直接实现销售；第二种是以OEM模式直接实现销售；第三种是以自有品牌外销模式直接实现销售。真爱美家2022年半年报显示，直接销售产生的营收达到3.6亿元。

我国具备世界上最完整的产业链和最高的生产加工配套水平，因此成为世界毛毯的生产基地，且生产的毛毯主要用于出口，内销占比相对较小。据初步统计，2021年我国生产出口各类毛毯2.6亿条，出口额约22.8亿美元，占全球毛毯贸易量的60%左右。

从市场区域上看，我国毛毯主要出口到非洲、中东国家，约占市场份额的60%，主要是中、低档产品，产品结构为涤纶毛毯、加棉毛毯、腈纶毛毯和腈涤混纺毛毯。

首先，阿拉伯地区人民有把毛毯当作被褥保暖的习惯，毛毯在阿拉伯国家不仅可以作为床上用品，还可以作为铺垫、装饰用品，无论是结婚生子、亲人去世或者节日送礼都习惯送毛毯，对毛毯的使用非常频繁，需求量非常大。

其次，西亚和北非等阿拉伯地区多属于干燥的沙漠地带、热带或亚热带沙漠气候，极度缺水，干旱和沙漠化情况严重，而地毯的储尘功能十分出众，灰尘落到地毯上不飞扬，既净化空气又美化环境。同时，毛毯产品比较耐脏，较被类产品更易清理，使用场景亦更为广泛。因此，中东地区的毛毯市场需求量很大，且由于阿拉伯国家水资源稀缺，居民在日常生活中基本不清洗毛毯，多作为一次性消费品使用，当地人更换毛毯的频率较高。

因此，真爱美家的毛毯产品在中东、非洲等市场更易获得消费者的认可，且市场范围仍在不断扩大。而欧美市场虽然是全球毛毯需求最大的市场之一，但对于真爱美家等家纺企业来说反而成了"新兴市场"，因为欧美国家主要进口中高档毛毯，但是由于欧美对纺织品进口设限技术不断提高，实际上，出口企业面临的压力逐渐增大。

从阿里巴巴国际站的"贸易能力"中能够看出，从营收上看，真爱美家在中东的占比最大，高达33.08%，其次才是南亚、北美等地区。

不过，在市场区域方面，真爱美家也在尝试拓展。涤纶毛毯作为性价比非常高的家居、休闲用品的地位逐步提升，消费需求区域逐渐扩大。据悉，目前真爱美家欧美和东南亚客户采购涤纶毛毯的订单有所增加，并展现出了良好的增长势头，而这些客户未来有望成为公司新的重要市场。

位于浙江的真爱美家所处位置对其出口业务有一定的优势提升，旗下真爱毯业和真爱家居毛毯出口的装运港口一般为宁波港，两家公司距离宁波港大约3小时车程，由于距离海运港口较近，有利于节约运输成本并可以保证交货的及时性。

真爱美家披露，目前在手订单充足，未来将坚持多市场、多客户、多渠道营销策略，并借助线上线下双通道，不断提升欧美等新兴市场和国内市场比重，另外通过云毯、地毯等新产品的开发不断拓展增量客户。

资料来源：雨果网：https://mp.weixin.qq.com/s/cO9B8-V2_Rtjb_KEJAu8hw

问题分析：

（1）真爱美家传统的出口模式是什么？利润如何？

（2）真爱美家为什么要试水跨境电商？

（3）真爱美家对于跨境业务的开展策略是什么？

项目二
跨境市场调研与机会分析

 项目背景

近年来，随着我国跨境电商快速发展，交易额连创新高，促使封闭的传统贸易模式向电子商务模式转型，对全球经济社会生活的影响不断增大。在跨境电商环境中，海外消费者通过互联网在任何时间进行交易。与此同时，信息能在瞬间穿越时空，将跨境企业和海外消费者紧密地联系起来。跨境市场调研是发现机会和营销链的重要环节，不做市场调研，就把握不了市场机会。跨境网络市场调研分析就是在传统的国际市场调研基础上利用互联网发掘和了解海外目标消费者需求及网络消费行为模式、行业潮流、竞争对手、销售渠道等方面的情况后进行战略分析，从而发现商机。

【知识目标】

1. 理解跨境市场调研的相关含义；
2. 了解跨境市场调研的步骤与内容；
3. 掌握常用的跨境市场调研与分析方法。

【能力目标】

1. 能制定跨境市场调研方案；
2. 能利用调研资料对海外目标市场进行有效分析；
3. 能利用调研数据完成目标客户画像。

【素质目标】

1. 能够洞察跨境电商市场的发展趋势；
2. 拥有开拓跨境电商市场的思维；
3. 能够进行团队合作以进行跨境市场开拓。

【思维导图】

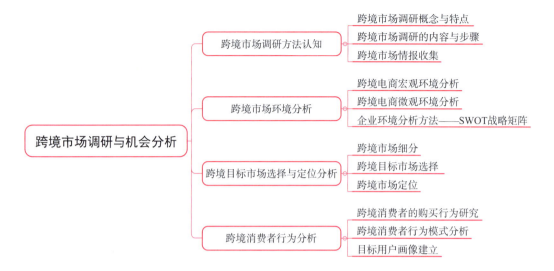

跨境市场调研与机会分析
- 跨境市场调研方法认知
  - 跨境市场调研概念与特点
  - 跨境市场调研的内容与步骤
  - 跨境市场情报收集
- 跨境市场环境分析
  - 跨境电商宏观环境分析
  - 跨境电商微观环境分析
  - 企业环境分析方法——SWOT战略矩阵
- 跨境目标市场选择与定位分析
  - 跨境市场细分
  - 跨境目标市场选择
  - 跨境市场定位
- 跨境消费者行为分析
  - 跨境消费者的购买行为研究
  - 跨境消费者行为模式分析
  - 目标用户画像建立

润心育德

跨境数据安全建设

数据是数字经济的核心要素，已成为重要战略资源。从全球范围看，数据流动对全球经济增长的贡献已经超过传统的国际贸易和投资，数据跨境流动是经济全球化的必然要求。但数据出境也有风险，大则损害国家利益，小则侵犯个人权益。亿赛通秉承持续创新的信念，研发出数据跨境安全检查工具，为推动数据跨境合规有序、高质量流转贡献力量。数据跨境安全检查工具（CBDSI）能针对有跨境数据采集、共享、传输等业务需要的企事业单位在业务开展过程中及时发现敏感数据，并对重要敏感数据执行阻断功能。尽可能避免触发不同国家、地区的数据安全规定，以保障业务安全。该工具价值在于数据出境安全合规可落地、安全可视化、全面还原网络中的实际业务等；关键功能有全量网络数据解析查询、风险事件适时预警、应用业务关联溯源；典型应用场景为监管单位检查、有境外数据流转业务或可能有敏感数据外流风险的企事业单位常态化自查处理等。亿赛通数据跨境安全检查工具对企业重要敏感数据有效阻断，促进数据跨境安全、自由流动，保障业务安全。

伴随数字经济的蓬勃发展，其融入全球数据跨境流动的趋势不可避免。数据的跨境流动不仅有利于人类命运共同体的建设，也有助于促进国际投资、贸易的往来与合作。促进中国数据跨境安全流动探索需要政府、企业和社会各方面的共同努力与支持，在进行跨境市场调研及洞察海外商机时要坚持总体国家安全观，筑牢国家安全屏障，培养诚实守信的商业道德和职业品质。

任务一 跨境市场调研方法认知

【任务介绍】

通过本任务的学习，对跨境市场调研方法有初步的认知，理解跨境市场调研的相关概念与特点，掌握跨境市场调研的步骤与内容，能制定调研方案，收集跨境市场情报。

【案例引入】

市场调研助力国民文具得力成功出海

得力集团有限公司在国内已建立了 155 家分公司，拥有超过 10 万个零售终端，积累了强大的品牌和渠道优势；从 2018 年开始发展海外业务，刚开始上线产品的时候，得力采取的是大规模铺货的策略，把国内卖得好的产品统统上架，但结果不尽如人意。国内外消费者的偏好差异，让得力发现，选品策略不可"一键复制"。

于是，得力马上重新进行了市场调研，研究各个海外站点最热门的文具产品，发现个站点消费者产品喜好不同，如美国站偏爱粉色产品，日本站偏爱马卡龙色产品。相关人员通过调研总结出得力在亚马逊上打造爆款 5 大步骤。

（1）对标竞品，了解学校用品热点；

（2）了解消费者偏好，注重评论管理；

（3）提供高性价比产品，并持续优化产品；

（4）抓住亚马逊大促节点；

（5）善用站内外工具，流量变销量。

目前，得力在海外从东南亚、中东、北非，一路做到了东欧、西欧、北美市场，共设立了 8 大区域营销总部，22 家海外分公司，并在 130 多个国家和地区建立了营销网络。通过全球布局，得力正在向世界级品牌进发。目前，得力在亚马逊平台的总体销售额同比增长 323%，其中来自企业和机构买家的销售额更是同比增长 485%。

这个案例说明，国际市场调研是跨境电商经营决策的前提，只有充分认识国际市场，了解目标市场需求及消费者行为分析，对市场做出科学的分析和判断，决策才具有针对性，从而才能有效拓展跨境市场，使企业兴旺发达。

【任务描述】

崔经理和小李在新部门成立之后对跨境电商网络营销领域有了基本的认知，对公司的跨境业务开展充满了期待，在开展业务之前崔经理安排小李对海外饰品市场开展调研，并对公司跨境市场机会进行分析。因此，小李需要先了学习跨境市场调研的基本方法。

【任务分析】

1. 跨境市场调研的基本概念与方法。
2. 跨境市场调研的内容与步骤有哪些。

3. 跨境市场调情报该如何收集？

【相关知识】

一、跨境市场调研概念与特点

（一）跨境市场调研概念与特点

跨境电商市场调研指的是通过互联网，运用科学的方法，针对跨境电商营销环境有系统的收集、整理、记录和分析特定市场的信息，以期了解该市场现状和预测其发展趋势的商业行为。

跨境电商市场调研有两种方式，一种是利用互联网直接对被调查对象进行问卷调查等方式收集一手资料，被称为网络直接调查；另一种是利用互联网的媒体功能，从互联网上收集二手资料，一般称为网络间接调查。充分进行跨境电商市场调查研究、分析和预测是企业做出决策科学化的有效保障。它主要特点包括**全球性、速效性和经济性**。

（二）跨境市场调研的分类

一般根据调研的目的不同，可以将网络市场调研分为四类。

1. 探索性调研

一般情况下，企业在进行比较大规模的调查活动或者方向不明的市场调查活动前，都应该首先进行探索性调查。**其作用在于为正式的市场调查确定方向和大致范围**。识别可供选择的行动方案，探寻关键的变量和主要的联系，为探寻解决问题的途径获取信息，为做好下一步调查打好基础。

2. 描述性调研

描述性调查是最基本的、最日常行为的市场调查。它是寻求对"谁""什么事情""什么时候""什么地点"这样一些问题的回答。它可以描述不同消费者群体在需要、态度、行为等方面的差异。描述性调研结果通常说明事物的表面特征，并不涉及事物的本质和影响事物发展变化的内在原因。

3. 因果性调研

因果性调研是为了弄清原因与结果之间关系的调研。比如，研究降价 10% 能否使需求量上升 10%。它要回答的问题是"为什么"，其主要目的是确定有关事物的因果联系，或者影响事物发展变化的内在原因，为企业经营决策提供信息。

4. 预测性调研

预测性市场调研是只对市场未来的发展进行预测所进行的市场调查活动。根据研究对象过去和现在的市场情报资料，分析并掌握其发展变化的规律，运用一定方法估计未来一定时期内市场状况的发展趋势，主要用于支持企业营销战略决策。销售预测调研流程如图 2-1-1 所示。

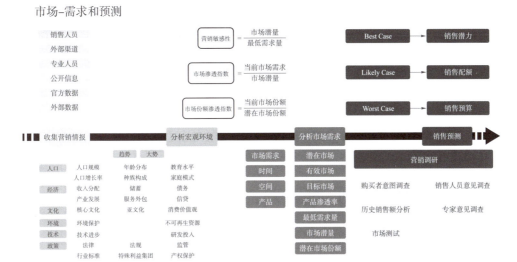

图 2-1-1　销售预测调研流程

一般来说，企业应先进行探索性调研，收集营销情报，再进行描述性调研、因果性调研和预测性调研。几种调查类型可以共同用于一个连续的调查过程。采用何种调查类型，通常是由调查目的所决定的。一项调查可能有几种目的，但总有某种调查类型比其他调查类型更适合该目的。

二、跨境市场调研的内容与步骤

（一）跨境市场调研的内容

1. 市场环境的调查

市场环境调查主要包括经济环境、政治环境、社会文化环境、科学环境和自然地理环境等。具体的调查内容可以是市场的购买力水平，经济结构，国家的方针，法律法规和政策，风俗习惯，科学发展动态，气候等各种影响市场营销的因素。

2. 市场需求调查

市场需求调查主要包括消费者需求量调查、消费者收入调查、消费结构调查、消费者行为调查，包括消费者为什么购买、购买什么、购买数量、购买频率、购买时间、购买方式、购买习惯、购买偏好和购买后的评价等。

3. 市场供给调查

市场供比值调查主要包括产品生产能力调查、产品实体调查等。具体为某一产品市场可以提供的产品数量、质量、功能、型号、品牌等，生产供应企业的情况等。

4. 市场营销因素调查

市场营销因素调查主要包括产品、价格、渠道和促销的调查。产品的调查主要包括了解市场上新产品开发情况、设计的情况、消费者使用的情况、消费者的评价、产品生命周期阶段、产品的组合情况等。产品的价格调查主要有了解消费者对价格的接受情况，对价格策略的反应等。渠道调查主要包括了解渠道的结构、中间商的情况、消费者对中间商的满意情况等。促销活动调查主要包括各种促销活动的效果，如广告实施的效果、人员推销的效果、营业推广的效果和对外宣传的市场反应等。

5. 市场竞争情况调查

市场竞争情况调查主要包括对竞争企业的调查和分析，了解同类企业的产品、价格等方面的情况，以及其采取了什么竞争手段和策略，做到知己知彼，通过调查帮助企业确定竞争对手。

（二）跨境市场调研步骤

总的来看，跨境网络市场调研的过程就是根据某种需要，收集、筛选、提炼、分析数据并进行展示的过程。其流程大致可分为四个阶段：明确问题与确定调研目标，制订收集数据的调研计划，收集、分析和处理调研数据（实施计划），数据分析和撰写调研报告（图2-1-2）。

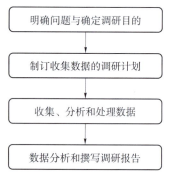

图 2-1-2　跨境网络调研四个阶段

1. 明确问题与确定调研目标

互联网是永无休止的信息流。当你开始搜索时，你可能无法精确地找到你所需要的重要数据，不过你肯定会沿路发现一些其他有价值、抑或价值不大但很有趣的信息。因此，调研首先要明确调研目的，包括为什么要调研，调研时要了解哪些信息，具体解决什么问题，即为什么要调研、调研结果有什么作用等。在确定调研目标时，应当使目标具体化，使调研问题定量化，以利于对调研结果的审核和评估。

2. 制定收集数据的调研计划

网上市场调研的第二个步骤是制定出最为有效的信息搜索计划。具体来说，要确定资料来源、调查方法、调查手段、抽样方案和联系方法。

（1）资料来源：确定收集的是二手资料还是一手资料（原始资料）。

（2）调查方法：网上市场调查可以使用专题讨论法、问卷调查法和实验法。

（3）调查手段：可以采用在线问卷、网络访谈、软件系统分析法或抽样调查等手段。

（4）收集、处理和分析数据：网络通信技术的突飞猛进使资料收集方法迅速发展。由于网络没有时空和地域的限制，收集信息的方法也很简单，直接在网上递交或下载即可。

3. 收集、分析和处理数据

收集信息后要做的是分析信息，这一步非常关键。"答案不在信息中，而在调查人员的头脑中"。调查人员如何从数据中提炼出与调查目标相关的信息，将直接影响最终的结果。因此要使用一些数据分析技术，如交叉列表分析技术、概括技术、综合指标分析和动态分析等。目前，国际上较为通用的分析软件有 SPSS、SAS 等。网上信息的一大特征是即时呈现，而且很多竞争者还可能从一些知名的商业网站上看到同样的信息，因此调查人员的分析信息能力相当重要，它能使你在动态的变化中捕捉到商机。

4. 数据分析和撰写调研报告

调研报告的撰写是整个调研活动的最后一个阶段。撰写报告不是将数据和资料简单堆砌，调研人员不能把大量的数字和复杂的统计技术扔到管理人员面前，否则就失去了调研的价值。正确的做法是把与市场营销关键决策有关的主要调查结果报告出来，并以调查报告所应具备的正规结构写作。

三、跨境市场情报收集

跨境市场情报收集就是跨境市场调研中的数据收集的过程，我们需要了解情报收集的方法、收集渠道以及收集的内容，一般通过网络直接调研和二手资料调研进行情报收集。其具体过程见二维码。

随着互联网大数据的飞速发展，跨境企业已经开始利用有效的数据分析以协助自己做出正确的市场决策、优化企业网站、店铺地管理与运营方案，卖家可以通过各种大数据分析工具的使用，获取想要的数据，从而优化产品结构和营销策略。

网络直接调研　　　二手资料调研

（1）宏观数据分析。作为跨境卖家，企业应该懂得如何借助各种宏观市场行情监控网站的数据了解市场动态。一般对于跨境电商来说，可以对宏观数据进行分析的主要是谷歌公司推出的 Google Treads、Google Adwords、Google Analytics、Google News，还有 Terepeak，它们都是监控宏观市场数据较好用的工具。

（2）行业情报分析。跨境电商企业在了解宏观大数据之后，就需要针对自己所在行业进行分析。一般情况下，可以查看行业流量、成交量、竞争程度以及蓝海市场等几个关键指标来了解该行业的发展情况。以速卖通后台数据分析为例，可以从行业数据和行业趋势两个方面进行行业情报分析，其中主要指标有行业情报、搜索词分析、选品专家、成交分析、商品分析、实时风暴等。

企业可以根据相关指标了解某个行业的数据和趋势。同时，企业还可以在行业类目最下方选择其他两个行业进行对比分析，以便了解卖家在店铺中出售的商品在跨境电商中是否具有竞争优势。

（1）卖家数据分析工具。由于卖家提供第三方平台获取的数据是有限的，还可以通过相关辅助工具进行数据分析，Wish 平台可以通过卖家网进行数据分析，eBay 平台可以通过 Zenstores、Mysales 等进行数据分析。

（2）社交媒体。社交媒体是目前重要的信息来源渠道。以下有 6 种主要的社交媒体数据分析工具：Social Report、Social Mention、Simply Measured、Cyfe、Sprout social、SumAll 等。

【知识拓展】

六种社交媒体竞争分析工具

【任务实施】

实训项目	跨境电商市场调研方法
实训目的	掌握跨境市场调研的基本概念及特点、调研内容与步骤及调研计划设计
项目小组 成员分工	
实训方式和步骤	（1）结合任务描述任务，以项目小组为单位开展学习讨论 （2）针对所要求的任务写出相应的思考结果 （3）各项目小组可进行交流互评 （4）思考并总结，完成实训报告
实训问题	（1）讨论并确定调研内容与步骤是什么 （2）讨论该如何获取跨境饰品市场情报 （3）根据任务要求设计本次调研计划
个人反思和总结	

任务二　跨境市场环境分析

【任务介绍】

通过本任务的学习，能掌握跨境市场的宏观环境因素、微观环境分析方法，能通过对跨境市场宏观环境分析、竞争情况分析，为跨境市场机会战略选择提供依据。

【案例引入】

洞察海外市场需求，"国货之光"白猫成功出海

"最初做出口会有一种惯性思维，就是把国内卖得好的产品拿到国外去卖，和客户沟通也会遇到类似的情况，但是后来我们发现，如果拿国内销售的那一套和客户谈，那么客户在意的点，我们可能找不到。"负责人郁骢举例道。从白猫的方法论来看，这两个难题的解决最终归结为其在产品差异化和本土化上做出的调整。

结合科学的方式洞察海外市场需求是白猫走出的第一步。

白猫密切留意国际站上的数据之外，也会购买企业的数据服务，如英敏特、尼尔森或是欧瑞，通过这些服务在获取海外消费者需求或是行业数据时，白猫还从中看到更多关于新品的动向。此外，在和消费者沟通时，白猫也会获得当地市场的一手反馈，通过收集以上几个渠道的资料和数据后，便已经基本摸清目标市场的一些现状。

接下来就是调整思路和产品线以迎合当地市场的需求了。

在欧美市场，白猫发现当地消费者对清洁用品有着不同于国内的需求。比如说，在国内还比较新鲜的洗衣凝珠，欧美消费者已经司空见惯，同时，他们还有着强烈的环保意识。"有的消费者不喜欢塑料包装，有的甚至要求零塑料或是零印刷，那么面向欧美消费者时，

不一定要展示产品的清洁力度，因为他们可能更关注产品本身是否具有节能、环保的特点。"郁骢说。

在东南亚市场，消费者认为洗洁精颜色越深，去污能力越强，所以当地的洗洁精普遍带有深蓝、深绿等颜色等。观察到这个消费偏好后，白猫决定走差异化路线，针对东南亚市场研发出了一款白色的"淘米水"洗洁精，投入市场后很快便打开了销路。

"用特色产品吸引海外那些完全不知道白猫的消费者去购买、尝试，这是惯用的差异化路线。如果白猫出口的产品与海外当地的产品一样，消费者也没有什么理由选择它，特别是把产品运到当地，各方面的成本都要比在海外生产贵一点，所以更希望从产品本土化和差异化的角度出发，得到消费者更多的青睐。"郁骢表示。

从竞争者调研中发现，国内有的同行早已进行全球化布局，其也会把海外销售的一些产品拿到国内卖，最后得到不错的反响。这样的调研结果不出意外地影响到白猫的决策——在拓量之余，利用海外趋势反哺国内市场。

这个案例说明对跨境市场环境，以及竞争对手调研分析是进行企业市场策略分析的基础。

资料来源：雨果跨境 https://mp.weixin.qq.com/s/0IvTA1RDIKtnY0tT9Urhdg

【任务描述】

学习完跨境市场调研的基本方法和情报获取方法，崔经理建议小李先从跨境电商市场环境分析开始，先了解目前跨境电商的宏观环境情况，再对市场竞争对手情况进行分析，最后进行跨境市场策略分析。因此，小李根据崔经理的要求，需要完成以下任务。

【任务分析】

1. 跨境电商宏观环境因素包括哪些。
2. 如何分析跨境电商的市场竞争对手。
3. 如何运用环境分析方法进行跨境市场策略分析。

【相关知识】

跨境市场营销环境，是指影响和制约跨境企业营销活动的各种外部因素的总和。它主要由两方面因素构成：**一方面是指那些构成跨境市场营销活动的前提和背景的宏观环境因素，包括人口、经济、自然、科技、法律、社会文化等因素，**这些因素是跨境企业不可控制的，既可能给企业的营销活动提供机会，也可能对企业造成威胁；**另一方面是指直接影响企业营销活动的微观环境因素，包括供应商、营销中介、客户、竞争者、社会公众等。**一般来说，微观环境因素受制约于宏观环境因素，但同时也以更为直接的方式制约着企业的生产经营活动，并受到企业营销活动的影响。

一、跨境电商宏观环境分析

开拓跨境市场前，企业首先要进行跨境市场宏观环境分析，了解自身所处环境及趋势以避开和消除环境威胁，抓住和利用环境机会，并预测关键因素未来所发生的变化，以及这些变化对企业影响的性质、程度、机遇或威胁，从而对企业战略目标和战略选择的影响进行确认并做出评价。

（一）宏观环境分析模型

宏观环境又称大环境，是指一切影响行业和企业的宏观因素。通常，在对宏观环境因素进行分析时，不同行业和企业根据自身特点和经营需要，分析的具体内容会有差异，但一般都应对**政治（Politics）、经济（Economics）、社会（Society）和技术（Technology）**这四类影响企业的主要外部环境因素进行分析。因此，称之为 PEST 分析模型，如图 2-2-1 所示。PEST 分析模型相对简单，其运用领域有公司战略规划、市场规划、产品经营发展、研究报告撰写。

图 2-2-1 PEST 分析模型

有时，企业也会用到 PEST 分析模型的扩展变形形式，如 SLEPT 分析和 STEEPLE 分析。STEEPLE 是以下因素英文单词的缩写，社会/人口（Social/Demographic）、技术（Technological）、经济（Economis）、环境/自然（Environmental/Natural）、政治（Political）、法律（Legal）、道德（Ethical）。此外，地理因素（Geographical Factor）有时也可能产生显著影响。

【知识拓展】

动画：PEST 大环境分析工具（动画）

二、跨境电商微观环境分析

微观环境是由企业及其周围的活动者组成的，直接影响着企业为客户服务的能力，它包括企业内部环境、供应商、营销中介、客户、竞争者等因素。图 2-2-2 所示，竞争对手是企业微观环境中最主要的组成部分。

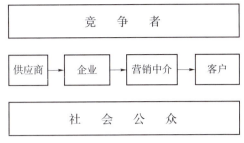

图 2-2-2　企业微观环境

（一）竞争对手分析

1. 竞争对手分析的总体内容

（1）确认企业的竞争对手。从广义讲，本企业可将制造相同产品或同级产品的其他企业都视为竞争对手。

（2）确认竞争对手的目标。其包括：竞争对手在市场里找寻什么？竞争对手行为的驱动力是什么？此外，还必须考虑竞争对手在利润目标以外的目标，以及竞争对手的目标组合，并注意竞争对手攻击不同产品/市场细分区域的目标。

（3）确定竞争对手的战略。本企业战略与其他企业的战略越相似，企业之间的竞争就越激烈。在多数行业里，竞争对手可以分成几个追求不同战略的群体。战略性群体即在某一行业里采取相同或类似战略的一群企业。确认竞争对手所属的战略性群体将影响企业某些重要认识和决策。

（4）确认竞争对手的优势和劣势。这就需要收集竞争对手近几年内的资料，一般而言，本企业既可以通过二手资料、个人经历来确认竞争对手的优势和劣势，也可以通过客户价值分析来了解这方面的信息。

（5）确定竞争对手的反应模式。了解竞争对手的目标、战略、优势和劣势，都是为了解释其可能采取的行动，及其对本企业产品营销、市场定位和兼并与收购等战略的反应，也就是确定竞争对手的反应模式。此外，竞争对手特殊的经营哲学、内部文化、指导信念也会影响其反应模式。

（6）最后，确定企业的竞争战略。根据竞争对手情况以及根据企业的需求确定企业的竞争战略。

2. 竞争对手分析的具体内容

（1）竞争对手的市场占有率分析。

市场占有率通常用企业的销售量与市场总体容量的比率来表示。

竞争对手市场占有率分析的目的是明确竞争对手及本企业在市场中所处的位置。分析市场占有率不但要关注竞争对手及本企业总体的市场占有率状况，还要关注细分市场中竞争对手市场占有率的状况。

分析总体的市场占有率是为了明确本企业和竞争对手相比在企业中所处的位置是市场的领导者、跟随者还是参与者。

分析细分市场的市场占有率是为了明确产品在哪个市场区域或是哪种产品是具有竞争力

的，产品在哪个区域或是哪种产品在市场竞争中处于劣势地位，从而为企业制定具体的竞争策略提供依据。

（2）竞争对手的财务状况分析。

竞争对手的财务状况分析主要包括盈利能力分析、成长性分析产能利用率分析和创新能力分析。

①竞争对手盈利能力分析。

主要分析的指标是利润率。比较竞争对手与本企业的利润率指标的同时，与行业的平均利润率进行比较，判断本企业的盈利水平处在什么样的位置上。同时，要对利润的构成进行分析。其主要分析主营业务成本率、营业费用率、管理费用率以及财务费用率。看本企业哪个指标是优于竞争对手的，从而采取相应的措施提高本企业的盈利水平。

例如，本企业的营业费用率远高于竞争对手的营业费用率，这时就要对营业费用率高的具体原因进行详细的分析。营业费用包括销售人员工资、物流费用、广告费用、促销费用以及其他费用（差旅费、办公费等）。通过对这些具体项目的分析找出本企业与竞争对手之间的差距，并且采取相应的措施降低本企业的营业费用。

②竞争对手成长性分析。

主要分析的指标是产销量增长率和利润增长率。对产销量增长率和利润增长率作出比较分析，是利润增长率高于产销量增长率，还是产销量增长率高于利润增长率。一般而言，利润增长率高于产销量增长率，说明企业有较好的成长性。但在目前的市场状况下，企业的产销量增长，大部分并不是来自自然增长，而是主要通过收购与兼并的方式实现的，因此，经常会出现产销量增长率远高于利润增长率的情况。在做企业的成长性分析的时候，要具体分析，剔除收购与兼并因素的影响。

③竞争对手的产能利用率分析。

产能利用率是一个很重要的指标，尤其是对于制造企业来说，它直接关系到企业生产成本的高低。产能利用率是指企业发挥生产能力的程度。显然，企业的产能利用率高，则单位产品的固定成本相对就低。因此，企业要对竞争对手的产能利用率情况进行分析。分析的目的是找出与竞争对手在产能利用率方面的差距，并找出造成这种差距的原因，有针对性地改进业务流程，从而提高产能利用率，降低生产成本。

④竞争对手的创新能力分析。

目前，跨境企业所处的市场环境是超竞争环境。超竞争环境是指企业的生存环境在不断地变化。在这样的市场环境下，很难说什么是企业的核心竞争力。企业只有不断地学习和创新，才能适应不断变化的市场环境。所以说，学习和创新成了企业的核心竞争力。

对竞争对手学习和创新能力的分析，可以通过以下几个指标来进行分析。

A. 推出新产品的速度。这是检验企业科研能力的重要指标。

B. 科研经费占销售收入的百分比。这体现出企业对技术创新的重视程度。

C. 销售渠道的创新。主要看竞争对手对销售渠道的整合程度。销售渠道是企业盈利的主要通道，只有加强对销售渠道的管理并提高创新力度，企业才可能在整个价值链中（包括供应商和经销商）分得更多的利润。

D. 管理的创新。我国企业的管理水平一直处于较低的层次。在我国加入世界贸易组织后，国外的资本也更多地参与了国内的市场竞争。在这种竞争激烈的市场环境下，企业只有不断地提高自身的管理水平并进行管理方法创新，才能不被市场淘汰。

企业应通过学习竞争对手、分析其创新能力，找出本企业在学习和创新方面与竞争对手之间存在的差距，从而提高本企业的学习和创新能力。只有通过不断的学习和创新，企业才能形成差异化发展战略，从而提高竞争水平，获取高于行业平均利润的超额利润。

另外，针对竞争对手，企业还可以分析其他财务状况，如负债情况分析、成本分析，在很多财务管理类书里都有提及，这里就不再讨论了。

3. 波特五力模型

跨境电商企业在微观环境分析过程中，不能仅调研现有竞争者，而应该对企业整体竞争状况进行综合分析。通常我们会使用波特五力模型（Porter's Five Forces）进行分析，该模型是美国管理学大师迈克尔·波特（Michael Eugene Porter）于 20 世纪 80 年代根据现代企业的行业发展特点提出的五种对企业竞争力生产影响的因素，这五种力量综合起来决定行业的吸引力和现有企业的竞争战略决策。**该模型中所指的五种竞争力量分别是：供应商的议价能力、购买者的议价能力、潜在竞争者进入的能力、替代品的替代能力、行业内竞争者现在的竞争能力**，将这五种力量的分析模型（图 2-2-3）进行不同组合变化将最终影响行业利润潜力变化。

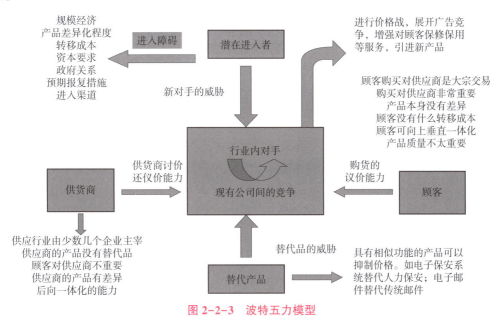

图 2-2-3　波特五力模型

【拓展案例】

基于波特五力模型的小红书竞争环境分析

1. 供应商的议价能力

早在 2017 年，中国就成为全球第二大进口国，跨境电商零售进口渗透率（指通过跨境电商购买进口商品的人数占网购消费者人数比例）达到 90% 以上，海淘市场广阔且潜力极大。小红书、天猫国际、苏宁全球购、京东全球购、唯品国际等国内跨境电商竞争激烈，不仅希望获得国外优秀品牌的授权，更希望获得独家合作。供应商在确保需求的前提下可以根据各家电商的特色及提供的条件和要求选择平台，因此供应商议价能力较强，除非平台拥有独特的优势吸引品牌方合作。

2. 购买者的议价能力

同样，因为中国海淘群体数量庞大而跨境电商行业又竞争激烈，消费者可以轻易地货比三家，因此对价格也较为敏感，虽不能直接的影响产品价格，但大批量的潜在客户转移到竞争对手圈内，最终也会间接地影响本平台的产品价格。小红书如果没有足够的优势让消费者觉得物有所值，想要长期留住他们也是较为困难的。

3. 新进入者的威胁

由于国家对跨境电商的大力支持，政策上的刺激加上市场不断开拓带来巨大的诱惑，潜在竞争者不在少数，也因为行业进入门槛较低，新进入者的范围也会扩大。此外相近行业的企业有可能加入竞争，资金允许的大中型公司集团也可能分一羹红利，这些具有规模经济的品牌和企业的进入是小红书需要重视的潜在威胁，它们不仅具有强大的影响力，还拥有雄厚的资金，一旦正面竞争，小红书很容易受到强力的打击。

4. 替代品的威胁

正如上文提到的，跨境电商的产品信息相对比较透明，消费者很方便比较相同产品的多家平台价格。消费者在相同质量的前提下基本都会选择较低价格的商品，跨境电商行业本身竞争就比较激烈，产品同质化较高，中小企业难免为了快速获得知名度采取价格战等形式，因此，价格是一个较为敏感的因素。

5. 行业内现有竞争者的威胁

小红书目前最大的竞争者就是以天猫领头的几大电商巨头，如天猫国际、苏宁全球购、京东全球购、唯品国际、网易考拉、亚马逊等成立时间较早、资金实力雄厚、知名度较高的企业，想要突破它们已有的地位并不简单。一些企业研究后将目标定为某个精细化市场，如蜜芽、聚美极速免税店等，经过几年精耕后，这些企业都稳定占据一定的市场份额，拥有较高的客户忠诚度。

资料来源：百度文库，https://wenku.baidu.com/view/2f5383bb670e52ea551810a6f524ccbff121cae9.html

三、企业环境分析方法——SWOT 战略矩阵

SWOT 分析是用来确定企业自身的竞争优势、劣势、机会和威胁，从而将公司的战略与公司内部资源、外部环境有机地结合起来的一种科学的分析方法，SWOT 分别是英文 Strength（优势）、Weaknesses（劣势）、Opportunities（机会）和 Threats（威胁）的首字母缩写。SWOT 分析被广泛地应用于不同的领域、行业、项目的机会决策，分析步骤如下。

步骤 1：分析企业相关环境因素

SWOT 分析，首先运用各种调查研究方法，将企业自身或其某个业务项目的优势、劣势、机会、威胁单项逐一罗列，然后进行优势和劣势、机会和威胁的比较分析。优势和劣势分析，主要是着眼于企业自身的实力及其与竞争对手的比较，机会和威胁分析，则将注意力放在外部环境的变化及对企业的可能影响上。可以用简单的 SWOT 分析模表（表 2-2-1）将企业的优势、劣势、机会、威胁进行梳理，并对主要竞争对手作简要比较。

表 2-2-1　SWOT 分析模表

	本企业	竞争对手
S		
W		
O		
T		

表 2-2-1 的填写需遵循以下原则。

（1）S。要客观分析本企业在哪方面做得好，而竞争对手在哪些方面做得更好，实事求是地填写；再分析本企业的哪些方面的优势相对于竞争对手更胜一筹。

（2）W。分析本企业在哪些方面做得不如竞争对手，比如，自己的客户经常投诉的方面；本企业目前不如竞争对手好的服务或产品；本企业不能提供的销售服务；本企业销售队伍存在的问题等。

（3）O。找出本企业没有被发掘的优势，这些就是本企业机会的一部分。接下来，评估未来可能出现的潜在机会，寻找本企业现在能做而竞争对手还没有涉及的领域。

（4）T。主要分析本企业内外有没有可能冲击企业业务的因素，包括可能的竞争对手、服务项目等；企业内部是否在财务、发展、人员等方面存在问题；而在企业外部，竞争对手是否越来越强大，以及其对本企业的一些机会是否构成威胁等。

步骤 2：对 SWOT 分析结果进行评价并构建战略矩阵

从整体上看，SWOT 可以分为两部分。

第一部分为"**SW**"，主要用来分析**内部环境**；第二部分为"**OT**"，主要用来分析**外部环境**。利用这种方法可以从中找出对自己有利的、值得发扬的因素，以及对自己不利的、要回避的情况，发现存在的问题，找出解决办法，并明确以后的发展方向。

根据以上分析，可以将问题按轻重缓急分类，明确哪些是急需解决的问题，哪些是可以拖后一点儿的事情，哪些属于战略目标上的障碍，哪些属于战术上的问题。并将这些研究对象列举出来，构建 SWOT 战略矩阵（图 2-2-4），从而形成四种不同的战略。

图 2-2-4　SWOT 战略矩阵

然后用系统分析的思想，把各种因素相互匹配起来加以分析，从中得出一系列相应的结论，而结论通常带有一定的决策性，有利于领导者和管理者作出正确的决策和规划。基本思路是：发挥优势因素、克服劣势因素，利用机会因素化解威胁因素；回顾过去，立足当下，着眼未来。运用系统分析的方法，将排列与考虑的各种因素相互联系并加以组合，得出一系列企业未来发展的可选择对策。

步骤3：定期复盘评估并优化

跟踪并仔细观察本企业所处的市场环境的发展，因为经常会产生一些变化使原先的SWOT分析结论与决策变得不恰当。有时，巨大的商机会出现在突然变化的商业环境中。例如，某一个非常大的竞争对手、客户或供应商突然倒闭、迁址或与其他客户合并而导致的环境变化，可能为你的公司带来巨大的收益机会。因此，应该定期重新评估，随时进行必要的修改，确保分析和可比成分的准确和新颖性。另外，进行重大决策时，仅仅运用SWOT分析也是不够的，还要考虑将其他方法综合运用，尤其要对变化的市场和竞争环境有比较清醒的认识。

【任务实施】

实训项目	跨境市场环境分析
实训目的	通过该实训掌握PEST宏观环境分析、波特五力模型、SWOT战略矩阵决策思路基本方法，能对企业市场竞争情况及市场策略进行分析
项目小组成员分工	
实训方式和步骤	（1）结合任务描述，以项目小组为单位展开讨论 （2）针对所要求的任务写出相应的分析结果 （3）各项目小组可进行交流互评 （4）思考并总结，完成实训报告
实训问题	（1）影响该任务的宏观环境因素有哪些 （2）如何用波特五力模型分析企业竞争现状 （3）该企业应如何构建SWOT战略矩阵
个人反思和总结	

任务三　跨境目标市场选择与定位分析

【任务介绍】

通过本任务的学习，掌握跨境市场细分的标准和方法和跨境目标市场的选择及目标市场营销策略，能够运用细分标准、定位依据和策略对跨境目标市场进行选择与定位，合理地选择市场及其开拓方式。

【案例引入】

跨境市场选择与目标市场定位造就"非洲手机王者"

　　提到手机，中国消费者首先想到的肯定是苹果、三星、华为、小米、OPPO、Vivo。然而，有这么一家国产手机公司，产品不在国内销售，却在非洲市场独占鳌头多年，A股市值高达600亿元。这家公司就是被冠以"非洲之王"称号的传音控股。

　　2006年，连续七年位居国产手机品牌销量第一名的波导手机，其经典广告语"波导手机，手机中的战斗机"更是家喻户晓，在国外品牌如诺基亚、摩托罗拉、黑莓的实力碾压下已经开始在走下坡路。就在这一年，其创始人深知国内手机市场明显是一片红海，和巨头们鸡蛋碰石头显然不是上策。手机是刚需，有人的地方就有通信需求。世界上还有哪里缺少手机呢？他把目光落在了非洲，选择了一个尚未被国内外巨头们重视的市场，于是创立了传音科技，然后用十几年的时间在非洲开创了属于传音的王者时代。

　　传音是如何通过市场细分获得广大的非洲市场呢？首先从全球市场来说，非洲市场的主要特点是基础设施不全面，大量的地区没有大范围通电。同时人们的消费水平偏低。这就使得很多市面上流通的手机，即各大品牌手机产品全是面向全球市场推出的标准品，没有很好地满足非洲本地消费者的需求，很难在非洲市场上使用。要想从三星、诺基亚等主流厂商中突出重围，通过市场细分及目标市场定位满足消费者需求并打造差异化显得尤为重要。

（一）产品方面

　　传音主要提供性价比高，价格较低的功能手机和智能手机。非洲人当地的肤色较暗，普通的拍照手机对黑人兄弟很不友善，因此传音手机开发了通过捕捉眼睛和牙齿的位置对拍照的个体实现定位调光的美黑功能，让黑人小伙伴也能照出美艳动人；同时因为非洲基础建设差，存在着很多的运营商，不同运营商之间跨网费用很高，市场上的手机却只支持单卡，消费者买不起多个手机，便随身携带多张SIM卡，于是传音针对用户痛点推出重要的差异化策略——多卡多待，发展至今已出现了三卡三待、四卡四待手机；非洲通电率仅为40%，且经常存在供电不稳定的问题，停电6~10小时是常事，传音就主打高压快充技术和超长待机，推出了内置7 000毫安大电池和能安装5号电池的手机，其中，功能机待机时间超过20天；智能机的待机时间超过3天，用鲜明的续航特色吸引众多用户。除此之外，传音还生产了针对非洲天气热推出的防汗防腐蚀功能、满足非洲人喜欢载歌载舞的超大功放等差异化功能。

（二）价格方面

　　传音主要提供的是价格较低的性价比产品，在2018年的财务报表中显示，传音旗下的功能手机，平均售价折合人民币仅为69.95元。而智能手机的平均售价折合人民币仅为454.38元。就是这么靠着低廉的手机价格，传音占据了大量的市场。仅2018年的营收就超过了220亿元，毛利率更是超过了24%。

（三）渠道销售方面

　　传音也是极端的接地气，为了能让非洲小伙伴随时随地都能买到手机。传音的销售摊位就如同国内的土豆销售一样，往地上一铺就成为一个销售点。毫不夸张说，在非洲很难买不到传音手机。

（四）产品促销方面

除了常规的电视广告，传音还把国内常见的墙体广告搬到了非洲，在非洲进行了轰轰烈烈的刷墙运动。同时，传音在非洲设置了大量灯箱广告和路灯广告，从而弥补了非洲基础设施不足的缺点。可以说，人们在非洲不迷路，都是传音的功劳。除此之外，传音也十分重视明星代言活动，如与足球明星亚亚图雷的合作，让传音手机的销量更上一层楼。

这个案例说明做好跨境市场选择及目标市场定位，提供合适且具有差异化的产品和符合消费者特点的营销活动才能有效拓展跨境市场，帮助企业兴旺发达。

【任务描述】

小李在完成了跨境市场环境分析之后，认为公司如果想要在跨境饰品市场开展业务，还需要对目标市场进行选择与定位分析，这样才能保证公司在竞争激烈的跨境市场中获得成功。因此，小李需要在学校专业学习的基础上，结合调研资料、分析公司实际情况以完成以下任务。

【任务分析】

（1）公司该如何进行市场细分？
（2）跨境目标市场该如何选择？
（3）公司该如何进行定位分析？

【相关知识】

随着经济全球化的不断发展，消费者的选择越来越多，企业竞争也越来越激烈，因此要想在激烈的跨境市场中获得成功，首先要了解跨境市场，对目标市场进行细分，然后结合企业自身的特征进行选择，最终形成独特的市场定位。这就是著名的目标市场营销战略，也称为**STP 战略，它包括市场细分（Market Segmentation）、目标市场选择（Market Targeting）和市场定位（Market Position）三部分内容**。目标市场营销战略对于跨境电商企业来说非常重要，只有细分、选择好企业的目标市场，做好市场定位，企业才能在跨境电商领域取得成功。

一、跨境市场细分

（一）跨境市场细分的概念

跨境市场由不同国家互联网消费者组成，跨境消费者具有较大的差异性，**跨境市场细分的过程就是将跨境市场按某种（些）标准分成多个可识别子群体，每个客户子群体中的成员在服务成本、偏好等方面有着极大的相似性，但不同群体成员之间在这些方面有着本质的区别**。跨境市场细分是实施跨境营销战略的第一步。

大多数企业或产品所面对的市场是一个复杂而庞大的整体，它由不同的购买个人和群体组成。由于组成市场的这些购买个体和群体在地理位置、资源条件、消费心理、购买习惯等方面的差异性，面对同样的产品，便会产生不同的购买行为，市场细分可以使跨境企业发掘和开拓新的市场，提高企业跨境市场占有率，同时制定和调整市场营销组合策略。此外，企业的资源有限，一个跨境企业要想满足所有跨境消费者的需求很难，市场细分之后可以使跨境企业明确各细分市场需求的特征，在市场选择时避免盲目性，有利于跨境企业合理配置资源，用最少的资源获取最大的效益。

（二）跨境市场细分的标准依据

划分市场的标准我们称之为市场细分变量，常用的网络市场细分变量包括如下因素。

人口统计细分变量：年龄、种族、性别、家庭状况、收入、教育、网络连接、浏览器类型等。

地理细分变量：ISP 域名、国家、地区、城市等。

心理细分变量：消费者所属的社会阶层、生活方式、个性特征等。

行为细分变量：在线购物行为、Web 使用习惯、利益诉求、点击率、Web 站点忠诚度、过往购买经历等。

利益细分变量：便利性、经济性、质量、易于使用、速度、信息等。

每个细分变量都不足以完全定义一个细分领域，也没有适合各个跨境企业的市场细分组合。为了选择更加合适的市场细分指标，需要对跨境企业的营销战略进行分析，结合不同跨境企业的营销战略目标，选择恰当的细分变量组合。对跨境市场可以按照一个变量或多个变量进行细分。

（三）跨境网络市场细分的方法

1. 单一因素法

单一因素法即选用一个细分标准，对市场进行细分。如服装市场按性别细分男式服装和女式服装。

2. 综合因素法

综合因素法即运用两个或两个以上的标准对市场进行细分。综合因素法的核心是并列多因素分析，所涉及的各项因素都无先后顺序和重要与否的区别。皮鞋的综合因素细分如图 2-3-1 所示。

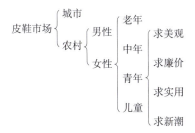

图 2-3-1 综合因素细分法

3. 系列因素法

系列因素法也是运用两个或两个以上的标准来细分市场，但必须依据一定的顺序由粗到细依次细分，而下一阶段的细分是在上一阶段选定的子市场中进行的，细分的过程也就是一个比较、选择子市场的过程（图2-3-2），从年龄、收入水平、生活方式进行细分。

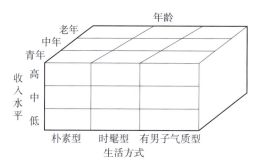

图 2-3-2 系列因素细分法

一般来说，企业对市场进行细分营销，往往采用综合因素法来细分市场的，而很少采用单一因素法来细分市场。

（四）跨境市场细分的原则

为了保证市场细分的有效性，在市场细分完成后，可以依据以下标准检查细分的有效性。即从子市场的可衡量性、可占据性、相对稳定性和市场反应等四个原则来检查市场细分工作是否到位。

1. 可衡量性原则

可衡量性原则即要有可控性。主要表现为：对明确了解细分市场上消费者对商品需求的差异性的各项要求，通过产品或服务反映和说明让消费者感觉到商品的差异。

对细分后的市场范围清楚界定。例如网上礼品市场可分为国内市场、国际市场，其中国内市场还可以按照地理区域进一步细分为华中市场、西南市场、东北市场等；也可以根据消费行为细分为青年人礼品市场、儿童礼品市场、老年人礼品市场等。

对市场容量的衡量。在细分市场后企业要明确细分范围内的市场容量，因为细分市场是对市场进行全面彻底地开发和利用。

对市场潜力的衡量。成功营销最大的定律就是不断开发新的有需求的市场，然而对于一种商品来说不是所有的区域都有无限的市场，所以，在细分市场时我们除了考虑到已有的市场容量，还要考虑在将来的很长一段时间内，对于这个细分范围内还有多少潜在的市场需求。

2. 可占据性原则

如果你的企业或产品没法占据市场，那么再细分也无意义，细分市场时一定考虑到企业进入这个市场会有多大的销售额。根据这个前提条件，我们要从细分市场的规模、发展潜力、购买力等方面着手，通常，在企业对营销策略和产品有绝对信心时，市场的规模、发展潜力、购买力会越大，企业进入这个市场后占据性就会更强，销售额就会更多。

3. 相对稳定性原则

任何企业在做一项产品或服务时都希望在进入市场后能够长期、稳定占据份额和市场。

所以，一定要考虑占领后的目标市场要能保证企业在相当长的一个时期内经营稳定，避免目标市场变动过快给企业带来风险和损失，以保证企业取得长期稳定的利润。

4. 市场反应原则

如果相同需求的客户被分为不同的子市场，则说明市场细分过细；如果不同需求的客户被划分在同一子市场，则说明市场细分过粗。网络营销市场细分的四大原则一定要追求精、准、可控。

二、跨境目标市场选择

（一）跨境目标市场选择的含义

跨境目标市场选择是营销战略的第二步。**跨境电商目标市场是指企业在跨境电商市场细分的基础上，结合自身优势及时对外部环境作出判断，在细分后的市场中进行识别、挑选、评价、选择以作为符合企业经营目标而开拓的特定市场。**目标市场选择是指企业在划分了不同的子细分市场后，决定选择哪些和多少子细分市场作为目标市场。在这里，目标市场是指企业要进入并从事营销活动的子市场。

（二）选择跨境目标市场的步骤

1. 进一步评估各个子市场

进一步评估各个子市场的重点应放在子市场的规模和发展前景、细分市场的吸引力和是否符合企业的资源状况、经营目标等三个方面。

（1）评估子市场的规模和发展前景主要应明确各个子市场的市场容量、预期获得的经济效益和各细分市场进入的壁垒情况。

如果市场规模过小或者趋于萎缩状态，企业进入后难以获得发展，此时，应谨慎考虑，不宜轻易进入。当然，企业也不宜将规模最大、吸引力最强的市场作为目标市场。

（2）评估细分市场的吸引力大小必须考虑行业竞争状况的五种基本力量（波特五力模型）。

细分市场的吸引力大小与这五种力量的强弱成反比，其外界干扰力量越强，则市场吸引力越小。首先，企业应尽量选择那些竞争相对较少，竞争对手比较弱的市场作为目标市场。其次，企业要考察细分市场内的可替代产品，以及跨境消费者和供应商的议价还价能力。

（3）在评估目标市场时，应注意该子市场是否与企业资源相适应，是否符合企业长远发展目标。只有选择那些有条件进入的、能充分发挥其资源优势的子市场作为目标市场，企业才能获得竞争优势。

2. 跨境目标市场的选择策略

首先，成为目标市场一般要具备以下条件：具有一定的购买力，以及足够的销售量及营业额；有较理想的尚未满足的消费需要，有充分发展的潜在购买力；市场尚未形成垄断。

其次，企业需要根据市场覆盖策略来做出选择。选择模式通常包括**市场集中化、产品专业化、市场专业化、选择专业化、市场全面化等五种类型，**如图2-3-3所示。

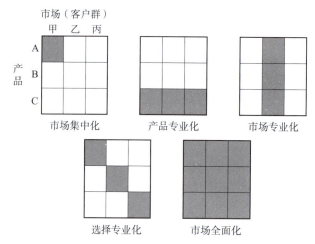

图 2-3-3　跨境目标市场选择模式

（1）市场集中化。

这是一种典型的集中化模式。许多小企业由于资源有限，往往采用这种模式。而一些新成立的企业，由于初次进入市场，缺乏生产经营经验，也可能把一个细分市场作为继续发展、扩张的起始点。但是，采用这种模式后，由于目标市场范围较窄，企业的经营风险较高。

（2）产品专业化。

企业生产一种产品，向特定客户销售。该模式生产相对集中，有利于发挥生产技能，在某种产品（基本品种）方面树立起较好的声誉。

（3）市场专业化。

企业面对同一客户群，生产和销售他们所需要的各种产品。采用这种模式，有助于发展和利用与客户之间的关系，降低交易成本，并在这一类客户中树立良好的形象。当然，一旦这类客户的购买力下降，企业的收益就会受到较大影响。

（4）选择专业化。

企业在对市场详细细分的基础上，经过仔细考虑，结合本企业的长处，有选择地生产几种产品，有目的地进入某几个市场面，满足这些市场面的不同需求。实际上，这是一种多角化经营的模式，能够较好地分散企业的经营风险；但是，采用这种模式时，企业应当十分谨慎，必须以几个细分市场均有相当的吸引力为前提。

（5）市场全面化。

企业为所有细分以后的各个细分市场生产各种不同的产品，分别满足各类顾客的不同需求，以期覆盖整个市场，如国际商业机器公司（IBM）便选在计算机领域内全面出击，并获得了成功。

（三）跨境目标市场营销策略

企业通过市场细分，从众多的细分市场中，选择出一个或几个具有吸引力、有利于发挥企业优势的细分市场作为自己的目标市场，综合考虑产品特性、竞争状况和自身实力，针对不同的目标市场选择营销策略（图 2-3-4），主要有无差异性营销（Undifferentiated Targeting

Strategy）、差异性营销（Differentiated Targeting Strategy）、集中性营销（Concentrated Targeting Strategy）三种。

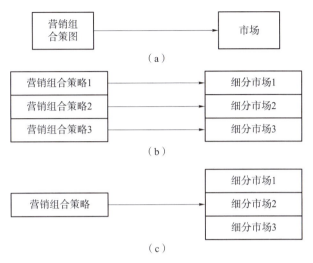

图 2-3-4　目标市场营销策略

（a）无差异营销策略；（b）差异化营销策略；（c）集中营销策略

1. 无差异性营销

（1）优点：大批量的生产和储运，必然会降低单位产品的成本；无差异的广告宣传等促销活动可以节省大量成本；不搞市场细分，也相应减少了市场调研、产品研制等所要耗费的人力、物力和财力。

（2）缺点，即这种策略对大多数产品是不适用的。特别是在网络市场中，客户需求趋于个性化，正因为如此，网络市场中几乎没有采用无差异性营销策略的企业。

2. 差异性营销

适用于小批量、多品种生产的公司，日用消费品中绝大部分商品均可采用这种策略选择网络目标市场。在消费需求变化迅速、竞争激烈的当代，大多数公司都积极推行这种策略。

（1）优点：有利于满足不同消费者的需求；有利于公司开拓网络市场，扩大销售，提高市场占有率和经济效益；有利于提高市场应变能力。

（2）缺点：增大了营销成本，生产成本、管理成本和库存成本、产品改良成本及促销成本，使产品价格升高，失去竞争优势。

3. 集中性营销

集中营销策略亦称密集营销策略，是指企业集中力量于某一个或几个细分市场上，实行专业化生产和经营，以获取较高的市场占有率的一种策略。

（1）优点：①公司可深入了解特定细分市场的需求，提供优质服务，有利于提高企业的地位和信誉；②实行专业化经营，有利于降低成本。只要网络目标市场的选择恰当，集中营销策略常为公司建立坚强的立足点，从而获得更多的经济效益。

（2）缺点：所有力量集中于某一细分市场，当市场消费者需求发生变化或者面临较强竞争对手时，由于公司的应变能力有限，经营风险很大。公司可能陷入经营困境，甚至倒闭。因此，在使用这种策略选择网络目标市场时，要特别注意竞争对手的变化，建立完善的客户服务体系，从而防止客户流失。

三、跨境市场定位

（一）跨境市场定位的含义

跨境市场定位是营销战略的第三步。所谓**市场定位指在目标顾客或消费者心目中确定企业或产品的形象和定位**，一方面，要了解竞争对手的产品具有何种特色；另一方面要研究消费者对该产品的各种属性的重视程度，然后再根据这两方面进行分析，从而选定公司产品的特色和独特形象，如图2-3-5所示。

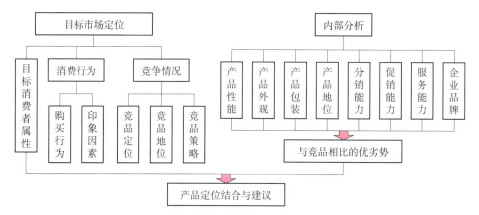

图2-3-5 跨境网络市场定位

（二）市场定位的依据

企业进行市场定位，在市场上树立鲜明的形象，以求与竞争者存在差异。

1. 产品实体差异化

产品实体差异化是指企业生产的产品在质量、性能上明显优于同类产品的生产厂家，从而形成独自的市场。对同一行业的竞争对手来说，产品的核心价值是基本相同的，所不同的是在性能和质量上，在满足客户基本需求的情况下，为客户提供独特的产品是差异化战略追求的目标。

2. 服务差异化

服务是一种无形的产品，是维系品牌与客户关系的纽带，随着产品同质化程度的不断加剧，缔造优质的品牌服务体系，为客户提供满意的服务成为企业差异化品牌战略的重要武器。服务是企业蓄积品牌资产的重要平台。随着人们需求层次的不断提高，对服务的要求也水涨船高。在产品同质化现象极为严重的今天，服务已经成为企业寻求差异化竞争优势的有效手段。

3. 形象差异化

形象差异化即企业实施通常所说的品牌战略和CIS（Corporate Identity System）战略而产生的差异。企业通过强烈的品牌意识、成功的CIS战略，借助媒体的宣传，在消费者心目中树立起优异的形象，从而使消费者对该企业的产品发生偏好。如果说企业的产品是以内在的气质服务于顾客的话，那么企业的形象差异化策略就是用自己的外在形象取悦消费者，形成不同凡响的**自身特征**。

（三）有效市场定位的原则

1. 重要性
该市场定位能向网络消费者让度较高价值的利益。

2. 明晰性
该市场定位是其他企业所没有的，或者是该企业以一种突出、明晰的方式提供的。

3. 优越性
该市场定位明显优于通过其他途径而获得相同的利益。

4. 可沟通性
该市场定位能够被网络消费者所理解和接受，是买主能看得见的。

5. 不易模仿性
该市场定位至少在短期内是其竞争者难以模仿的，能够保证企业一定时期的竞争优势。

6. 营利性
企业将通过该市场定位可获得较高的利润。

（四）跨境目标市场定位的策略

跨境市场定位的基本原则，是掌握原已存在于人们心中的想法，打开客户的联想之门，使自己提供的产品在客户心目中占据有利地位。在实践中应注意以下几种定位战略。

1. 初次定位与重新定位
初次定位指新成立的企业或新产品在进入虚拟市场时，企业必须从零开始，运用所有的市场营销组合，使产品特色确实符合所选择的目标市场。重新定位即二次定位或再定位。是指企业变动产品特色，改变目标顾客对其原有的印象，使目标顾客对其产品新形象有一个重新的认识。重新定位对于企业适应市场环境、调整市场营销战略而言，是必不可少的。

通常，产品在市场上的初次定位即使很恰当，但在出现下列情况时也需考虑重新定位：一是在本企业产品定位附近出现了强大的竞争者，挤占了本企业品牌的部分市场，导致本企业产品市场萎缩和品牌的目标市场占有率下降；二是消费者的偏好发生变化，从喜爱本企业品牌转移到喜爱竞争对手的品牌。

2. 对峙性定位与回避性定位
对峙性定位（竞争性定位、针对式定位）指企业选择靠近于现有竞争者或与其重合的市场位置，争夺同样的客户，彼此在产品、价格、分销及促销等各个方面的区别不大。

回避性定位（创新式定位）指企业回避与目标市场竞争者直接对抗，将其位置定在市场上某处空白领地，开发并销售目前市场上还不具有某种特色的产品，以开拓新的市场。

3. 心理定位
心理定位是指企业从客户需求心理出发，以自身最突出的优点来定位，从而达到使客户心目中留下特殊印象和树立市场形象之目的。跨境电商环境下的营销目标可以参照在现实环境下的定位方法来进行，但也要考虑在网络环境下的特定条件。

例如：

（1）销售产品的选择→要慎重选择适合在跨境网络平台上进行销售的商品及服务。

（2）潜在客户群分析→对可能的跨境网络消费者的类型、爱好和需求进行分析。

（3）产品价格的定位→根据跨境网络销售的特点进行适当的产品价格定位。

【拓展案例】

做好细分市场及定位 ZEELOOL 以每年超 100％的增速发展

ZEELOOL 的运营主体是小魔兽数字科技（郑州）有限公司，自 2017 年创立起，从北美市场市场起步，ZEELOOL 以每年超 100％的增速发展，远超行业平均增长速度。在 Onesight 发布的《BrandOS 2022Q4 出海品牌社媒影响力分析》榜单中，ZEELOOL 更是打败了国内的众多出海品牌，来到了第六顺位。从籍籍无名到崭露头角，ZEELOOL 不过用了 3 年时间。那么，它是如何成为跨境电商眼镜垂直品类 No.1？

想做好品牌，本地化的内容对于品牌来说是极为重要的，需要了解当地用户的偏好、文化特色等等，而这一方面 ZEELOOL 也有着不错的可鉴之处。

据 similarweb 显示，ZEELOOL 的主要消费群里集中于美国，占比 73.61％。就全球眼镜市场而言，美国占据了其中的大部分收入，预计 2023 年将达到 338.3 亿美元。网站的受众群体以女性用户为主，25~34 岁的用户占了绝大的比重，用户群体偏向于年轻化，因此在产品设计、功能属性、推广方向应结合当前的流行趋势。

（1）设计符合当地人审美的产品（图 2-3-6）。

图 2-3-6　设计符合当地人审美的产品

为了迎合当地消费者的喜好，ZEELOOL 聘请海外设计师设计富有时尚感的产品。于消费者而言，除了一副专业的眼镜，还需要具备"时尚感"。

由于 Y2K 的风潮正盛，复古风开始回归。猫眼、方形大框镜、非常规的几何形状等富有个性的廓形款式成为站内的热卖爆款。

通过造型迥异、丰富的花色成为追求时尚前卫人士的热门穿搭单品。

（2）独特的产品竞争力。

眼镜中的防刮涂层是一种高级的功能，消费者在市场上任意一家眼镜店购买这种功能的眼镜都需要额外再支付 30~50 美元不等，但是在 ZEELOOL，则是完全免费的。

此外，ZEELOOL 还提供了优质抗反射涂层，可有效减少眩光，增加耐用性，售价仅为 4.95 美元，比市场上的平均价格更便宜，因此，在产品竞争力及价格上，ZEELOOL 遥遥领跑于其他眼镜品牌。

（3）细致的产品分类。

为了满足各个人群不同的需求，ZEELOOL 的网站上针对女士、男士、儿童、阅读、太阳镜、蓝光阻挡等细分类目进行了归类（图 2-3-7）。

款式丰富，做工精良，ZEELOOL学已帮助100万家庭看得清楚。
同时也彰显了它们的时尚宣言。

| 女士 | 男士 | 儿童 | 阅读 | 太阳镜 | 蓝光阻挡 |

图 2-3-7　在 ZEELOOL 购买眼镜

此外，用户甚至可以根据自己的所需的场景、风格属性、款式设计、材质、颜色、形状等挑选适合自己、喜欢的眼镜，做到了个性化选择服务。

（4）虚拟试戴服务。

AR 眼镜试戴结合真实人脸自拍，叠加 3D 眼镜素材组合而成。在线试戴时可随时切换框型、颜色、镜片（光学镜、太阳镜）等，方便用户自由体验（图 2-3-8）。

图 2-3-8　虚拟试戴服务

除了优质的产品外，个性化的服务也是 ZEELOOL 与其他品牌拉开差异化的优势之一。大部分海外消费者提到"从选购–试戴–验光–配镜，这一过程十分复杂"。

ZEELOOL 为了简化用户的购买流程，在站内开发了"ZEELOOLARTry-On"功能，用户可以轻松进行线上试戴，随时随地选购适合自己且喜欢的眼镜款式。

只需要打开摄像头，在产品列表和产品详细信息页面上单击"TRYON"按钮，用户便可虚拟试戴任何一副眼镜（图 2-3-9）。

此外，如果你不想打开摄像头使用虚拟试戴功能，ZEELOOL 还设置了照片试戴功能，只要上传个人的正面照，系统则会自动生成虚拟试戴效果供你体验。

（5）超百万的红人矩阵。

基于其年轻化的受众，在运营上，ZEELOOL 更是紧跟潮流，在官网上发布了

"ZEELOOL 影响者计划"，长期招募活跃于社交网络上红人或素人，创建了超百万的红人社区，在社交平台上的辐射能力不容小觑。

图 2-3-9　虚拟试戴眼镜

【任务实施】

实训项目	跨境目标市场选择与定位分析
实训目的	通过该实训掌握市场细分的基本方法和定位策略，结合市场环境分析结果能对企业进行市场细分并完成定位策略
项目小组成员分工	
实训方式和步骤	（1）结合任务描述，以项目小组为单位开展讨论 （2）针对所要求的任务写出相应的分析结果 （3）各项目小组可进行交流互评 （4）思考并总结，完成实训报告
实训问题	（1）公司所在行业跨境都有哪些细分市场 （2）公司应如何选择目标市场 （3）公司如何制定营销策略并进行定位分析
个人反思和总结	

任务四　跨境消费者行为分析

【任务介绍】

通过本任务的学习，我们对跨境消费者行为模式有所了解、能根据实际业务情况选择合适的消费者行为模型、掌握跨境目标消费者人物画像的一般构建方法，结合市场调研完成目标人物画像的制作。

【案例引入】

征服中东市场！消费者不一样的购物习惯必须了解！

中东地区联系亚、欧、非三大洲，沟通了大西洋和印度洋，自古以来就是东西方交通枢纽，为"两洋三洲五海"之地。但由于文化差异巨大，无论选品还是营销，中东市场都具有特殊性，调研中东消费者的偏好及购物习惯便显得尤为重要。

中东地区消费者购物习惯体现在以下几个方面。

1. 忠诚度高，反馈积极

相较于其他市场，中东消费者一旦认定某个品牌，基本就常年在此购买，且会向身边人卖力宣传；中东消费者非常健谈且非常重视人情、关系和尊重。如果消费者较为满意，很乐意把产品放在家里每个角落并拍照片，再上传至平台，反馈更为主动积极。

2. 男性购买力强

由于当地文化习惯的原因，女性不方便抛头露面，男性则成了购物主要决策者和家庭财政大权掌握者。与许多国家电商消费者构成不同，中东地区的客户90%以上都是男性，支付较为爽快，且购买力强。中东的消费者对折扣或细微的地方不太在意，当他们对产品较满意后，就会立马下单。

3. "家族观"强

中东人还非常重视"家族观""国别的荣誉感"，热衷于在线上组建家族。内容形式上也要贴近中东是藏本地化元素：如他们更喜欢狮子、数字7、钻石、跑车、沙漠、骆驼、神话人物、国家元素等这样的形象。

4. 中东地区的线下社交娱乐方式相当匮乏

线下社交匮乏导致中东的线上社交需求十分旺盛，线上用户大多数为三四十岁的海湾八国男性。由于宗教原因，中东许多国家的未婚男女基本没有接触异性的机会，社交平台的出现，也恰恰弥补了社交匮乏这一缺失。有钱有闲也是中东社交直播市场发展旺盛的重要因素。据数据统计，中东地区用户每天花在社交媒体上的平均时间超过3个半小时，位居全球前列。要知道，中东部分地方的人均工作时长仅有3小时左右，许多国家下午两点半就下班了。

5. 消费习惯偏贵价

中东的消费者普遍比较具有品牌意识，而且他们的购物行为很有社会性，也就是说，他们更信任来自身边好友推荐的产品。在购买一些衣服、饰品之类的产品时，更注重这件衣服或者饰品是否能和他们的身份与地位联系起来。所以，他们的消费习惯偏贵价，做中东地区的跨境电商卖家相对来说利润率也是比较高的。

从本文中，我们可以得出，对目标市场消费者行为及风俗习惯调研与分析是我们进一步策划营销活动的前提，只有充分了解目标消费者人物画像，才能更好地进行精准营销推广。

【任务描述】

在对跨境消费者市场进行细分及定位之后，小李还需要对目标消费者进行消费行为分析，从而为后续跨境市场开拓奠定基础。

【任务分析】

1. 目标消费者的购买决策过程有哪几步？
2. 如何进行跨境消费者行为模型分析？
3. 如何制作目标消费者人物画像？

【相关知识】

一、跨境消费者的购买行为研究

市场营销学家把消费者的购买动机和购买行为概括为 5W1H/6O，从而形成消费者购买行为研究的基本框架，跨境消费者研究也一样需要解决以下问题，具体见表 2-4-1。

表 2-4-1　跨境消费者购买行为研究基本框架

问题	研究对象
市场需要什么（What）	有关产品（Objects）
为何购买（Why）	购买目的（Objectives）
购买者是谁（Who）	购买组织（Organizations）
如何购买（How）	购买方式（Operations）
何时购买（When）	购买时机（Occasions）
何处购买（Where）	购买场合（Outlets）

跨境市场营销因素和跨境市场环境因素将刺激跨境企业品牌及产品进入目标消费者的意识，购买者根据自己的需要和特性处理这些信息，经过一系列的购买决策过程做出购买决定。这就是刺激—反应模式（图 2-4-1）。**从营销者角度出发，企业的市场营销活动都可以被视作对购买者行为的刺激，如产品、价格、销售地点和场所、各种促销方式等，这些我们称之为"市场营销刺激"**，是企业有意安排的、对购买者的外部环境刺激。除此之外，购买者还时时受到其他方面的外部刺激，如经济的、技术的、政治的和文化的刺激等。所有这些刺激，进入了购买者的"黑箱"后，经过了一系列的心理活动，产生了人们看得到的购买者反应：购买还是拒绝接受，或是表现出需要更多的信息。如果购买者一旦决定购买，其反应将通过购买决策过程表现在购买选择上，包括产品的选择、品牌选择、购物场所选择、购买时间选择和购买数量选择。购买者黑箱是作为营销者首要关注的问题，黑箱主要包括消费者购买行为的影响因素（即购买者特征），以及消费者的购买决策过程。

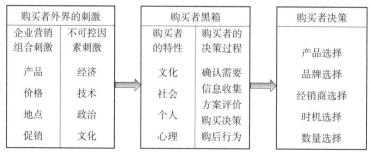

图 2-4-1　消费者刺激—反应行为模式

二、跨境消费者行为模式分析

跨境用户消费行为模型（图 2-4-2）分析能够为跨境企业的品牌推广、运营活动、产品设计、体验设计提供指导，有效地避免过多尝试而带来的高成本投入与浪费，从而帮助企业制定更加合理、有效的营销与设计方案。

（一）用户消费行为模式的演进

（1）**传统媒体时代与互联网初期**，行业广泛奉行的是 AIDMA 法则，强调以媒体为中心处于向用户单向传递信息的阶段。

（2）**互联网 2.0 时代（信息与人互动）**，基于搜索和分享应用的出现，用户对传统媒体的聚焦转到了网络媒体上，信息的来源变得分散，用户的行为由被动变成了主动，AISAS 通过"搜索"与"分享"实现消费者间信息的传递与渗透。

（3）**互联网 3.0 时代（智能互联网）**，SICAS 提供全面、精细化消费者行为模式，ISMAS 通过"口碑"将网络与实体相互融合，弱化品牌商家主观推送信息的概念，强调消费者的需求与接纳度，并将忠实客户与品牌忠诚度作为传播核心（图 2-4-2）。

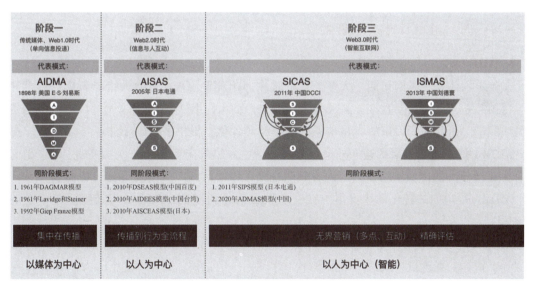

图 2-4-2　消费者行为模式演进

（二）用户消费行为模式变迁

从传媒媒体时代到智能互联网时代的消费者行为模式变迁（图 2-4-3）中，我们可以看到一些变化。

（1）媒体（流量）为中心到以人为中心。

（2）从侧重对消费者心理变化的研究到以消费者行为的研究，再也不用担心浪费广告费了。

（3）从商家对消费者单向传递信息到商家与消费者的多维互动，甚至消费者之间的互动就能决定消费行为。

时代	消费者行为模式						
传统媒体&Web1.0时代（媒体、网站信息单向投递给用户）	AIDMA（美国）1898	Attention 引起注意	Interest 产生兴趣	Desire 培养欲望	Memory 形成记忆	Action 促成行动	
Web2.0时代（互联网与用户互动）	AISAS（日本）2005	Attention 引起注意	Interest 产生兴趣		Search 主动搜索	Action 促成行动	Share 进行分享
WEB3.0时代（更通人性的互联网）	SIPS（日本）2011	Sympathize 共鸣	Identigy 确认		Participate 参与		Share & Spread 共享与扩散
	SICAS（中国）2011	Sense 互相感知	Interest & Interactive 产生兴趣 & 形成互动		Connect & Communicate 建立连接 & 互动沟通	Action 促成行为	Share 进行分享
	ISMAS（中国）2013	Interest 产生兴趣		Search 进行搜索	Word of Mouth 参考口碑	Action 促成行为	Share 进行分享
	ADMAS（中国）2020	Attention 引起注意	Desire 需求		Message & Word of Mouth 信息 & 口碑	Alternative 选择	Share 进行分享

图 2-4-3　消费者行为模式变迁对比

（4）从聚焦售前引导到关注售前、售中、售后全流程。

（三）用户消费行为代表模式

1. AIDMA

在传统媒体及互联网初期，大量信息不对称，AIDMA 一直在有效地指导着广告创意和投放的营销策划，具有效果直接，且见效快的特点。商家过各类媒体投放大量广告，吸引更多的关注流量，由此便为后来的大量信息的失准与碎片化，提供了基础条件。

AIDMA 注重营销效果的遍布效应、累积效应、共鸣效应，"媒体"为核心，以"引起注意"为首要任务的传播策略，具有内容刺激性强，传播范围广，多次重复的特征。

AIDMA 是单向的转化漏斗：集中在受众接触信息到产生行为这一直线型、单一型的效果评估。

AIDMA 的营销效果评估可以从传播效果评估、心理效果评估、销售效果评估 3 个维度，对应 6 个指标：展现量、到达率、注意率、好感率、记忆率、行动率进行评估。其中 3 个指标为主动测量指标，行动率无法拆解是否与广告有关，"我知道我的广告费浪费了一半，却不知道哪一半被浪费了。"

AIDMA 对一个普通受众的最终消费心路变化过程阐述得非常准确，把握了关键变化点，依然是我们广告创意与制作的标杆指导。因为该理论没有具体细化到不同的商品类别，放在当下的环境：该理论更多的适合高卷入度的商品（价格高，需要小心做决策），对于低卷入度商品，消费者的决策过程往往没有那么复杂。

2. AISAS

Web2.0 时代，互联网为消费者主动获取信息提供了条件，使消费者有机会从多种渠道获得详尽的专业信息，进行相对"明白"的消费。在这个背景下，日本电通广告集团于 2005 年率先对传统的 AIDMA 模型进行了重构，提出了"AISAS"模型，引入了互联网的两个典型行为模式：搜索与分享。即当广告引起消费者的注意和兴趣后，消费者会主动对品牌和商品信息进行信息搜索，继而产生购买行为，并通过社交媒体进行消费体验分享。

AISAS 模型强调品牌商家与用户之间的关系开始互动，是双向转化漏斗，强调了消费者主动行为（搜索和分享）的重要性。

AISAS 的营销效果评估首次出现了对售后行为的效果评估，但是营销活动的核心驱动依然是广告，营销活动的关键词是品牌的印象、认知，用户的行为效果评估多了点击、转化率等效果维度；销售效果的评估可以根据行业而细分定制，商家与消费者之前间开始了基于链接的简单的碎片化的反馈。

3. SICAS

在 Web3.0 时代，智能化的互联网应用为消费者行为的实时监测提供了可能性。DCCI 其通过技术手段对用户进行实时、连续、长期的监测后发现：用户的消费行为正在由线性的行为消费过程转变为网状、多点双向基于感知的连接，用户的体验分享正在成为真正意义上的消费源头：以 iPhone 品牌触点图为例，社会化平台的品牌到达率、PV 占有率及用户浏览时长均超过了门户网站，对用户的购买行为决策的影响更大，是品牌接触的重要触点和未来发展的趋势，于是在 2011 年提出了多维互动的 SICAS 模式。

SICAS 建立了一套开放式的营销效果评估模型，帮助品牌商家解决浪费广告费的问题。

品牌商家首先要基于互联网的产品形态建立全网触点来实时感知消费者行为动态来敏捷指导、评估营销决策，让品牌信息能及时出现在消费者会关心、会消费信息的地方，精细化销售效果评估数据精确考核 ROI。品牌商家不仅要关注消费者的分享行为，还要参与、引导消费者的分享行为。

4. ISMAS

AIDMA 和 AISAS 都依赖的重要一环也是最难逾越的一环是"口碑"，SICAS 重视消费者的分享行为的价值，认为其有可能会是消费生产力的重要来源，社交媒体时代人际关系被重塑，口碑的形成的过程被搬到社交网络上进行，而更深层次的变化是，传播对象由地域/家庭组织变成了由年龄/兴趣组件，这也改变了组织口碑的方式和影响范围。2011 年，北京大学的刘德寰教授将"口碑"这一核心因素加入消费者行为模式中，提出了 ISMAS 模型。

各模式虽然缘起不同的时代，但并没有过时这一说法。最早的 AIDMA 理论作为广告创意中的基础理论，在新媒体时代并没有让位于新兴的创意理论，对于方兴未艾的植入广告，也同样受到 AIDMA 理论的影响。各品牌商家可以根据业务的实际情况，有选择性地参考、使用。

（1）AIDMA 强调媒体的重要性，对用户的消费心理历程把握得很到位，适用于品牌广告或高卷入度的产品。

（2）AISAS 强调用户的搜索和分享及搜索指标的营销效果评估。

（3）SICAS 精细化、大数据的广告效果监测，对使用企业有一定的门槛要求。

（4）ISMAS 强调在去媒体环境中，消费者的兴趣占据主导地位，口碑起着消费者决策的重要作用。

三、目标用户画像建立

（一）什么是目标用户画像

目标用户画像可以简单理解成是海量数据的标签，根据用户的目标、行为和观点的差异，将他们区分为不同的类型，然后每种类型中抽取出典型特征，赋予名字、照片、一些人口统计学要素、场景等描述，形成目标市场的一个人物原型（Personas）。简单来说就是利用已经获得的数据，勾勒出用户需求、用户偏好的一种运营工具和数据分析方法。

目标用户画像中包含了用户的年龄、性别、地域、社交关系、兴趣偏好、触媒习惯、行为特征、消费习惯等信息，可以帮助品牌深入了解目标用户群体，洞察用户真正的动机和行为。品牌构建用户画像，可以加强对于已有用户和潜在目标人群的理解，在制定营销战略、精细化运营等方面有着很重要的作用。

（二）目标用户画像构建

1. 构建目标用户画像的条件

构建用户画像是指用户信息标签化的过程，通过收集用户多维度的信息数据，并对这些信息进行统计、分析，从而抽象出用户信息全貌。一般需要具备三方面要素。

动画：跨境目标
用户画像

（1）用户属性。

用户属性包括年龄、性别、学历、收入水平、消费水平、所属行业等用户数据。这些信息被作为样本，把用户的行为数据作为特征训练模型，来构建完整的用户画像。

（2）用户偏好。

用户偏好数据是互联网领域中使用最广泛的信息，其中包括用户的社交习惯、消费习惯、特殊爱好等，能够帮助企业对用户属性进行精准分析。其在构建过程中，主要是从用户海量的行为数据中进行核心信息抽取、标签化并统计。

（3）消费场景

消费场景是对消费者购买或发生消费行为时的特征进行具象化得出的信息要素，包括用户消费的经济价值（消费金额、消费频次）和用户购买行为（品类偏好、时间偏好、使用偏好）等。了解用户的消费习惯和消费场景，才能为后面的产品推广做好准备。消费场景也是构建用户画像非常重要的一环。

2. 构建目标用户画像的步骤

在具体构建用户画像之前，需要先明确构建用户画像的目的。企业以数据集成的方式，收集用户的年龄、性别、职业、收入、生活方式、消费偏好等信息，是为了能够准确地捕捉到用户的行为和痛点。因此，构建用户画像并非是对消费者数据的简单收集和记录，而是以用户需求为起点，基于数据对用户行为进行分析和洞察，让运营、营销人员深入地理解和洞察用户，进而更加精准地运营和策划。一般通过以下三个步骤来完成。

步骤1：用户数据采集

数据是构建用户画像的核心，也是建立客观、有说服力的画像的重要依据，一般包含宏观和微观两个层面。首先是宏观维度，数据来自行业数据、用户总体数据、总体浏览数据、总体内容数据等。其次是微观维度，数据包括用户属性数据、用户行为数据、用户成长数据、访问深度、模块化数据、用户参与度数据和用户点击数据等。

企业还可以根据自身的具体运营情况进行调整，添加或删减收集数据的维度，构建与自身适配度高的企业品牌数据资产。

步骤 2：数据分析及用户细分

在完成用户画像的基础数据采集后，需要对海量的用户源数据进行分析梳理，提炼出有效数据并构建有效模型。即根据相应的标准对不同维度的用户数据进行精细化处理，拆分成不同的用户群组和用户标签，对用户进行细分。依据用户属性、用户偏好、消费场景等要素将数据进行处理和区分，从而构建多维度完整的用户画像。

步骤 3：完善用户画像

在完成了用户数据的基本呈现后，企业还需要在创建出的用户角色框架中提取出更加关键的信息，根据关键特征数据进行用户评估分级，并结合用户规模、用户价值和使用频率来划分用户画像，帮助企业确定高净值用户群、一般价值用户群和潜在价值用户群。

完善用户画像会将用户画像的颗粒度描绘的更精细，从而为企业进行市场运营、战略部署提供有价值的参考，更好地服务消费者。企业构建目标用户画像的目的是解决目标消费者的痛点、满足消费者的需求。因此，在完成步骤 3 后，一定要结合洞察到用户痛点来改进产品和服务。

在完成用户画像的构建之后，企业可以基于此制定触达用户的精细化运营方案、进行多样化的数据分析，并可以快速落地，通过小范围的测试并收集目标用户反馈（如新品上市调查问卷、新品试用装等），进而提升产品和服务质量。总结来说，用户画像是刻画用户需求的模型，其本质是描摹用户需求，也是一切营销活动的基础。企业只有有效整合用户数据，构建用户标签体系，深度洞察消费者的需求、满足消费者的喜好，并通过数据反哺，不断优化运营策略，才能驱动业绩增长，真正实现用户数据价值。

【行业经验】

各国消费市场分析

【拓展案例】

海外消费者洞察：从千禧一代用户喜好看市场布局

"近年来的海外营销中总会将用户概括为几类，其中提到最多的当属：Z 世代、千禧一代。研究这些也是跨出海外的第一步，知道你即将面对的购买对象是谁，了解他们的喜好，从而精准广告投放。"

就目前来说，千禧一代是社会消费的主力军。千禧一代出生于 1981—1996 年。这个阶段出生的所有人早已成年，并且大多数已经进入职场多年，具有稳定的消费能力。

千禧一代大部分人也已经拥有了自己的家庭，是社会的中流砥柱。据统计，美国的千禧一代每年消费金额超过 6 000 亿美元。

消费观——透明度

千禧一代是极具反叛精神的一代，他们强调事物或者观点的真实性，比较反感虚假宣传或者办公不透明的机构或体制。对于广告营销，比起传统的广告媒体营销方式，千禧一代对于实际使用过产品的消费者的建议接受度更高。千禧一代通常对新事物持审慎态度，认为在接触新产品或者服务之前应该先仔细了解，以免被欺骗。因此品牌需要在产品测评内容和产品体验上多下功夫。

消费观——产品耐用性

随着近几年经济形势低迷，世界各地的消费者开始优先考虑购买更持久更耐用的产品，而千禧一代更是如此。

千禧一代比其他任何一代人都更加关注可持续性，他们之中超过一半的人坚持购买持久耐用的产品，而这一观念甚至也蔓延到了 Z 世代。Statistia 提供的数据表明，约超过 50% 的千禧一代倾向于购买可持续且耐用的产品。

消费观——个性化服务

尽管千禧一代非常重视产品的耐用性和可持续性，但是并不意味着循规守旧，他们仍然非常强调便利性和服务质量。eMarketer 的调查显示，超过 2/3 的千禧一代表示，如果购买的东西能够当日送达，他们愿意多支付至少 10 美元。有 81% 的人表示，如果产品的配送服务很差劲，他们宁愿不买。"方便"对千禧一代到底有多重要呢？他们是反叛的一代，对政府和大公司的信任度很低。但是如果是为了便利，他们中的许多人也并不介意与这些机构或者公司分享个人数据。比起上一代人，千禧一代更愿意在个人数据和隐私上妥协。

为什么需要关注千禧一代？

相对于 Z 世代，千禧一代在互联网的存在感并不是最强的，但是品牌和运营人员应该以真实数据为基础，而不是被社交媒体上铺天盖地的信息洪流所迷惑。Z 世代的年轻人的确是互联网上最活跃的群体，但是千禧一代的购买力才是最强的。

人口份额

目前，美国的千禧一代已经超越婴儿潮出生的那一代人，成为美国人口中占比最大的一个群体。因为目前千禧一代的人口最多，而且都处于青壮年时期，是美国劳动力的主力。有研究预测，到 2025 年，千禧一代将占美国就业人口总数的 75%。

上网时长

除了人口数量庞大之外，千禧一代在网络上花费的时间也比其他年龄阶段的人多，平均约为每天 7.5 小时，并且平均每年从互联网上购买 15 种产品。

消费模式

虽然大多数时间都泡在网上，并且热衷于网络购物，但是大多数千禧一代在购物的时候喜欢货比三家。Retail Touch Points 提供的数据表明，77%的人表示他们会花很多时间在网上研究产品。而且他们在购物偏好方面比较平衡，38%的人仍然喜欢在实体店购物，32%的人更喜欢在网上购物，30%的人倾向线上线下结合（数据来自 Statistia）。由此可见，超过半数的人有过线上购物经历。

正如前文提到的，为了更加便利的购物体验，千禧一代会同意网站追踪购物喜好。这对品牌和公司来说是一个巨大的机会，因为如果企业能提供更好的服务，千禧一代一定愿意买单。

来自 The Brookings Institution 的研究报告称，有超过 44%的千禧一代认为自己属于少数群体，所以非常强调个人身份认知，也很倾向于参加和构建各种社群。这就意味品牌在营销活动中应该采取差异化策略，并且尽可能照顾到各个群体。

如何抓住千禧一代消费者？

讲好品牌故事

千禧一代的消费者在购物的时候喜欢花许多时间和精力来挑选产品，并且喜欢货比三家。他们希望看到的不仅仅是最新最好的产品，还想了解产品的独到之处，所以他们比较青睐品牌形象良好的大品牌。

因此，品牌除了提供更好的产品之外，也应该花时间打造他们的品牌故事和品牌形象，这样可以与千禧一代消费者建立更深刻的联系。

此外，千禧一代的消费者更倾向于购买、和支持拥有鲜明立场的品牌和公司，所以只要不涉及政治敏感问题，品牌应该可以尝试在某些社会问题上积极表明立场，发表意见。

提供优质体验

千禧一代人非常强调"持久耐用"，而且近几年"可持续发展"这个概念也变得越来越流行，因此，品牌应该转换思维方式，考虑销售"体验"，而不是产品。

例如，如果你是一家户外公司，您可能应该主要向客户推销回归自然，或者与朋友共度美好时光的理念，而次要的推广重点才是向消费者展示自家的产品。

实施多种社交媒体渠道

GWI 的报告显示，见证了 21 世纪互联网发展的千禧一代经常使用 9 种不同的社交媒体平台。据统计，84%的千禧一代不信任传统营销方式，他们更偏爱有趣、有交互性的内容。另外，71%的千禧一代有线上购物的经历。

因此，若想瞄准千禧一代消费群体，布局社交媒体尤其重要。虽然 Instagram 和 TikTok 在社交媒体中处于领先地位，但是品牌和运营不应该忽略其他平台，而是应该将品牌的影响力扩大到多个平台，如 LinkedIn 和 Pinterest 等多种平台，从而使营销组合多样化。

在所有的社媒内容中，视频是最能激发购买欲望的媒体形式，并且直播视频的效果要优于普通视频，因为它允许消费者进行实时互动，了解更多信息，也更容易刺激消费者下单购买产品。

【任务实施】

实训项目	跨境消费者行为分析
实训目的	通过该实训掌握跨境消费者行为的基本框架及消费者决策模式，能根据业务情况选择合适的消费者行为模型，掌握跨境目标消费者人物画像的一般构建方法
项目小组成员分工	
实训方式和步骤	(1) 结合任务描述，以项目小组为单位开展讨论 (2) 针对所要求的任务写出相应的分析结果 (3) 各项目小组可进行交流互评 (4) 思考并总结，完成实训报告
实训问题	(1) 公司所在行业的跨境细分市场目标消费者行为调研 (2) 结合公司的情况应如何选择消费者行为模式进行研究 (3) 公司该如何制作目标客户画像
个人反思和总结	

综合实训

你有一家成熟的代工企业，一直接受国外订单，生意做得风生水起。但是最近几年，公司的订单量明显减少。公司管理层开会，考虑是否应该从代工，转型到自建品牌，然后直接通过独立站或第三方平台等跨境电商平台进行海外销售。

这是一个重大的战略问题，你并不敢随便拍脑袋决定。那么，应该怎么分析这个问题呢？是采用波特的五力模型研究竞争对手的做法吗？还是用波士顿矩阵看看这块业务是不是明星业务吗？或是用通用电气矩阵，把代工改为攻击性业务吗？

这些工具可能还不够，因为这些都是微观分析工具。身处一个高速变化的时代，我们在趴下来俯视微观之前，需要先站起来仰视宏观。正如招商银行前行长马蔚华所言："不知宏观者无以谋微观，不知未来者无以谋当下，不知世界者无以谋中国。"

请选择一家外贸代工企业，使用 PEST、波特五力模型、SWOT-TOWS 等进行分析，并完成调研报告。

【思考】 若通过跨境电商自建品牌出海该如何对市场进行细分和定位？如何进行目标客户画像？

项目评价

评价内容			分值	评价		
项目内容		目标观测点		学生自评	小组互评	教师评价
项目二 跨境市场调研与机会分析	跨境市场调研方法认知	掌握跨境市场调研的基本方法和步骤	10			
		掌握常用的跨境市场情报收集的方法	10			
	跨境市场环境分析	了解跨境市场宏观和微观环境的基本概念	10			
		能用 PEST、波特五力模型、SWOT-TOWS 等工具对跨境市场环境进行分析	10			
	跨境市场目标选择与定位分析	了解跨境市场细分的方法和一般步骤	10			
		能对跨境市场进行定位分析	10			
	跨境消费者行为分析	了解目标消费者购买决策、购买行为分析的方法	10			
		能制作简单的目标消费者人物画像	10			
	整体效果	能对跨境市场进行市场调研及机会分析，并完成相关报告	20			
总评		目标	100			

同步测试

课后习题参考答案

一、单选题

1. 以下哪一项不是一手资料调查方法（   ）。

A. 问卷调查法　　　　　　　　　　　B. 现场观察法

C. 图书馆资料搜集法　　　　　　　　D. 实验调查法

2. 跨境市场趋势分析工具指的是（   ）。

A. Google Trends　　B. Google News　　C. Google Ads　　D. Google Search

3. 宏观环境分析模型指的是（   ）。

A. SWOT　　　　　B. 波特五力模型　　C. PEST　　　　D. STP

4. 跨境目标市场策略强调以（　　　）为基础。

A. 市场推广　　　　B. 市场细分　　　　C. 市场定位　　　　D. 市场选择

5. 在跨境市场细分的基础上，设计出不同产品和实行不同的营销组合方案，以满足各个不同细分市场上消费者需求的是（　　　）。

A. 无差异性营销　　B. 差异性营销　　　C. 集中性营销　　　D. 个性化营销

二、多选题

1. 竞争对手有哪几类（　　　）。

A. 愿望竞争者　　　B. 一般竞争者　　　C. 形式竞争者　　　D. 品牌竞争者

2. 跨境网络市场细分的方法有哪些（　　　）。

A. 产品分析法　　　B. 单一因素法　　　C. 综合分析法　　　D. 系列因素法

3. 跨境目标市场定位的依据有哪些（　　　）。

A. 对峙与回避性　　B. 产品实体差异化　C. 服务差异化　　　D. 形象差异化

4. 根据调研目的不同，可以将跨境电商市场调研分为哪几类（　　　）。

A. 探索性调研　　　B. 描述性调研　　　C. 因果性调研

D. 随机性调研　　　E. 预测性调研

5. 目标用户画像构建的基本信息要素有（　　　）。

A. 用户属性　　　　B. 用户偏好　　　　C. 用户消费能力　　D. 消费场景

三、判断题

1. SWOT 战略矩阵中的"W"+"O"战略可能采取的战略为收缩、合并。　　　　（　　　）

2. 竞争对手是微观环境中最主要的组成部分。　　　　　　　　　　　　（　　　）

3. 采用市场专业化这种模式，应当十分谨慎，必须以几个细分市场均有相当的吸引力为前提。　　　　　　　　　　　　　　　　　　　　　　　　　　　　　　（　　　）

4. 购买者黑箱是作为营销者首要关注的问题，这一黑箱主要包括消费者购买行为的影响因素（即购买者特征），以及消费者的购买决策过程。　　　　　　　　　　（　　　）

5. AISAS 模型强调品牌商家与用户之间的关系开始互动，是双向转化漏斗，强调了消费者主动行为（搜索和分享）的重要性。　　　　　　　　　　　　　　　（　　　）

四、简答题

1. 跨境市场调研的一般步骤是什么？

2. 波特五力模型的组成与作用是什么？

3. 跨境目标市场选择的一般步骤是什么？

4. 请简述消费者行为分析中的刺激—反应模式的概念。

5. 请简要分析 AIDMA、AISAS、SICAS、ISMAS 之间的区别。

项目三

跨境品牌塑造

 项目背景

近十年来，我国出口规模和企业数量大涨，企业出海的整体能力与需求也已发生深刻变化：中国制造升级推动"产能"向"产品力"转变，品牌的重要性进一步凸显。在品牌侧和用户侧的双重发力下，中国跨境电商迎来新的增长拐点，并将发展重心移向了一个全新的层级——构建出海的品牌力。据了解，仅在 2017—2019 年，在亚马逊平台上完成品牌注册的中国卖家数量就增长了 10 倍。但在海外市场打出认知度更为不易，其中涉及产品、地域、文化、人才等诸多方面。Anker、"Amazon Coat" Orolay 等大品牌谋求转型升级；科沃斯、稳健医疗等从产品贴牌到塑造品牌；Usmile 等新消费代表推动国潮品牌出海。这些新航海时代的弄潮儿以自身在海外开创、做强、甚至重塑品牌的经历，为心怀远方、跃跃欲试的"水手们"带来许多思考与启发。

在新的经济时代，品牌力不仅代表着产品知名度，更意味着用户端对产品的认可。当品牌走出国门，面向多个国家的海外大市场，哪些类型产品可能走红，产品淡旺季如何分布，竞争对手是谁？不同类型的品牌所面对的挑战和选择都不一样。对于品牌来说，具备全球营销能力与经验的平台可以为他们实现更加高效、精准的消费者触达，从而帮助企业进行海外营销时少走一些弯路，多使用一些优化消费者价值的方式和方法。

【知识目标】

1. 理解品牌的相关含义和作用；
2. 掌握品牌塑造的相关知识；
3. 掌握品牌出海的渠道和方法。

【能力目标】

1. 能够帮助企业制定跨境品牌策略；
2. 能利用品牌知识塑造跨境品牌形象；
3. 能根据目标市场特点选择品牌出海渠道和方法。

【素质目标】

1. 建立文化自信，弘扬民族文化；
2. 树立品牌意识，强化中国"智造"；
3. 具备家国情怀，树立民族复兴的志向。

【思维导图】

润心育德

国潮崛起，国货迎来了新的发展契机，故宫这样的文化传承机构更是将商业发展与文化传承做得风生水起，如老干妈、郁美净、白猫、百雀羚、RIO、英雄、大白兔、五芳斋等品牌，它们中有的完成了国货老牌向时尚品牌的迈进转型，有的借助国潮实现了品牌文化/品类的拓展。无论是品牌转型还是品牌文化与品类的拓展。它们均在这个新时代实现了品牌力的大幅提升。

本项目要求学生通过学习品牌的相关知识以及掌握跨境品牌塑造的相关技能；培养学生建立文化自信在弘扬民族文化的精神的同时，也要树立民族品牌意识，强化中国"智造"，具有家国情怀，具有民族复兴的志向，为接下来我国企业品牌塑造和出海工作奠定基础。

任务一　跨境品牌认知

【任务介绍】

通过本任务的学习，对跨境电商品牌有个基本的认知，了解品牌和 DTC 品牌的概念，以及掌握品牌推广的一些基本理论知识。

【案例引入】

年收数十亿元！国人做的黑人假发独立站爆红

中国是世界上最大的假发生产国和出口国之一，占全球假发市场70%~80%的份额。假发产业已经发展成为一个庞大的规模化产业链，涵盖了从原材料采购、加工制造、产品设计到销售和出口各个环节。中国的假发制造业具有规模化生产和成本竞争优势，能够满足全球市场对各种类型和款式的假发产品的需求，由此也诞生了多个出海品牌，如Luvmehair。Luvmehair专注销售黑人使用假发的，可以发现其独立站中的模特均选用了黑人模特（图3-1-1）。

图 3-1-1　Luvmehair 官网图片

Luvmehair 主要售卖各种类型、长度、颜色的假发套。由于审美习惯，黑人用户更喜欢自然黑色、金色、酒红色、棕色、姜黄色等鲜艳色系的假发。通过推出与专业发型师合作的LUVME 发型师设计师系列，表明他们对创新和独特性的重视，这种创新意识有助于Luvmehair 保持其在假发行业中的领先地位，并满足不断变化的消费者需求。

Luvmehair 背靠许昌产业带，积极发展线上业务，2021年的销售额达数10亿元，全球市场份额和北美市场排名都相对较靠前，位列 Facebook 中国出海品牌前50强，并且也入选了2023 中国全球化品牌成长明星榜。Luvmehair 的谷歌广告投放超过亿元，以此来积累自己的独立站流量和品牌曝光度。据 similarweb 提供的数据显示，Luvmehair 独立站每月的访问总量可达400 万~500 万人次，该数据可称得上是金字塔顶端的群体。相对于流量而言，独立站访客的质量和忠诚度对于品牌的影响更重要，如图3-1-2所示。

Luvmehair 将重心放在北美市场，并投放大量的广告和营销费用，从而可以更好地满足当地消费者的需求，帮助企业更好地了解和适应该地区的消费者偏好和市场趋势。这有助于提供更符合目标受众需求的产品和服务，从而提高市场竞争力。

直接访问、付费搜索、自然搜索、社交流量构成 Luvmehair 独立站流量来源的四大渠道。①直接访问占比 30.58%，这意味着 Luvmehair 在品牌知名度和用户忠诚度方面取得了一定的

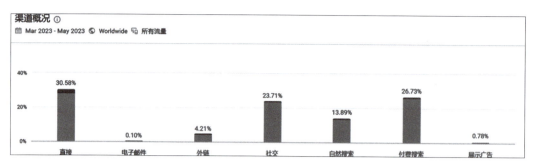

图 3-1-2　Similaweb 渠道概况

成就。当用户直接访问一个网站时，通常表示他们已经熟悉该品牌并有意向购买或获取更多信息。②付费搜索占比 26.73%，共有 451 条搜索广告。通过精确选择关键词和优化广告投放，Luvmehair 可以将广告展示给潜在的目标受众，并吸引他们访问网站。据 Semrush 显示，Luvmehair 每月在付费关键词的投放成本可维持在 15 万～35 万美元，在该渠道的投入相对较大。其投放的关键词为 "wigs" "luvemehair" 等相关的通用词和品牌词。③自然搜索，即自然关键词搜索占比 33.75%。④社交流量也占据着很大的比例，主要来自 Facebook 和 YouTube 等渠道。

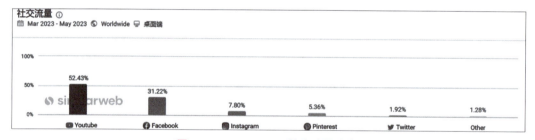

图 3-1-3　Similaweb 社交流量分布

Luvmehair 的社交账号已经积累了 175 万的追随者，其中 Instagram、Facebook、YouTube、TikTok 的粉丝分别为 66.6 万、53.6 万、15.5 万和 31.5 万，这些数字显示 Luvmehair 在社交媒体上取得了可观的粉丝数量，并且在这些平台上建立了一定的社群和用户参与度。

一段热门的音乐配上逐渐变换的假发造型，就能在 TikTok 上大受欢迎，有关 "wig" 的浏览量已过亿，Luvmehair 在 TikTok 上的影响力也在逐渐上升，账号的点赞量已达 540 万。Luvmehair 的利用平台的流行趋势和用户关注点，增加品牌的曝光度，吸引更多目标受众。通过一系列操作，Luvmehair 的品牌知名度得到了大幅提升，也帮助品牌增加社交媒体上的用户互动和曝光度。

【任务描述】

Mayouty 公司的跨境海外事业部针对海外市场的运营，为了能够达到更好的运营效果，在海外消费者心目中有更深刻的印象，决定打造企业品牌，海外事业部就品牌的设立要去做一系列准备工作。接下来，相关人员的主要工作就要了解如何设立一个品牌和如何诠释品牌的内涵了。

【任务分析】

1. 企业为什么要品牌出海。
2. 设立跨境电商品牌有什么作用。
3. 怎样才能诠释好一个品牌的内涵。

【相关知识】

一、品牌的概念

培育和创造品牌的过程也是不断创新的过程，自身有了创新的力量，才能在激烈的竞争中立于不败之地，继而巩固原有品牌资产，多层次、多角度、多领域地参与竞争。品牌的定义有很多，但是主流的定义是市场营销专家菲利普·科特勒博士给出的定义：**品牌是一种名称、术语、标记、符号或图案，或是它们的相互组合，用以识别企业提供给某个或某群消费者的产品或服务，并使之与竞争对手的产品或服务相区别。**

品牌（Brand）是一种识别标志、一种精神象征、一种价值理念，是品质优异的核心体现。 品牌是文化的表现，品牌是价值的凸显，品牌是消费者内心的渴望，品牌营销是传递价值，分享美好的过程。

跨境电商品牌不能简单地理解为商标，品牌是一种有利于消费者识别、区分与其他消费者提供的产品品质和服务价值，促进客户持续购买与口碑传播的价值认同。品牌要做的，不仅是如何让品牌顺利出海，更要多考虑出海之后如何让品牌更加长久地占领当地市场，让产品真正获得海外当地消费者认可。

DTC（Direct to Consumers），品牌顾名思义是直达消费者的品牌。 深层来说，是品牌与消费者之间的直接链接，一是品牌将商品直接销售给消费者，二是消费者通过使用商品将价值反馈给品牌方，进行品牌和消费者之间的直接关联，消费者所购买的产品是直接触达厂家，省去了批发商、零售商等中间商赚差价环节。

出海后，对于品牌方来说，可以更好地控制用户体验，了解用户需求，收集用户购买商品第一手数据，培养品牌忠实用户。通过 DTC 方式进行营销推广后，品牌商可以直接对根据用户反馈进行定位、功能、作用甚至品牌推广渠道的调整，有利于增加品牌在市场的美誉度。对于消费者来说，可以直接享受到无中间商赚差价的心动价格，而且第一时间触及品牌，形成好的消费体验。

作为一种新兴商业模式，DTC 品牌发展在各行各业呈井喷之势，洗护品牌植观，咖啡品牌三顿半，护肤品牌 HFP，运动品牌 Lululemon，这些品牌通过完善的销售渠道，去掉了中间环节，直面消费者，是未来品牌出海的一种思维模式。

二、品牌构成

品牌不是一个孤立的元素，而是一个集合的概念，其主要构成有以下几个方面。

（一）品牌名称

品牌中可以读出的部分或者用语言可以表达或称呼的部分，它们一般是词语、字母、数字或词组等的组合。如乌江涪陵榨菜、华为、海尔等。

（二）品牌标志

品牌中不可以发声的部分，但可以用符号、图案或者明显的色彩或字体表达，它是品牌中易于识别但不能直接用语言称呼的部分。如 Anker，大疆无人机的造型，乌江榨菜的脸谱外包装，小天鹅洗衣机的天鹅标志等。

（三）品牌商标

受到法律保护的整个品牌、品牌标志或者各要素的组合，它是产品名称的法律界定。商标都是经过国家权威机构依法定程序审核通过后获得，是国家依法授予企业的一种权力，一般都有商标的注释，不同国家有不同的标识，我们国家的品牌商标一般都有"R"或者"注"明示。

品牌的功能　　　品牌的作用

三、品牌的内涵

在品牌营销过程中，我们需要赋予品牌更多，便于消费者感知和认可，从而产生溢价，具体品牌构成内涵包括六个方面：

（一）品牌属性

品牌属性是产品自身的特性，如参数等，品牌代表的产品和行业标签，品牌最终是要落到某一特定领域行业中的，如格力电器，品牌的属性是电器，再细分就是格力空调、格力生活电器等不同的子行业。

（二）品牌利益

品牌利益是产品属性能给消费者带来的好处和收益，品牌能够带给消费者的利益和满足的需求。品牌利益也是品牌产品最终要解决消费者生活中的存在的本质问题，如格力脱糖电饭煲，就致力于解决三高人群糖摄入量的问题。

（三）品牌价值

品牌价值是品牌利益的提炼，分为功能价值和情感价值，功能价值是从产品自身挖掘和提炼的价值主张、核心卖点，突出强调产品的全部功能或某一功能；情感价值是从消费者购买或者使用产品时产生的喜好、愉悦等积极的情感因素，让消费者产生情感共鸣，从而促进他们购买产品。

（四）品牌文化

品牌文化是精神层面的内容，通过品牌可以让消费者能够感知到的价值观、内涵，持续统一的对外输出，品牌文化与企业文化不同点在于企业文化主要对内，而品牌文化主要对外。每个品牌都有自己的文化特色，成功的品牌文化能够塑造出鲜活的品牌价值观。

（五）品牌个性

品牌个性是品牌形象人格化后所具有的个性，消费者认知中的品牌人格化的特征表现，品牌不再是单调的符号，而是和人一样具有喜怒哀乐等情绪，即品牌 IP 化，一般通过关联明星艺人或者创始人角色进行演绎，每个人有不同的个性，品牌也一样，可以是年轻、活力的，也可以是高贵、优雅的。

（六）品牌用户

品牌用户是购买或使用产品的消费者类型，包括使用者，购买者，大多数品牌使用者和购买者是同一个人，而有些产品使用者和购买者不是同一个人，如奶粉的使用者是宝宝，奶粉的购买者是孩子的父母，通常是由母亲购买。在数据时代，通过技术营销，企业能够描绘出精准目标用户人群画像，利用技术营销，实现高效品牌传播与消费者互动。

四、品牌定位及策略

品牌定位是指企业在市场定位和产品定位的基础上，对特定的品牌在文化取向及个性差异上的商业性决策，它是建立一个与目标市场有关的品牌形象的过程和结果。换言之，即指为某个特定品牌确定一个适当的市场位置，使商品在消费者的心中占领一个特殊的位置，使品牌成为某个类别或某种特性的代表品牌。比如，在炎热的夏天突然口渴时，人们会立刻想到"可口可乐"红白相间的包装设计带来的清凉爽口之感。品牌定位的理论来源于"定位之父"——全球顶级营销大师杰克·特劳特首创的战略定位。

品牌定位是品牌经营的首要任务，是品牌建设的基础，是品牌经营成功的前提。品牌定位在品牌经营和市场营销中有着不可估量的作用。品牌定位是品牌与这一品牌所对应的目标消费者群建立了一种内在的联系。

品牌定位是市场定位的核心和集中表现。企业一旦选定了目标市场，就要设计并塑造自己相应的产品，品牌及企业形象，以争取目标消费者的认同。因此，企业可以通过不同的品牌定位策略来确定自身在消费者心目中的定位。企业的品牌定位策略主要分为以下几种。

（一）按照产品卖点定位

根据产品卖点定位主要是以产品的主要属性或特色作为卖点，产品卖点定位适合企业内部有较强研发能力或创新能力比较强的企业，或者是自身产品很有特色的品牌。例如，小罐茶的基于原产地手工采摘的珍稀原料及大师制作为产品卖点进行定位，如耳机品牌 1More 以 More-hear more（多驱动单元耳机）为产品卖点。产品卖点定位方法见效快，容易理解。

（二）按照品类定位

按品类定位是基于消费者对某类产品的需求，品牌在深入理解用户需求的基础上，不断迎合创新变化，开发垂直化个性化的产品。企业在目标市场找到竞争还没那么激烈，潜力大，发展速度快的产品品类考虑自身品牌定位，如 Anker，定位在手机配件品类，凭借近年来移动手机的快速发展结合亚马逊平台的全球化，迅速成为该品类可以和老牌欧美品牌竞争的中国品牌。

（三）根据情感定位

情感定位通过内容和个性化场景营销，与用户互动打造品牌 IP，情感定位就是与用户实现某种情感的连接。跨境品牌通过情感定位需要深耕目标市场，了解海外文化，用户心理，如 SHEIN 就是抓住欧美年轻女性爱美特性，紧跟时尚需求，快速推陈出新，几年内就成为超越 ZARA 的快时尚女装品牌。

对于跨境电商来说，按照情感定位品牌有很大难度，原因在于没有本地化的品牌团队，不了解海外的文化，用户的心理，无法输出高质量的内容，所以如果是初创品牌，不适合情感定位。基本是管理者的自娱自乐，在推广中，消费者很难对品牌形成印象并迅速认知。

五、品牌 Logo 设计策略

（一）品牌 Logo 设计原则

品牌 Logo 是指能够形象的代表公司的主体及品牌文化的图形，一般由形状、字体、颜色、图片等元素组合而成。目前，主要有文字 Logo、图形 Logo、图像 Logo 以及结合广告语的 Logo。品牌 Logo 是品牌识别系统中最核心的部分，代表着品牌的理念、特色、价值主张等，贯穿于品牌传播以及企业运营的所有活动中，而且，还是其他识别元素的建立的基础，由此可见，品牌 Logo 的重要性。一般要设计品牌 Logo，需要遵循以下原则：

1. 独特有辨识度

品牌 Logo 作为识别系统中最核心的部分，必须独特有辨识度，才能使品牌与其他品牌区别开来，起到识别作用。因此，在设计品牌 Logo 时，必须坚持原创，严禁抄袭，对于颜色的选择和图形的设计要与其他品牌有明显的不同，才能增强可记忆性，使品牌在同行中脱颖而出。

2. 基于品牌定位

品牌 Logo 设计的目的，是通过简洁形象的图形，有效地向消费者传达品牌理念、价值主张等，并树立品牌形象。因此，品牌 Logo 设计时一定要基于品牌定位，立足于品牌文化、品牌精神等，用高度概括的图形、文字、颜色等进行表达，达到辨识度、含义与美观的和谐统一，而非拼凑完图形，再用语言杜撰虚假内涵。

3. 简单易懂易记

越简洁易懂的品牌 Logo，越有利于记忆与传播。信息爆炸的今天，没有人会去猜测复杂的 Logo 背后有什么含义，因此，简单直接很重要。优秀的品牌 Logo，要做到让消费者在匆匆的一瞥间，识别品牌并留下深刻印象。很多大牌，如麦当劳、耐克等，Logo 都非常简单好理解。

4. 延展性好可落地

品牌 Logo 设计，最终是要落地应用到品牌传播中的，因此必须具备很好的延展性，才能广泛应用于传播中的各种场景，才能通过不断的传播，重复出现在消费者的视线中，达到让人们一看到 Logo（或者某部分元素），就想起品牌的目的。

品牌 Logo 设计是品牌设计的重中之重，一个优秀的品牌 Logo，能促进品牌传播，加速品牌扩张。

（二）品牌 Logo 的设计技巧

1. Logo 设计符号化

德国艺术理论家吕莫尔曾说过："最高的美所依靠的形式符号系统是自然中原已存在的而不是由人任意设立的，通过这种形式符号系统，某些内容特征与某些形式符号才结合在一起，看到这种形式符号，我们就必然想到某些观念和概念，时而意识到某些潜伏在我们心里的情感。"

由于市场上的产品众多，很多人容易患上选择困难症，尤其是对于年轻人来说，不能对某一个产品有足够的耐心去了解。所以，Logo 设计一定要符号化，要剔除一些多余的信息，让其变成很容易认读的符号图案，如苹果 Logo（图 3-1-4）。

2. Logo 色彩鲜艳

一个好的 Logo 设计在色彩运用上不像艺术家作画那样随意而没有任何约束，如图 3-1-5 所示的法拉利 Logo。一个好的 Logo 除了有一个完整的图形外，色彩也是它必不可少的重要组成部分。

图 3-1-4　苹果 Logo　　　　　　　图 3-1-5　法拉利 Logo

现在的人，尤其是一些"90 后"，对新鲜的事物很是喜欢，对鲜艳的颜色也是非常热衷，品牌 Logo 设计一定要提高色彩的明度和纯度，单一的色彩还不够，要会使用更有动感和质感的渐变色，甚至是多种颜色混搭。

3. 图文融合

如果运用文字与图形组合表现形式，Logo 的能指与所指会有一定的关联性，既直观又具有较高的识别度。

文字与图形的一致性。比如 Shopee 平台，为了突出其是一个购物平台，在名字旁边放上一个购物篮，以方便消费者购物（图 3-1-6），从 Logo 的设计表现形式上分析，从符号学的角度来看，文字与图形的所指与能指都是 Shopee 是一个购物平台，其通过名字与购物篮相呼应，能够让消费者一目了然，明白亚马逊的主要作用，具有形式与内容的一致性。

4. 字体为主，图形为辅

字体和图形相结合，既能够让用户很快记住自己的品牌名称，也会产生美好的联想，如速卖通的标志。购物车图形的出现一方面增加了标志的独特性；使其拥有记忆点；另一方面也与品牌是一个购物平台形成直接呼应，既创造独特，又能减少记忆成本，如图 3-1-7 所示。

图 3-1-6　Shopee 平台 Logo

图 3-1-7　速卖通 Logo

5. 通过图形突出文字

这种 Logo 的设计方式是以图形为主，在图形的基础上，加入公司的品牌，增强公司品牌的印象。比如大疆公司的 Logo，在原来"dJI"文字的基础上融入艺术感，从而增强 Logo 的视觉冲击力，如图 3-1-8 所示。

图 3-1-8　大疆 Logo

6. 识别度高

从品牌的起源和定义来看，公司品牌 Logo 设计的最主要目的是为了让消费者加以识别。一个品牌的 Logo 设计的识别度很高，消费者选择产品的过程中，就能提前感知到品牌的价值。大家看到 Logo 设计的形状，就能想到这个品牌，品牌 Logo 设计不需要太过复杂，堆积太多的元素，只要简单明了即可。

用户看到图片后，很快就可以与品牌名称相关联，如阿里巴巴、搜狐、盒马手机 App 等。或者在品牌名称中选择一个单词作为 Logo。这些 Logo 不仅在设计调性上能够体现行业特色，还能结合行业的超级符号，如支付宝、

全球企业
品牌标志

淘宝、中国银行手机 App 等。

六、跨境电商品牌定位步骤

（一）调研市场情况，找准市场商机

要做品牌定位，首先要调研市场环境，了解市场需求，基于市场需求做产品定位，选择好的产品特色定位，能让企业的营销推广事半功倍。任何一个市场，任何一类产品都有其成长周期，选择一个处于上升期阶段的产品才更容易成功。因此，企业研究市场，就要了解市场趋势，通过了解市场概况，把握市场体量，摸清市场概况，特别是我们可以根据大数据来了解潜在目标市场，把握商机。

（二）调研和分析竞争对手

查看同行竞争对手的定位，看市场中的同类品牌采用了哪些定位，还有哪些定位是对手没有特色和优势的，建议跨境电商企业确定现阶段对标的 1~2 家竞争对手，或者是在某个市场或某个领，确定自己对标的竞争对手。在品牌定位中，竞争对手研究的目的是通过一切可获得的息和情报来了解对手的品牌状况，包括品牌定位、品牌优势、品牌策略、品牌推广等，在竞争中知己知彼，并据此对自己的战略战术进行实时调整与改进。

（三）深入了解目标市场客户需求

做营销首先要找到客户最迫切的需求点或痛点，这永远是商业活动的头等要事，品牌必须要明白自己产品的客户是谁，客户的需求点是什么，现有的产品是否满足了客户的需求，如果大家都选择了同一个需求点，品牌自身是否能站在新的角度来满足客户需求，应尽量为品牌定位找到客户需求的突破点。

（四）确定品牌自身的定位优势

要做好品牌定位，必须对自己的优势和劣势有一个清醒的认识，即做到了扬长避短。将品牌优势继续发扬壮大，做企业擅长的事情，不能盲目跟风，一定要结合自身优势，持续扩大品牌影响力，在自己擅长的领域加深客户的认知和印象。

【练一练】

杭州千尚时尚女装有限公司为一家时尚女装公司，目前，其主要市场为国内市场，随着跨境电商的快速发展，它们想进军跨境海外市场。现请你们团队为该公司进行品牌策划，主要包括品牌背景的打造、品牌定位、品牌理念以及品牌 Logo 的设计，最终为该品牌做出推广方案的规划方案。

【拓展案例】

出海 5 年，GMV 超 5 亿元！中国焊接品牌的出海之旅！

YseWelder2018 年创立于温州，是一个专注焊机、焊帽、焊材等焊接器具的细分领域出

海品牌。2021年其GMV就已达3亿元，2022年更是突破5亿元大关。在亚马逊焊机品类中，该品牌取得了前十独占六席、常年高居品类第一的成绩。

一、出海先行者

作为焊接工具"品牌化"出海的先行者，YesWelder走上了一条先前罕有人至的漫漫征途。

他们独特的产品定位，再加上国内的供应链优势，成为他们品牌的"出海利器"。在他们进入国外市场前，美国市场已有成熟的品牌，不过多数以TO B（面向企业）业务为主，依靠专利、技术、质量占领市场，价格昂贵。其官网中有这样一段介绍："我们发现对于非专业人士来说，昂贵的设备让焊接有很高的准入门槛，巨大的投入让对焊接感兴趣的消费者望而却步。因此，YesWelder想针对这一需求，创造高质量但价格合理的焊接产品。"

他们对市场进行调研后，给出了面向家用市场的解决方案——从功能上满足能焊接多种多样材质的需求，并在质量上力求安全可靠，不因节约成本而降低可靠性。同时性价比非常高，仅有传统老焊机品牌的五分之一。

品牌成立后，YesWelder在亚马逊渠道进行了售卖，虽然早期的他们在品牌上没有优势，也缺乏营销经验，但是由于产品的独特定位和性价比，他们在初始阶段还是获得了不错的销量，也积累了一批种子用户。不过在销售了3个月后，他们就经历了产品下架，库存挤压，同行恶意评论的问题。

在这样的情况下，2019年YesWelder决心转做品牌，不仅要拥有独立的品牌，还要让自身成为可以被人接受、被人认可的品牌。

二、营销策略

相较于借力第三方平台，选择自建品牌网站显然是条更具挑战的路。自建品牌网站这显然是比借力第三方平台更有难度的一条路。建立品牌网站后，流量从何而来呢？这是他们面临的第一个问题。而他们的选择便是做好社媒平台官方账号、KOL营销、用户故事等。

（一）官方账号

Yeswelder开设了多个社交账号，包括Facebook、Instagram、TikTok、YouTube等。他们会在社媒平台上分享，产品展示、焊接技巧、教程、案例等，通过发布视频、照片和文本的形式，吸引用户兴趣。截至2023年4月，YesWelder已经拥有粉丝21.4万。

他们在早期会发布一些符合焊机产品调性非常"硬核"的照片，2020年开始发布了许多用户使用产品的短视频，这些视频播放量从5万到几十万不等，为他们的官网带来许多流量以及转化。

（二）KOL营销

KOL营销方面，他们会经常赠送一些产品给Youtube博主使用，让这些博主用自己擅长、喜欢的方式拍摄视频或照片。博主为YesWelder创作的视频聚焦于如何使用焊机产品或者技术教学视频，给用户带来有价值的学习内容。这些视频观看量很可观，这样也为他们带来了不少的品牌知名度与流量。

（三）用户故事

他们的官网中，除了一些实用教程的分享，还有一个专门讲述行业用户受众中普通焊工故事的板块，它叫作——why we weld。截至2023年4月，这个板块已更新了38期内容，他们的故事生动有趣。一些有代入感的故事更是让品牌看起来更加的充实，更加有血有肉，富有感情。

YesWelder 出海经历告诉我们，想要做好品牌，需要沉淀，需要积累，这个过程是枯燥的，是漫长的，但用户对品牌的忠诚更是品牌用对用户的真诚换回来的。

资料来源：出海 5 年，GMV 超 5 亿元！中国焊接品牌的出海之旅！

https://mp.weixin.qq.com/s/nM9jD25ayHiQiSrPWHJZIw

【任务实施】

实训项目	跨境品牌认知
实训目的	掌握跨境品牌的相关知识
项目小组 成员分工	
实训方式和步骤	（1）模拟任务描述中的场景，项目团队组建跨境电商公司，给自己的团队进行命名，使其成为小组名称； （2）结合任务描述任务，以项目小组为单位展开讨论 （3）针对所要求的任务写出相应的思考结果 （4）各项目小组可进行交流互评 （5）思考并总结，完成实训报告
实训问题	（1）企业为什么要让品牌出海 （2）设立跨境电商品牌有什么作用 （3）怎么样才能诠释一个品牌的内涵
个人反思和总结	

任务二　跨境品牌塑造

【任务介绍】

在掌握品牌基础知识的前提下，了解跨境品牌出海的历程，能够抓住跨境品牌出海机遇和条件，了解跨境品牌出海的三大模式和出海路径，掌握跨境品牌塑造步骤，最终掌握跨境电商品牌的出海趋势。

【案例引入】

随着体育文化的不断传播，人们运动意识的觉醒，运动锻炼已逐渐形成一股生活时尚风，运动用品市场规模的不断扩大，反映出人们对健康的不断追求。根据数据统计机构 Statista 统计，全球运动用品市场规模从 2011 年的 3.2 千亿元增长到 2018 年的 4.7 千亿元，增长率达 46%，市场前景广阔。BALEAF（图 3-2-1）成立于 2014 年，主要专注于运动服饰与配件用品，涉及领域众多，包括瑜伽、跑步、户外、冲泳、骑行五大品类。

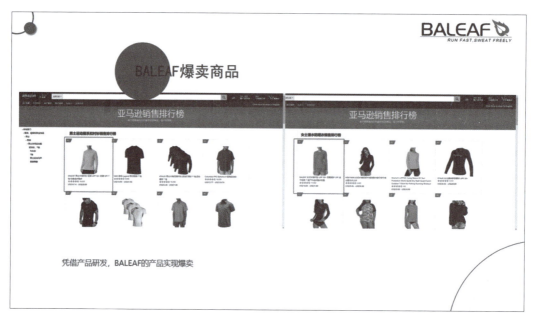

图 3-2-1 BALEAF 亚马逊官网图片

在新型冠状病毒肺炎的冲击下，人们难以进行户外活动，不少企业因此饱受冲击，这导致 2020 年体育用品市场规模大幅下降。然而，进入 2021 年，体育用品市场开始全面复苏，销售回温，大量企业销售额也随之恢复，利润上涨，BALEAF 作为其中一员，抓住市场红利期，在 2022 年使销售量全面回温，并获得资本市场的青睐。

而 BALEAF 特别是在品牌塑造方面，重研发，做网站，一直走在市场的前端，"精耕细作"可以说是对 BALEAF 的最佳阐释，在其独立站上，我们可以看到其品牌 Slogan（口号）：共同创造更积极的生活方式。确实，在质量与研发上，BALEAF 在不断履行它的承诺。

BALEAF 研发的每一款衣服都能满足消费者需求，以技术为核心，通过提高产品的性能以及功能，例如为服饰增加 UPF 保护层、可拆卸臂套等小功能，在保持产品小优势的同时，最大限度地满足客户需求。

BALEAF 一直重视产品的研发，然而好的产品加上用户积累才能真正做出属于自己的品牌。BALEAF 将加大包括独立站、社交媒体等品牌数字化渠道的建设，扩大市场份额，在品牌知名度上下重功夫。

依托在平台上的初期积累，BALEAF 建立了独立站（图 3-2-2），用以解决后续的流量问题。根据 Similarweb 数据显示，BALEAF 近几个月的独立站流量有所波动，在 11 月有一波流量的爆发，访问总量达到 20.31 万，而到了 12 月与 1 月则回降至 11 万的访问总量。同时，其产品主要销往美国，占比 88.52%。可见，其品牌在美国本土早已深入人心。

在全球商品流通中，"中国制造"确实深入人心，但要在国际贸易中真正拔得头筹，我们还需要"中国质造"。事实证明，随着外贸企业的不断往外扩张，怎样才能摆脱低质量同质化竞争，在同行中脱颖而出，成为大部分外贸企业的难题。而提高产品质量，制造差异化优势，品牌化增加企业自主性和溢价能力，追逐品牌出海大潮，成了不少企业解决难题的公认出路。

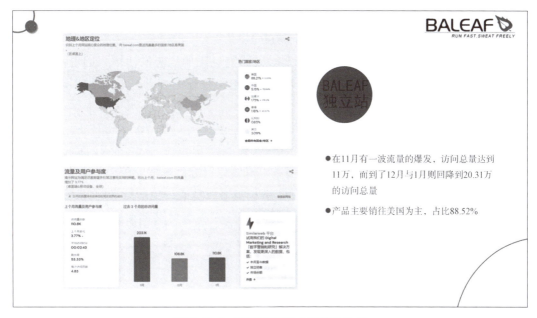

图 3-2-2　BALEAF 独立站情况分析

可以说，BALEAF 真正做到了用产品研发提高质量，制造差异化优势，独立站增加品牌知名度，提高品牌自主性与溢价能力，在实践中真正实现了摆脱低质量同质化竞争。

【任务描述】

Mayouty 公司的跨境海外事业部针对海外市场的运营，为了能够有更好的运营效果，在海外消费者心目中有更深刻的印象，已经建立了企业品牌，接下来海外事业部的任务就是了解如何塑造一个良好的跨境品牌，并熟悉掌握一个跨境品牌出海的相关知识和步骤。

【任务分析】

1. 跨境品牌出海的条件和模式有哪些？
2. 跨境品牌出海的路径有哪些？
3. 如何才能打造一个优良的跨境海外品牌？

**动画：从 0-1 塑造
跨境轻品牌**

【相关知识】

中国外贸出口经过十几年发展，跨境电商已从最早的外贸新业态发展到今天的外贸新常态。随着数字化工具的普及，今天即使是远在中国边疆地区的一个制造商、品牌商，也可以通过数字化平台的顾客工具来了解消费者痛点，对各种消费行为进行数据采集分析，了解消费需求后，去开发满足他们需求的消费品，并通过产品创新来差异化定位，这和品牌长期化初衷是完全匹配的。

一、跨境品牌出海历程

全球消费者在过去一年中越来越依赖于线上购物，比如欧美发达国家的电商渗透率在2022年一年内几乎翻倍，相当于过去5年的总和，电商市场的需求呈现出陡然增长的趋势。纵观跨境电商出海史，可以总结成以下5个阶段。

（一）原始积累阶段

20世纪末，跨境电商企业主要是利用搜索引擎的免费流量来做生意。也就是说，将产品发布在搜索引擎上，由国外卖家进行搜索和联系，基本就是通过免费流量的方式就可以获取相关客户信息，当时流量竞争不激烈，很多跨境电商的头部卖家都在这个阶段完成了原始积累。

（二）B2B发展阶段

B2B兴起于2000年前后，以信息交互为主，主要解决企业获取供求信息的途径和及时性问题，通过企业发布信息，线上展示的方式进行业务沟通，主要以会员制的形式来实现收入和盈利。B2B代表企业包括阿里巴巴、环球资源、慧聪集团、中国制造网、中国化工网等综合型和垂直型B2B平台。

（三）第三方平台阶段

eBay是C2C最早的电商平台。eBay较早进入了全球市场，吸引了很多懂英语的中国商家。背靠供应链优势，很多中国卖家依靠产品的低成本、高质量和SKU多等优势，逐渐成长为第一批eBay全球大卖家，以售卖3C电子产品为主。然而跨境电商最大的一波增长，来自亚马逊的全球开店。2012年，亚马逊全球开店开始正式拓展到中国市场；到2020年，中国商家在亚马逊贡献的GMV已达千亿美元规模。这些商家主要分布在华南和江浙沪地区，以售卖标品为主，如3C电子、家居家具等，其中安克创新就是亚马逊的头部卖家。

（四）独立站阶段

不论是eBay还是亚马逊，都是第三方平台售卖模式，但通过第三方平台售卖，要受到平台的政策和规则的限制，佣金和流量成本也会比较高，因此跨境卖家不断探寻其他出海模式，这就是所谓的独立站模式。独立站模式就是品牌通过自有网站、App直接把商品售卖给消费者，品牌方自主负责流量购买和用户运营，用户数据直接沉淀到自己的后台。独立站主要销售非标类产品，如服装、鞋靴、美妆家居、假发、婚纱礼服。

（五）品牌出海阶段

随着流量成本越来越高，获客越来越难。跨境电商卖家开始有意识地塑造品牌，打造品牌出海，将重心从卖货转到做出一个DTC品牌，不依赖中间商就能直接连接客户、与之沟通。这个模式受到消费者和资本市场的青睐，这类公司也往往能获得更高的估值。而有了品牌后，消费者购买的时候用感情思维代替了理性思维，充分的信任降低了对价格的敏感度，也减少了做出购买决策所需的时间。这也就解决了跨境电商之间无休止的价格竞争问题，这就是品牌的力量。

二、跨境品牌出海机遇

近两年，完美日记、小米等国货品牌均踏上了出海之路，借助品牌出海重塑增长实现破圈，中国跨境电商从"国货出海"迈入了"品牌出海"的新时代。风起东方，布局新境。品牌出海之所以在当下背景中行之有效，主要有以下几个方面的原因。

（一）重塑消费习惯，数字化转型加快，消费者更依赖网购

疫情加速了全球数字化转型，刺激了大众对数字消费的需求，持续使用数字服务已成为全球范围内消费者的新生活方式。高度移动化的欧美市场，国民网购消费力可观。GMSA 智库提供的数据显示，到 2025 年欧洲移动互联网用户预计达 4.5 亿，将占据总人口的 82%。电商规模保持高速增长的东南亚及拉美市场，不断释放数字化消费潜力。据 eMarketer 提供的数据显示，东南亚及拉丁美洲是 2020 年全球各地区电商交易额增长最快的两个地区，增速分别为 63% 和 36.7%。

（二）中国品牌影响力提升，物美价优的国货受到海外消费者的喜爱

随着越来越多的中国品牌登上全球竞争舞台，中国品牌口碑度、影响力显著提升，在海外消费者心中也逐渐占据了一定消费地位。现在，中国商品成为海外消费者跨境网购的首选，有近 34% 的跨境网购商品选自中国。根据 Ipsos 提供的数据，全球视角下，有 71% 的消费者认为中国品牌非常重要；69% 的消费者则认为中国品牌的发展前景良好，未来可期。

（三）中国品牌出海进入黄金期，出海成为企业增长的新赛道

2021 年是我国加入世界贸易组织的第 20 年。据海关统计，我国进出口总值从 2001 年的 4.22 万亿元增至 2021 年的 39.1 万亿元，年均增长 12.2%。此外，值得关注的是，民营企业的出口能力持续增强。2021 年前三季度，我国民营企业进出口总值为 13.65 万亿元，年均增长 28.5%，增速很快，占外贸总值的 48.2%。

三、跨境品牌出海的条件

（一）流量的分层是品牌形成的重要基础

电商互联网早期阶段，流量集中在其他巨头手里，造成了所有流量都是由它们分配的现象。流量的单一属性限制了品牌的形成，而让所有的人在一个统一标准的平台里进行竞争，从而丧失掉了个性化的存在，造成所有卖家去追求价格的极致化，产品满足大众的需求。个性化、特殊化、差异化的需求无法被尊重，供给侧更无动力去实现。

（二）消费者社群化，需求的个性化

随着互联网的形成和人们越来越多的追求除了生存之外的更多的其他需求，也形成了越来越多的"社群化组织"，他们独立于政治，独立于企业，独立于职业，甚至独立于社会上的常规组织。他们以爱好，以网上的链接方式组成虚拟或实体的组织形态。有些人喜欢音乐，有些人喜欢跑步，有些人喜欢看电影，有些人喜欢看展，各种各样新需求的形成，让人们在社群化上越来越紧密，这样的社群化就形成了新的消费需求，如现在的马拉松爱好者更喜欢从团队的"精神领袖"手中购买运动用品。

（三）互联网消费时代的到来

当下消费者更喜欢在互联网的空间里，在虚拟的世界里面寻找自己的兴趣跟价值，比如游戏，比如虚拟空间，甚至抖音这样形成的一个粉丝圈层和网上的一个虚拟的社群，大家都在这里面寻找自己更多的人生价值和机会。这样互联网的原住民，他们对产品的认知变得更互联网化、更虚拟化。

（四）中国产业链的独有优势

中国供应链在过去的激烈竞争中都开始聚焦自己的专业领域，定义产品聚焦更加细分的市场，让他们在各个领域之内具有了更极致的专业度。特别是中国产业链优势，在经过二三十年的积累后，已经形成了非常大的产业优势。

四、跨境电商品牌出海的三大模式

（一）新消费品牌出海

新消费品牌首先占领国内市场，在国内市场取得成功后，对市场已经有了比较成熟的运营经验后，逐步把目光放到了海外市场，分析海外市场环境，了解海外市场需求，探索第二增长曲线，为品牌找到新的发力点。例如李宁、小米、张小泉等品牌均是在国内取得成功后开始关注海外市场，通过跨境电商方式开拓海外市场。

（二）原生的互联网品牌出海

这类品牌是典型的互联网品牌，其依托互联网诞生，发展壮大，一般情况是生产或销售某垂直类别相关的产品为主，创立之初就拥有全球视野的品牌，在这一类别中，能提供比其他百货渠道更丰富、更全面、更专业的选择，如 Anker、SHEIN 等。

（三）传统工贸品牌出海

这类品牌已经有比较长久的生产基础，长期为海外知名品牌从事 OEM、ODM 贴牌代加工的外贸企业，但利润较低，受终端品牌商的影响也较大，渴望塑造自己企业品牌，拥有自身的客户资源，如深圳智意、泰普森、三星羽绒等中小型外贸出口企业。

五、跨境品牌出海路径

（一）找准品牌定位

品牌定位首先是市场定位，是出海到发达国家还是发展中国家，是出海美国，还是出海非洲？目前，海外市场以欧美为代表占了 40% 以上的份额，是全球最大存量市场；非洲、印度国家以及位于东南亚、南美等地的各种发展中国家是全球电商新兴市场，占据 60% 份额。其次是品牌性质定位，是追求性价比还是追求高品质。据报道，快消品类市场在 2021 年的收入增长了 16%，创下了过去 9 年来的新高。快消品类包括美妆保健和母婴用品，均是跨境品牌热销类目，而跨境品牌国货更是受到当地女性消费者青睐。

Focallure 作为出海赛道上的"种子"彩妆品牌，2017 年便选择深耕东南亚市场，在出海赛道上表现亮眼，在 2021 年"双十一""双十二"大促和 2022 年"315"消费者大促蝉联平台东南亚区域美妆品类品牌销量亚军，大促当日 GMV 高达 20 万美元。

如何快速找准品牌定位，首先要调研市场需求，根据通过东南亚市场数据分析，东南亚市场常年炎热，紫外线强，当地消费选购彩妆产品时有强控油、防水防汗等需求。如Focallure 品牌花费大量时间资源调研东南亚市场消费者的肤色和肤质。然后进行差异化运营，Focallure 的团队深入当地市场，与目标消费群体进行充分高频的交流，给海外消费者体提供更优质的产品。Bill 笑着说："差异化运营策略就是我们自己做了研发中心，自己做了工厂，这样能更好地为不同的人群提供他们需要的产品。"

（二）精准触达用户

随着品牌出海越来越热，海外流量成本也日渐高涨，如何精准触达用户，有效提升ROI，也是出海品牌需要重视的，选对合适的营销工具，则会事半功倍。

在第三方平台上，消费者的每次购买实际上都是卖家在花广告费，而独立站，特别是垂直类目的独立站可以真正拥有粉丝，并通过精细化地运营私域流量，达成多次复购转化，逐渐打造属于自己的品牌。

（三）完善客户服务

对于建设品牌，客户体验是最重要的部分。我国品牌出海势头强劲，品牌出海的势能将持续放大，独立站的重要性凸显，其中精细化运营便是不可忽视的一环，在服务中寻找差异性，做好客户服务，维系好品牌和消费者之间的纽带，创造长效价值，才是未来竞争独立站的制胜之道。从营销引流到物流海外仓，跨境品牌提供全链路服务，为跨境品牌出海打下良好的基础。

六、跨境品牌塑造步骤

跨境电商品牌
出海营销手段

品牌，让别人第一时间记住你，是品牌形象和消费者之间建立的连接。

品牌是企业最宝贵的无形资产。有了品牌，消费者充分的信任并且降低了对价格的敏感度。这解决了跨境电商之间无休止的价格竞争，这就是品牌的力量。跨境电商企业要做品牌，必须做好这六步。

（一）市场调查

企业在做品牌定位之前，首先需要先充分了解行业、领域、竞争对手以及自己。只有这样，才能给自己定位。针对跨境电商公司，往往是多品类，可以选择目前销量最大的品类行业切入，因为已经有了一定的市场占有率和用户基础，如果没有市场占有率，谈品牌等于空谈。

（二）确定目标客户和目标市场

根据市场调查数据，结合公司自身的条件，选择对自己最有利的目标市场和目标客户。全球市场主要划分为美国市场、中国市场、欧洲市场、日本市场、中东市场、东南亚市场、澳洲新西兰市场，每一个市场需要不同的品牌营销策略和资源。目标客户按照年龄可划分为10~25岁，25~40岁，40~55岁，55~76岁的不同群体；每一个群体都处在基本相同的时代，具有类似的爱好、习惯和行为倾向。

（三）确定品牌定位和品牌故事

品牌定位是企业做品牌最关键的环节，决定了品牌未来的发展方向，品牌一旦定位好以后，企业所有的资源自上而下的都要以品牌建设为中心，即可以按照产品卖点、品类定位、情感定位来进行。如果是初创品牌，就不适合用情感定位。一旦确定好品牌定位，就需要讲好品牌故事，品牌故事可以增强消费者的信赖与忠诚度，内容要容易被记忆、传播，且容易与消费者产生情感上的共鸣。

（四）品牌和包装设计

品牌设计师需要清楚理解自己的品牌定义和内涵，站在品牌设计规范管理的高度去做设计。当下流行的设计趋势是：年轻、潮牌、轻奢、lifestyle（有品质的生活方式）、颠覆、跨界。

（五）产品规划

品牌规划产品的时候可按照这些系列：品牌旗舰产品具有黑科技的产品，高端定位，建立企业品牌高度，高举高打，集中资源迅速传播。如果爆款产品没有市场占有率，品牌就是空谈，要通过爆款产品和品牌的市场基础。提前挖掘未来2年有可能爆发的潜力新品，提前走在竞争对手前面。促销产品对比竞争对手产品促销，通过价格打击竞争对手。

（六）品牌打造与传播

品牌打造，首先要建立企业官网，它既要有电子商务功能，又要有清晰的品牌内容。跨境电商做品牌官网最重要的是：网站整体设计、网站 UI 设计、网站内容设计、网站用户社区、客服支持。同时，还要做好品牌内容，通过内容营销慢慢潜入用户的心智。内容营销是当下做品牌最有效的营销方式，但是在国内几乎没有靠内部团队做好自己品牌内容的企业；一方面是因为受限于英语非母语的表达；另一方面创建品牌内容需要创新和时间，需要公司从上而下的支持和品牌部门强有力的推进和规划才能保证质量。品牌需要内容，而内容需要传播。一个成功的品牌不单是成功的商品，而且还意味着一种与品牌联想相吻合的积极向上的文化理念。在广告中注入更多的文化意蕴，可以在潜移默化中培养人们对品牌的好感和忠诚。

七、跨境电商品牌出海趋势

（一）通过独立站进行 DTC 品牌出海

随着跨境环境的变化，亚马逊现在的流量费用越来越高，对比于独立站来说，独立站流量会更具优势。另外，企业通过建立独立站，可以带来品牌化之路，也让高频多品消费的消费产品去吸引粉丝变成了可能性。通过独立站针对具有一定的差异化、小众化的产品，通过社媒推广来吸引消费者，让消费者从中感受到了品牌的力量。

（二）通过企业独立站获取私域流量

品牌在客户选择上是深度专注服务一部分客户。在这个基础上来说，国外的消费者可能更希望得到的是一个差异化更具有个性的产品。这更让中国的卖家具有了全渠道建立品牌化的基础。另外欧美消费者习惯了多渠道的购买方式，在国外，他们可以通过门户网站搜索网站、社交网站各个平台的链接到达购买产品的网站。

（三）国外的消费者更注重于个人体验和差异化

国外消费者更喜欢追求差异，个性表达，他们更愿意购买一些非大众化的产品，不愿意把自己定义成是一个大众化的消费者，在这样的一个大环境之下，跨境电商就迎来了新的品牌出海的巨大的机会。独立站可以凸显企业产品的差异化和个性化，以及独特的品牌魅力的宣传，更能吸引国外消费者。

【想一想】

如何建设一个跨境电商品牌？都需要考虑哪些方面？

动画：传音手机如何
称霸非洲市场

如何建设跨境
电商品牌

【拓展案例】

Nothing，智能手机中的"异类"

智能手机市场，有一家小众消费科技品牌走上了非同质化的成功之路，它就是 Nothing。2020 年，Nothing 以自己的第一款产品 Ear（1）无线蓝牙耳机切入市场，实现了全球销量超 60 万套的成绩。2022 年开始扩展产品线，发布首款手机 Phone（1），该手机销量超 50 万台，售价为 399 英镑，还被《时代》杂志纳入"2022 年最佳发明"，并获得红点设计奖。

这家号称"取代苹果"的科技品牌是如何从大厂手里精准地"抢"到自己的用户呢？

一、差异化设计

Nothing 的设计（图 3-2-3）极具创意性，他们以机能设计风格来俘获极客们的喜爱。就如他们品牌名一样，Nothing 遵循着"美丽的科技不应该复杂化"的设计理念，几款产品都兼具科技感与极简美学。例如 Ear1 采用透明外观设计，配色为黑、白、灰、3 色，整体简洁美观，可视化的透明外壳增添了机能感与精致感。

而他们的手机 Phone1 将 Nothing 产品设计美学推向高峰。外观上这款手机有着极简配色、透明玻璃背板，还有最引人注目的背板灯条——Glyph。Glyph 由 900 余个 LED 灯珠组成，显示效果出众。灯条除了为颜值加分以外，还具有功能性设计。可以显示充电进度、可实现拍摄补光、不同手机铃声还有不同的闪烁方案。

图 3-2-3　Nothing 产品设计图片

炫酷的灯光、极简的设计，精准击中了极客群体对电子产品"光污染"的追求。系统方面该手机搭载自研 Nothing OS，也打造出 Nothing 用户独特的体验。小众、够酷、个性，让 Nothing 大受极客青睐。各种潮流名人也纷纷在社媒中晒出 Phone1，让其成为热门时尚单品。

二、营销策略

Phone1 宣传营销贯穿"不走寻常路"的风格。发售前，在社交平台一点点披露产品信息，吊足了消费者胃口。同时邀请知名科技博主首发爆料。正式发布会更是非常具有特点，裴宇在家庭和伦敦剧院 2 个场景中，以 Freestyle 20 分钟和互动采访十几分钟的方式构成了发布会全程。

新机销售也是非常特殊，他们联合潮流电商 StockX，以限量+拍卖的方式进行饥饿营销，限量拍卖 100 台，起标为 156 美元，最终被拍出 3 000 美元的高价。

这一套组合打法下来，Nothing 个性、时尚的品牌形象深入人心，在极客群体（一群大智若愚又富有科学精神，对计算机和网络技术有狂热兴趣并投入大量时间研究的人）中打开了知名度。发售前酷安网上的热度就直逼苹果。Nothing 为了加强用户黏性，邀请用户做投资人。2021 年，Nothing 向社区开放 150 万美元投资机会，1 分钟时间便筹集完成。2022 年 3 月，Nothing 开启第二轮 1 000 万美元社区融资。以这样的方式让用户参与品牌的设计。

由此，Nothing 在极客群体里吸引了大量的爱好者、KOL 等，形成传播圈层，而极客们通过测评、分享进行社群互动，达到大众宣传的效果。在这样的良性循环中，Nothing 的知名度渐渐水涨船高，最后成功破圈。

目前，Nothing 官方 Twitter 账号粉丝达 66 万、Instagram 官方粉丝超过 80 万。Twitter 账号上，发布不到 10 天的 Phone2 以其 9 秒的预告获得百万关注。除此以外，Nothing Phone2 继续与有影响力的红人进行深度合作，邀请知名科技红人首发爆料，在 YouTube 上的视频播放量突破 200 万。

资料来源：跨境电商品牌案例分析第 59 期：智能手机中的"异类"！已融资 2.5 亿美元！https://mp.weixin.qq.com/s/34Y4MdezvDzi9XGh1hlPSw

【任务实施】

实训项目	跨境品牌塑造
实训目的	通过该实训了解品牌出海的模式，掌握出海路径及品牌塑造步骤
项目小组成员分工	
实训方式和步骤	（1）为自己的跨境电商团队进行人员框架搭建和分工 （2）结合任务描述任务，以项目小组为单位展开讨论 （3）针对所要求的任务写出相应的思考结果 （4）各项目小组可进行交流互评 （5）思考并总结，完成实训报告
实训问题	（1）跨境品牌出海的条件和模式 （2）跨境品牌出海的路径有哪些 （3）如何才能打造一个优良的跨境海外品牌
个人反思和总结	

 **项目评价**

评价内容		分值	评价		
项目内容	目标观测点		学生自评	小组互评	教师评价
项目三 跨境品牌塑造 / 跨境品牌认知	了解品牌的基本知识	10			
	掌握品牌 Logo 设计的方法	15			
	掌握跨境品牌定位的步骤	15			
跨境品牌塑造	了解跨境品牌出海的机会和条件	10			
	了解跨境品牌出海的模式和路径	10			
	掌握跨境店铺品牌的塑造步骤	20			
整体效果	能够了解跨境品牌的基本知识，能够设计品牌 Logo 和品牌塑造步骤	20			
总评	目标达成总体情况	100			

综合实训

步骤 1：登录网站查找几家跨境电商网络公司品牌，并完成下表的填写。

公司名称	品牌名称	品牌排名	品牌内涵	品牌营销渠道

步骤 2：深入研究跨境电商企业 SHEIN、Anker、TikTok 的品牌发展情况，并找出它们的品牌 Logo，以及企业品牌相关理念、故事、推广渠道以及品牌宣传效果。

步骤 3：结合调研情况，现请你们自己创设一个团队，给自己的团队设计品牌名称和品牌 Logo，做一张精美的品牌宣传图片，并基于主打产品进行产品介绍，品牌故事构造，设计跨境品牌宣传及渠道推广方案。

同步测试

课后习题参考答案

一、单选题

1. 设立品牌，企业主要是为了让产品更加（　　　）。

A. 有价值　　　　　　　　　　　　　B. 能分享

C. 获得认可　　　　　　　　　　　　D. 能够与竞争对手的产品或服务相区别

2. 产品自身的特性、参数属于品牌（　　　）。

A. 属性　　　　　　B. 利益　　　　　　C. 价值　　　　　　D. 个性

3. 品牌经营的首要任务是做（　　　）。

A. 品牌构建　　　　B. 品牌商标　　　　C. 品牌定位　　　　D. 品牌内涵打造

4. 安克创新是基于（　　　）兴起的跨境卖家。

A. 速卖通　　　　　　　　　　　　　B. 独立站

C. 亚马逊　　　　　　　　　　　　　D. 阿里巴巴国际站

5. 品牌形成的重要基础是（　　　）。

A. 个性化需求　　　B. 流量分层　　　　C. 社群化　　　　　D. 社媒发展

二、多选题

1. 品牌是由以下（　　　）元素构成的。

A. 品牌故事　　　　B. 品牌名称　　　　C. 品牌内涵

D. 品牌标志　　　　E. 品牌商标

2. 品牌的主要功能有（　　　）。

A. 识别功能　　　　B. 追溯功能　　　　C. 增值功能

D. 契约功能　　　　E. 象征功能

3. 企业做品牌定位时，可以按照（　　　）进行。

A. 产品卖点　　　　B. 喜好　　　　　　C. 品类

D. 情感　　　　　　E. 价格

4. 打造品牌故事的途径主要有（　　　）。

A. 突出产品的功能性价值　　　　　　B. 围绕着产品应用场景和人群

C. 围绕消费者情感　　　　　　　　　D. 围绕消费者需求

E. 围绕市场需求

5. 跨境电商品牌出海的主要营销手段有（　　　）。

A. 搜索引擎营销　　B. 内容营销　　　　C. 电子邮件营销

D. 社交媒体推广营销　E. 网红 KOL 推广

三、判断题

1. DTC 品牌将会取代传统品牌成为品牌的未来。（　　　）

2. 品牌是受国家法律保护的（　　　）

3. 企业做品牌定位，一定要往高端走。（　　　）

4. 做品牌定位，首先要调研市场环境，了解市场需求，才能够准确进行定位。（　　　）

5. 企业独立站获取私域流量会平台快速。 （   ）

四、简答题

1. 建立品牌对于企业来说有哪些作用？
2. 品牌的内涵包括哪些？
3. 跨境电商品牌定位的步骤是什么？
4. 请分析我国跨境电商品牌出海的趋势。
5. 怎样才能做好跨境电商品牌建设？

案例分析

在 DTC 赛道中，ZAFUL 是跨境行业中的品牌代表。自 2014 年成立以来，一直致力于为全球年轻人提供引领潮流、高性价比的时尚类产品。在 8 年里，ZAFUL 连续 4 年上榜 BrandZ™ 中国全球化品牌 50 强，一直稳居中国 DTC 一线品牌。

当下，品牌化是行业发展的必然趋势，独立站作为品牌打造的重要途径，迅速在跨境卖家群体中崭露头角。而在亚马逊封号潮后，独立站更是丰富了跨境品牌出海的渠道。ZAFUL 通过独立站进行品牌出海，给我们了很多经验总结。

ZAFUL 不是最开始就有品牌意识的。成长于跨境电商爆发式增长年代，ZAFUL 并没有对跨境电商的品牌理念有太深入的理解。而随着慢慢发展，在获得了消费者的信任后，品牌意识也开始慢慢萌芽。ZAFUL 开始以消费者的需求为核心，通过解决客户需求来打造品牌优势，从而为消费者创造超值的体验。在卖货的过程中，ZAFUL 发现用户跟品牌的互动越来越多，关心的维度更多从单一的产品延伸至品牌网站及 ZAFUL 品牌本身。例如，衣服是自有品牌吗，设计的来源出处，与产品产生品牌黏性的买家更是主动期望成为品牌会员等。得益于以"设计师+买手制"模式进入到产品设计阶段，ZAFUL 的品牌逐渐打造成型。ZAFUL 决定成为全球快时尚购物品牌和潮流聚集地，致力于为全球年轻人提供引领潮流、高性价比的时尚类产品。

其在 2014 年以泳装为切入点，而当 2016 年，品牌立足海外市场之后，ZAFUL 开始在男装和女装进行布局。2020 年出现一波爆发，进一步为 ZAFUL 在海外的品牌声量造势。据最新数据显示，ZAFUL 的全球注册用户已经达到 5 000 万，服务全球 200 多个国家和地区。

ZAFUL 在品牌的运营策略、营销布局和本土化战略上都很有前瞻性。强大的供应链是 DTC 品牌成功的基础，查庆雯表示，供应链的柔性快速响应能力非常重要。随着行业竞争的加剧和客户体验需求的提高，用户对产品品质有了更高的要求，因此，ZAFUL 对供应商从选择到合作过程中都有严格的把控。ZAFUL 对供应商实行分级管理，确保供应商体系的良性发展和对业务的向上拉力。另外，ZAFUL 供应链团队以供应链销售意识和供应商的提效降本为出发点，在供应商管理和日常合作中的问题处理及对外规则、流程等设定都有充分考虑，增强与供应商的合作黏性。

而另一个重点就在于品牌营销，从本质上讲，DTC 品牌的成功需要依靠产品和品牌与消费者之间的"情感联系"，从而使消费者回购。ZAFUL 从社区、M 端、App 端、社交媒体等多矩阵发力，打造流量闭环，2015 年初就开始运营官方社交媒体，2016 年在网站和手机 App 端上线了 Z-Me 社群。

在品牌传播上，ZAFUL 十分注重与客户的线下互动。2018 年组织的美国高校快闪店受到了粉丝的一致好评，2019—2020 年组织的几场运动主题、绿色环保主题、周年庆 Party 等线下活动也获得了粉丝的一致认可。

物流时效一直是 ZAFUL 关注的最重要的用户体验之一，ZAFUL 也一直试图变得更"快"。针对跨境物流各环节如国际段航班、清关及末端派送等，一是制定严格的监控及预警机制，二是制定对应的货代评分管理机制，确保绝大部分重点国家确保在 5-15 个自然日内即可签收订单。

"品牌经营 + 独立站"正在不断将中国品牌推向世界。独立站是一个很重的业务逻辑下的品牌承载，涉及底层系统搭建、数据维护、硬件设备、网络环境、业务流程设计、资金及支付流程闭环、订单履约、售后体系搭建等各个环节。这些系统和流程的搭建、串联及不断提升、优化对于团队的要求很高，若没有足够的团队实力及资金实力，会走很长的弯路。

近 10 年来，中国跨境电商进步巨大，一些知名品牌被海外消费者广为接受，跨境电商行业巨头和品牌的出现，代表了中国品牌的崛起，也代表了中国跨境电商的崛起。品牌打造将是跨境电商未来不变的趋势，也是想要走得更长远的卖家必备的特质。

TikTok 近两年风头正盛，给了跨境电商行业巨大的想象空间，TikTok 现在坐拥 30 亿全球下载量，超 10 亿月活用户，尤其是在 Z 世代用户群体中格外受欢迎，这非常有利于品牌向受众展示品牌信息和提升品牌知名度。同时，TikTok 的竞争环境相较于其他平台也更为公平，即使是拥有少量粉丝的账户也能通过精彩视频吸引数百万次的观看，这对于品牌前期的冷启动是非常有利的。

作为行业领先者，ZAFUL 也在不断迎来后来者的追赶与挑战，ZAFUL 将不断巩固并开拓新的市场，根据精细化的用户的分层及画像，来拓展有效品类，这个是宽度思维；提升本地化运营，深耕本地化市场，这是深度的思维。通过宽度和深度思维不断带来 ZAFUL 品牌走向更广阔的未来。

请解答以下问题

（1）ZAFUL 在品牌运营、营销布局和本土化战略方面做了哪些工作？

（2）ZAFUL 在品牌传播方面做了哪些事情？

（3）请分析独立站模式和第三方平台模式的区别，并阐述 ZAFUL 选择独立站模式的优势。

项目四

跨境营销推广内容策划

 项目背景

　　跨境电商经过近 10 年的发展，已经成为我国稳外贸的重要抓手，进入精细化运营阶段。跨境卖家已经不局限于通过广告获取新买家，逐渐意识到内容的重要性。跨境营销推广内容策划在跨境营销中扮演着至关重要的角色，它可以帮助企业克服不同国家和地区之间的语言和文化差异，确保品牌信息能够准确传达给目标受众。通过精心策划的内容，可以吸引消费者的关注并引起他们的兴趣。有趣、有用、有创意的内容可以吸引更多的目标受众，并促使他们与品牌互动，从而有效地传达产品的特点、功能、优势和使用方法等信息，帮助消费者了解和选购产品。这对于跨境销售来说尤为重要，因为消费者可能会对不熟悉的产品和品牌持有怀疑态度。精心设计的跨境图文内容可以激发消费者的兴趣和参与度，鼓励他们与别人分享和推荐。通过社交媒体的传播，这些内容可以迅速扩散，增加品牌的曝光度和影响力，有助于企业塑造品牌形象，从而建立消费者对品牌的信任度。基于内容提供有价值的信息、故事和体验，企业可以增强消费者对品牌的认同感和忠诚度。

【知识目标】

　　1. 理解跨境营销推广内容的相关含义；
　　2. 掌握跨境内容塑造的主要步骤；
　　3. 掌握常用的跨境内容塑造的方法。

【能力目标】

　　1. 能开展跨境推广文案策划并撰写；
　　2. 能开展跨境推广视觉策划和设计；
　　3. 能开展跨境短视频内容策划和制作；
　　4. 能开展跨境直播脚本的策划和撰写。

【素质目标】

　　1. 树立正确的跨文化敏感度；

2. 提升内容创新创意思维能力；

3. 树立正确的人文观和价值观。

【思维导图】

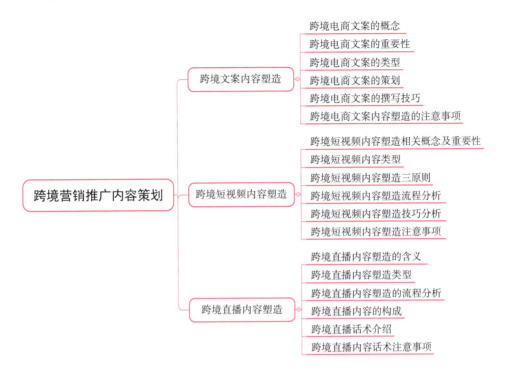

跨境营销推广内容策划
- 跨境文案内容塑造
  - 跨境电商文案的概念
  - 跨境电商文案的重要性
  - 跨境电商文案的类型
  - 跨境电商文案的策划
  - 跨境电商文案的撰写技巧
  - 跨境电商文案内容塑造的注意事项
- 跨境短视频内容塑造
  - 跨境短视频内容塑造相关概念及重要性
  - 跨境短视频内容类型
  - 跨境短视频内容塑造三原则
  - 跨境短视频内容塑造流程分析
  - 跨境短视频内容塑造技巧分析
  - 跨境短视频内容塑造注意事项
- 跨境直播内容塑造
  - 跨境直播内容塑造的含义
  - 跨境直播内容塑造类型
  - 跨境直播内容塑造的流程分析
  - 跨境直播内容的构成
  - 跨境直播话术介绍
  - 跨境直播内容话术注意事项

【润心育德】

国风之美走向全球，从汉服出圈看中国文化出海

汉服不断吸引全球年轻人的目光，而汉服爱好者数量和市场规模也在快速增长。在众多跨境电商平台上，精美的汉服视频以及生动的汉文化故事，满足了海外不同阶层的消费者。汉服宽松飘逸，舒适的穿着体验收获了众多好评。一些电商平台除了售卖汉服外，也通过内容文案普及汉服知识，让海外消费者能够进一步了解汉服文化。

汉服不仅仅是在中国历史中不断演变的传统服饰，还蕴含了华夏礼仪文化，可以算作是中华传统文化的一张名片。如今，汉服在跨境电商中的破际出圈表明，外国消费者不再停留在对中国元素的猎奇心理，而是对东方美学、当代中国发展和中国文化的一种认同，这也是我们大力弘扬文化出海的意义所在。

如今，汉服文化正是借助海外社交媒体，通过一张张汉服这样的中国名片，推动中国文化走向世界。沿着这个方向，继续搭建国内外媒体矩阵，以视频、图文、论坛等多样形式，挖掘根植于民族文化背后共通的价值内核，形成了兼具世界性和民族性的内容，最大限度实现中华民族文化的传播。通过本项目的学习，学生应能掌握文本、短视频以及直播内容的策划，树立正确的人文观、价值观，拥有正确的文化敏感度，进一步提升

动画：视频助力
B2B 品牌出海

内容创新创意思维能力。

（资料来源：https://mp. weixin. qq. com/s/8iEmqMwvhwcv3oS-TMM1dQ 国风之美走向全球，从汉服出圈看中国文化出海）

任务一　跨境文案内容塑造

【任务介绍】

网络购物，首先联想到的就是内容，不管做 B2B 还是 B2C，不管使用跨境第三方平台还是独立站，或者是社交媒体，都会涉及相关文案的撰写，如产品介绍文案、品牌介绍文案、广告投放文案等。其中，推广文案的持续塑造和优化是跨境卖家获得流量的关键之一，本项目主要介绍跨境文案内容策划的类型、技巧及注意事项等。

【案例引入】

手表是跨境市场上的常青树。不管你卖什么类型的手表，你会发现很多人喜欢戴手表，特别是石英手表、机械手表和简约风手表。在社媒平台手表产品的热帖指南中，来分析××品牌的文案，来看该品牌是如何做文案推广的。

1. 建立认识

文案案例

OURMISSION：The art of watch-making is at the heart of what we do and our mission is to deliver that at an affordable price point for all.

OURVISION：We're working hard to re-invent timepieces that will inspire our community to embrace individual style, with lasting quality and affordable price point.

我们的使命：制表是我们工作的核心，我们的使命是为所有人提供负担得起的手表价格。

我们的愿景：我们正在努力创新手表的设计，以激励品牌创造出质量好、价格实惠的品牌风格。

在小贴士的认知阶段：你需要做的是让粉丝们"认识你"和"了解你"，就像案例中所说的那样，告诉潜在客户你的使命、愿景、拉近与粉丝的距离。

在日常操作方面，从多个角度显示手表细节，文案案例："×××（品牌）watches are designed for people who know exactly where they are going and what they are doing, wherever they are in the world."。再结合图片显示刻度盘的内部结构，表盘的详细信息，使潜在客户更好地了解商品细节。

2. 增加选择

文案案例

Which watch do you like? Shop Quartz watches：www. xxxA. com. Shop Mechanical watches：www. xxxB. com。再结合图片显示了表盘大小和腕带两种类型的手表，方便潜在客户选择。

小贴士：每天运行我们的公共主页时，可以在一个帖子中显示多个项目，从而根据手表产品的选择增加商品的曝光率。

3. 使用社交媒体进行交叉宣传

文案案例

Both elegant and powerful, the Royal Oak watch design is what makes it distinctivelyiconic. Link：instagram. com/xxx. com

帖文分析：该篇帖子通过免费赠送活动吸引消费者关注该品牌手表，在文案中添加与其他社交媒体的链接，并整合资源以实现产品的多平台同步推广。

小贴士：当我们推广我们的产品时，我们可以做多种准备，在不同的社交终端上布置内容，运行不同的社交平台，并进行交叉推广。

同时，品牌还可以进行其他类型的文案推广，在社媒平台上做可以做针对性的内容让消费者对该品牌产品印象深刻，从而完成提升和转化。

（1）质量是否优良、耐磨耐用，易于维护和保养。

（2）注重外观、造型、风格设计。

（3）表盘腕带规格、表盘形状的选择。

（4）材料选择：贵金属或其他金属。

（5）是否容易搭配衣服、可以突出个人形象。

【任务描述】

Mayouty 的跨境电业务部要针对海外社媒进行一系列推广，文案工作是必不可少的一个部分，崔经理将这个任务交给了小李，让她负责海外社媒文案的策划和撰写，日常工作主要包括公司在跨境第三方平台上的店铺文案的撰写和优化，以及站内外广告投放的推广文案撰写和优化。因此，小李需要收集并整理关于跨境电商文案内容的相关知识。

【任务分析】

1. 跨境推广文案主要包括哪些？

2. 如何进行内容撰写才能凸显品牌的核心竞争力？

3. 跨境推广文案主要撰写技巧包括哪些？

【相关知识】

跨境推广文案主要形式

跨境电商过程中，卖家需要通过文案、图片、视频等方式，将品牌、产品、服务等展示出来，但是文案如果仅仅只进行简单的描述，是无法吸引潜在买家的。尤其是跨境卖家在推广过程中涉及的文案，对于流量的获取就更为重要了。可以说，和跨境电商相关的所有文案，都要站在推广的角度去写，才能吸引客户。

一、跨境电商文案的概念

跨境电商文案是指用于跨境电商平台的商品、品牌或服务推广的文字内容。 它是在跨境电商平台上展示商品信息、引起消费者注意、促使消费者购买的重要工具。

跨境电商文案的主要目的是通过文字的力量吸引和引导消费者，使其对商品产生兴趣并进行购买。它需要具备以下特点。

（一）语言清晰

跨境电商文案需要用简洁明了的语言描述商品的特点、功能和优势，以便消费者能够快速理解。

（二）吸引眼球

跨境电商文案需要具备吸引力，能够引起消费者的兴趣并让其停下来仔细阅读。

（三）独特个性

跨境电商文案需要突出商品的独特性和个性，与其他竞争对手相区分。

（四）信息丰富

跨境电商文案需要提供足够的信息，以便消费者全面了解商品的特点、用途、规格等。

（五）营销导向

跨境电商文案需要具备一定的销售导向，能够引导消费者进行购买决策。

（六）多语言适应

跨境电商文案需要根据目标市场的语言和文化习惯进行翻译和调整，以确保能够吸引和沟通到目标受众。

撰写跨境电商文案时需要深入了解目标市场和受众，结合商品的特点和定位，运用合适的语言风格和表达方式，从而提高商品在跨境电商平台上的曝光度和销售效果。

二、跨境电商文案的重要性

跨境电商文案在跨境电商推广中具有重要的作用和价值，主要体现在以下几个方面。

（一）引起消费者注意

跨境电商平台上商品众多，消费者面临着大量的选择，优秀的跨境电商文案能够吸引消费者的注意，从众多商品中脱颖而出，提高商品的曝光率。

（二）传递商品信息

跨境电商文案能够准确、清晰地传递商品的信息，包括商品特点、功能、用途、规格等，帮助消费者全面了解商品，做出购买决策。

（三）增强购买动机

优秀的跨境电商文案能够通过精准的描述和有力的表达，激发消费者的购买欲望，增强其购买的动机并促使其下定决心购买。

（四）建立品牌形象

跨境电商文案可以通过独特的语言风格和表达方式，塑造品牌的形象和个性，提升品牌在消费者心目中的认知和价值。

（五）提升销售效果

跨境电商文案的撰写质量直接关系到商品的销售效果，优秀的跨境电商文案能够吸引更多的消费者，提高转化率，增加销售量和销售额。

（六）适应跨境市场

跨境电商文案需要根据目标市场的语言、文化和消费习惯进行调整和优化，能够更好地适应跨境市场的需求，提高推广效果。

在撰写文案的时候，企业一定要时刻注意，优秀的跨境电商文案不仅仅是一段文字的描述，它是品牌与消费者之间的桥梁，能够引起消费者注意，从而理解产品并产生购买行为，这对于跨境电商推广的成功至关重要。

三、跨境电商文案的类型

跨境电商文案的类型主要是根据不同的目标和内容来进行分类。以下是对跨境电商文案类型的进一步分析。

（一）产品描述文案

这种文案主要关注商品的特点和功能，旨在向消费者传达商品的具体信息，帮助消费者了解商品的特点和优势，从而增加购买的动机。

（二）促销文案

促销文案的目标是吸引消费者的注意力，通过特价、折扣、限时优惠等方式来促使消费者进行购买。这种文案通常强调商品的优惠和价值，并以此来激发消费者的购买欲望。

（三）品牌故事文案

品牌故事文案通过讲述品牌的背景故事、核心价值观、创立理念等来建立品牌形象和品牌认同感。这种文案能够让消费者更加了解品牌，并与品牌产生情感上的共鸣。

（四）用户评价文案

用户评价文案通过引用用户对商品的真实评价和反馈，增加商品的可信度和购买动机。这种文案能够让消费者更加信任商品，从而增加他们的购买意愿。

（五）使用指南文案

使用指南文案提供商品的使用方法、保养方式、安装指导等信息，帮助消费者正确地使用商品。这种文案能够提升消费者对商品的使用体验和满意度。

（六）社交媒体文案

社交媒体文案主要用于在社交媒体平台上发布，吸引用户的关注和分享，增加品牌的曝光度和传播效果。这种文案通常要简洁、有趣、富有互动性，以吸引用户的注意力。

（七）营销活动文案

营销活动文案用于宣传和推广跨境电商平台的各类营销活动，如"双十一"购物节、年末大促等。这种文案需要突出活动的特点和优势，吸引用户参与和购买。

通过分析跨境电商文案的类型，企业可以更好地理解每种文案的目标和特点，从而根据具体的推广需求选择合适的文案类型，并进行有效的内容策划和创作。

四、跨境电商文案的策划

跨境电商文案策划是在跨境电商平台上进行商品、品牌或服务推广时，制定并执行一系列文案策略和计划的过程。跨境电商文案的策划需要考虑目标受众、市场环境、品牌定位和销售目标等因素，以确保文案的有效性和吸引力。

在跨境电商文案的策划过程中，可以从以下几个方面入手。

（一）目标受众分析

了解目标受众的年龄、性别、地域、文化背景、购买习惯等特征，以便编写针对性的文案内容。例如，可以通过市场调研、用户数据分析和社交媒体洞察等方式获取相关信息。

（二）竞争对手分析

分析竞争对手在跨境电商平台上的文案策略和表现，了解他们的优势和不足，以便制定差异化的文案策略。例如，可以通过竞品分析、网站调研和社交媒体监测等方式进行分析。

（三）市场环境分析

了解目标市场的特点、趋势和需求，把握市场竞争态势和机会，以便制定适应性强的文案策略。例如，可以通过行业报告、市场数据和趋势预测等方式进行分析。

（四）产品特点分析

深入了解所推广的产品的特点、功能、优势和卖点，以便在文案中准确地传达给消费者。例如，可以通过与产品团队的沟通和研究，以及产品试用和体验等方式进行分析。

（五）文案效果分析

通过数据分析和反馈收集，评估文案的点击率、转化率、销售额等指标，分析文案的效果和优化空间。例如，可以通过数据监测工具、用户反馈和市场调研等方式来分析。

企业通过对目标受众、竞争对手、市场环境、产品特点和文案效果进行深入的分析，可以更好地制定跨境电商文案的策略和计划，提高文案的有效性和吸引力，从而实现更好的推广效果和销售结果。

五、跨境电商文案的撰写技巧

跨境电商文案的撰写技巧是为了吸引和引导消费者，在竞争激烈的跨境市场中脱颖而出。在撰写文案时，可以通过以下技巧提升文案效果。

（一）简洁明了

跨境电商文案要尽量简洁明了，避免使用过多的行话和复杂的词汇。消费者可能不是以母语阅读，所以使用简单、清晰的语言来传达信息是非常重要的。如对于护肤品的描述，通过"这款抗皱面霜，里面添加了维生素 C 和透明质酸，能够深层滋润肌肤，减少细纹和皱纹。"这种简洁明了的语句，让消费者一目了然。

（二）强调产品优势

在文案中突出产品的独特卖点和优势，让消费者能够清晰地了解到产品与其他竞争对手的区别。例如，如果你的产品是有机食品，可以强调它的健康、环保和高品质。

（三）创造情感共鸣

利用故事性的叙述方式，创造情感共鸣，让消费者与产品建立起情感联系。可以通过讲述用户的故事、分享产品背后的故事等方式来实现。

（四）使用高质量的图片和视频

在文案中使用高质量的产品图片和视频，能够更好地展示产品的特点和效果，吸引消费者的注意力。此外，还可以利用产品的实拍照片、用户示范视频等来增加可信度。

（五）强调适应性

跨境电商文案需要考虑不同文化和消费习惯的差异。要根据不同目标市场的需求和偏好进行定制化，以确保文案能够吸引到目标受众。

（六）使用有力的动词和形容词

在文案中使用有力的动词和形容词，能够增强文案的表现力。例如，使用"改变生活""解决问题""独特的设计"等词语来描述产品的特点。

（七）引导购买

在文案中巧妙地引导消费者进行购买行为，可以使用一些促销语言或者提供限时优惠等方式来增加购买动机。

（八）不断测试和优化

撰写完跨境电商文案后，要不断进行测试和优化，通过分析数据和消费者反馈，了解哪些文案效果较好，哪些需要改进，以提升文案的效果。

总之，撰写跨境电商文案时需要注意简洁明了、突出产品优势、创造情感共鸣、使用高质量的图片和视频、强调适应性、使用有力的动词和形容词、引导购买，并不断测试和优化。这些技巧可以帮助企业撰写出更吸引人的跨境电商文案，提升销售效果。

以下是一些跨境电商文案的优秀范例：

良好的目标受众分析："为了满足现代女性对时尚和舒适的需求，我们特别设计了这款时尚高跟鞋，让您在不同场合都能自信地展现魅力。"

突出产品卖点："我们的智能手表不仅可以追踪您的运动数据，还能给您提示来电和短信，让您随时和别人保持联系，而且时尚的外观设计适合各种场合佩戴。"

语言简洁明了："这款抗皱面霜里添加了维生素 C 和透明质酸，能够深层滋润肌肤。"

文案结构清晰："我们的产品有三个主要特点：高质量材料、精湛工艺和持久使用。您不仅会感受到产品的高品质，还会享受美好的使用体验。"

视觉吸引力："这款手工制作的陶瓷花瓶，采用了传统工艺和现代设计相结合，精美的花纹和独特的形状，能够为您的家居增添艺术氛围。"

故事性叙述："这款手工编织的毛衣是由我们位于北欧小镇的一位老奶奶亲手制作的，每一件都经过精心编织，希望能为您带来温暖和独特的感觉。"

引导购买："现在购买我们的产品，您将享受免费快递和 30 天无条件退换货服务，让您无忧购物。"

这些优秀的跨境电商文案范例能够吸引消费者的注意力，传递产品的特点和价值，并引导消费者购买产品。当然，具体的文案撰写需根据不同产品和目标受众来进行调整和优化。

Google 文案
推广技巧

Facebook 广告
文案撰写技巧

六、跨境电商文案内容塑造的注意事项

跨境文案内容塑造是通过文字内容来推广商品、品牌或服务，并吸引消费者的关注和购买。在进行文案内容策划时，需要注意以下方面：

（一）明确目标受众

要注意了解目标市场的文化背景、消费习惯和价值观，以便更好地定位和吸引目标受众。

（二）文案内容要突出产品卖点

通过文案内容，能够明显的突出产品的独特性、功能特点和价值，让消费者一目了然地了解为什么选择你的产品。

（三）语言简洁明了

文案内容应尽量避免使用复杂的词汇和长句子，使用简洁明了的语言，以便跨文化消费者能够轻松理解。

（四）文案结构清晰

采用清晰的文案结构，包括标题、导语、产品介绍、优势和推荐等部分，使消费者能够快速获取所需信息。

（五）视觉具有吸引力

使用高质量的产品图片、图表和视觉元素，吸引消费者的注意力，并增强产品的吸引力。

（六）故事性具有叙述

通过讲述产品的故事或用户体验，引发消费者的情感共鸣，增强购买决策的动力。

（七）引导消费者购买

注意在文案中引导消费者采取行动，如提供购买链接、优惠券或倒计时等方式，促使消费者进行购买，提升转化率。

（八）不断优化并调整文案

定期评估文案的效果，不断复盘，并根据数据分析和市场反馈进行调整和优化，从而提升文案效果和销售效果。

在跨境文案内容塑造过程中，需要注意跨文化的敏感度，避免使用可能引起误解或冒犯的词语和表达方式。同时，了解目标市场的文化背景和习俗，以便更好地与消费者建立连接并引起他们的共鸣。

【知识小窍门】

无敌的跨境电商产品文案是如何撰写的？

文案——化腐朽为神奇。"他强任他强，清风拂山岗。""月亮与六便士不一定二选一，山河湖海、厨房与爱也不一定是选择题。"好的文案如同强大的武器。在跨境电商行业中，好的产品文案可以提高转化率，减少用户咨询付出的时间成本，优化用户体验，增加品牌的美誉度。那么，应该如何利用产品文案，调动消费者的情绪价值，从而实现最终转化和复购的目的呢？

首先，要明确文案的目标导向。

我们在写任何一个文案的时候都要想清楚这三个问题。

（1）你的文案是写给谁看的？

（2）你的产品定位是什么？

（3）你的文案解决了什么问题？

不同的平台类型所定位的目标消费人群不同；即使是同一个平台在大促期和非大促期的文案定位类型也会不同。因此，跨境卖家们要对你的产品有一个清晰的认知，找准这些问题的答案。Shopifg 的文案如图 4-1-1 所示。

图 4-1-1　Shopify 的文案

"Turn what you love into what you sell." Shopify 的这个广告文案就非常精炼、巧妙，令人印象深刻，最关键的与 Shopify 帮助卖家网上开店的业务定位非常贴合，值得独立站卖家学习。

其次，卖家要找到撰写跨境电商文案的关键步骤，主要做好以下四点。

（1）找准产品卖点，找出用户痛点。

（2）收集新颖想法，结合热门话题进行分析和联想。

（3）撰写自己想法：拟有吸引力的标题+全面多角度的内容。

（4）制作图文结合的页面。

在销售产品时，很多店铺的潜在买家对产品的普通功能和规格并不感兴趣，他们想知道它们还有什么其他用处。这就是为什么要跨境卖家找产品卖点的原因。只有在这个基础上结合好的文案，才能达到高转化的效果。文案中尽量呈现消费者最想看到的元素，如图 4-1-2 所示。

图 4-1-2　某品牌的文案

文案是有意运用一些语言文字，将买家带入一种既定的心理状态，从而让他们购买商品或服务。

（1）**走出自我意识，进入买家的意识**。买家在阅读文案的时候，思考的问题是如果购买这个商品会给自己带来什么好处。

（2）**从物的视角转入人的视角**。本着以客户为中心的理念，卖家撰写的文案也必须转换视角，从介绍"物"转向介绍"人"。

（3）**多讲故事，少讲道理**。大多数人喜欢听故事，不喜欢说教，所以文案要做到多讲故事、少讲道理。

（4）**嫁接人类文化的符号**。文案要善于嫁接人类文化的符号，让买家看完文案后产生一种积极的联想，增强其购物体验。

（5）**让道具说话**。通过一些产品或者图片的使用，能够让买家更加直观地感受到产品的功效或者带来的便利。

（6）**攻心为上，以情动人**。提升转化率的一个绝招是用故事感动买家，文案应注意激发人性中真善美的一面。

简单来说，就是让读者想象拥有产品会是什么样子。比如 Think Geek 通过描述其多功能烧烤工具来激发客户的想象力——"我们小时候总抬头仰望正在烧烤的父母，期待着我们也可以负责烧烤或新鲜菠萝片的那一天。现在终于轮到长大的我们做烧烤大师了，多功能烧烤工具会给我们一个注定要留下深刻印象的聚会。"

使用这种文案技巧可以帮助用户想象使用场景，并通过解释买家在拥有和使用你的产品时的感受，从而促进消费欲望。

最后，撰写产品文案时一定要注意的几个点是每个卖家都要记牢的。

跨境电商文案是属于最直接的销售型文案，应该最直观地展示出产品的卖点，继而让消费者产生购买的欲望。因此，在撰写产品文案的时候一定要注意以下几个方面。

（1）力求以简单粗暴的方式直击消费者，不用复杂的修辞和文字游戏。

消费者要了解的是产品，而不是文字构思，创意的文字谐音、押韵在社群上较容易让人传颂，应尽量简洁明了押韵，避免使用会让人困惑的宣传方式。

（2）要有刺激点，能够突出差异化，给消费者一个购买的理由。

能够通过文案表达出产品的差异点，让文案成为消费者在锁定产品进行购买的理由。

（3）图+文案，效果直接。

图 4-1-3　Cleany 的文案

走心的文案背后一定有敏锐的洞察者。优秀的产品文案，让产品卖点众所周知，让产品的软实力更硬。

【任务实施】

实训项目	跨境推广文案内容塑造
实训目的	掌握跨境推广文案内容塑造相关概念及撰写方式方法
项目小组成员分工	
实训方式和步骤	(1) 根据自己模拟团队任务进行跨境内容塑造，进行广告撰写和社媒推广 (2) 结合任务描述任务，以项目小组为单位展开讨论 (3) 针对任务要求写出相应的思考结果 (4) 各项目小组可进行交流互评 (5) 思考并总结，完成实训报告
实训问题	(1) 跨境推广文案主要有哪些 (2) 如何进行内容撰写才能找到品牌的核心竞争力 (3) 跨境推广文案主要撰写技巧有哪些
个人反思和总结	

任务二　跨境短视频内容塑造

【任务介绍】

跨境短视频内容塑造在跨境营销推广中扮演着重要的角色，通过短视频内容能够快速吸引消费者注意，传递商品信息，最终提高消费者的购买动机，本任务主要介绍了跨境短视频内容的塑造流程、塑造技巧和注意事项。

【案例引入】

在新媒体时代，视频的吸引力和传达的信息量远远大于图片和文字，真实可视的画面极大地提高了受众的可信度，在我们日常接触和收看的内容中逐渐占据了主要地位。因此，视频广告成了不少跨境卖家的首选广告形式，开箱视频、产品介绍视频、广告视频、测品视频、全方位展示视频等各种需求也接踵而至。

无论是亚马逊还是独立站，或是社交媒体平台，都离不开视频投放。对于企业来说，做好一个短视频产品引流直接关系到自身的后期收益。

一、品牌营销，谁是重心?

今天来对比拥有百年历史的精品百货连锁店 Saks OFF 5TH（图4-2-1）和同类型的品牌 bloomingdale's（图4-2-2）在营销上有什么区别，并分析其由于营销策略的差异所带来的品牌和收益方面的区别。

Saks OFF 5TH 于20世纪90年代初诞生于美国，是一家拥有百年历史的世界级精品百货连锁店，目标是建造一家与时尚优雅的生活方式相吻合的个性化专业百货店。作为奢侈品零售商萨克斯第五大道精品百货店（Saks Fifth Avenue）的折扣分店，Saks OFF 5TH 以优惠的价格提供多样化的、引人注目的高端设计。

图 4-2-1　Saks OFF 5 TH 门店图片

同样作为中产阶级最爱的一家综合性品牌，就算不了解它，也曾经在各大电影中看到过印有"Brown Bag"的经典牛皮纸购物袋。这个分为大、中、小三种型号的购物袋是该公司最成功的广告元素，也是它们最引以为豪的设计。

bloomingdale's 就是为那些讲究品位，但又不会一味追求奢华品牌、消费能力中等偏上的女性顾客所设置。除了这些较为标志性的特点，bloomingdale's 深谙节日营销的重要性，作为一家较为喜爱华人顾客的店铺，它会在中国特有节日时安排相应的装扮。

图 4-2-2　bloomingdale's 的 Logo

然而，作为两个定位如此相近的品牌，在不同国家和地区的营销方式不同，所产生的收益就有所不同。那么，品牌营销作为一个品牌在和消费者之间建立联系和发展关系的长期的过程，品牌营销重心的调整和优化也必定是一个长期的过程。

二、视频营销，迫在眉睫

经过专业的工具分析（图 4-2-3 和图 4-2-4），我们可以看到 Saks OFF 5TH 和 bloomingdale's 在全球的排名分别是 2 768 和 3 107。从排名分别上来看，两个品牌的差距超过 300 名，还是比较大的。

但从过去三个月中两个网站的总访问量来看，反而是排名靠后的 bloomingdale's 的流量要高于排名靠前的 Saks OFF 5TH，那么 bloomingdale's 面对相对高额的流量为什么整体转化率不如 Saks OFF 5TH 呢？从图中数据分析来看，虽然 bloomingdale's 的流量高于 Saks OFF 5TH，但进入页面的访客停留时长要比 Saks OFF 5TH 的停留时长少 1 分 30 秒左右，而访客的跳出率更是达到了50%。我们不难得出一个结论：面对两家定位相似的店铺，页面内容的区别大大影响着用户的停留时间和转化率。那么，这两个品牌的营销到底有什么区别才会产生这样的现象呢？

图 4-2-3   两个品牌的流量分析

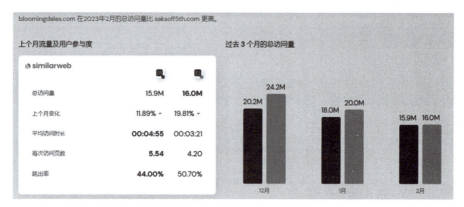

图 4-2-4   两个品牌的访问量分析

通过比较营销渠道，我们在图 4-2-5 中可以很清楚地看到二者的相同与不同。首先，在营销渠道的使用上，二者对直接、有机搜索、付费搜索和显示广告的渠道开发都非常重视。其次，我们可以很清晰地从营销渠道的分布上看到，Saks OFF 5TH 尤为注重显示广告的使用，与 bloomingdale's 相比，其渠道的分布上是其两倍以上。

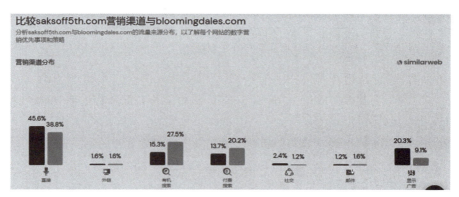

图 4-2-5   两个品牌的营销渠道分析

随便点击两个网站中的某款项链产品，大体页面分布是极为相似的（图4-2-6）。但仔细观察，就会发现两者的区别：产品介绍的照片数量、内容不同，广告类型不同。Saks OFF 5TH 在产品介绍详情页使用了产品图片、真人展示图片之外，还添加了产品材质图片、产品展示视频等广告形式。

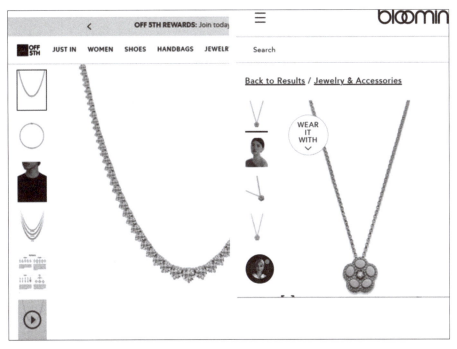

图 4-2-6　两个品牌的产品详情页对比

在过去三个月中，Saks OFF 5TH 在美国的排名不断呈上涨趋势。相反，bloomingdale's 在美国的排名则整体上呈现下滑趋势，如图4-2-7所示。

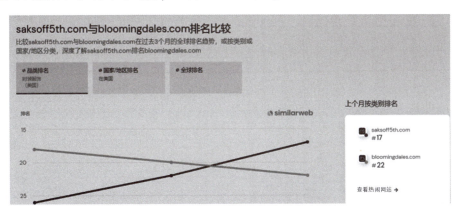

图 4-2-7　两个品牌排名比较

流量在哪里，生意就在哪里。除了主页添加了视频相关的内容，两个品牌都极为看重社交媒体平台这些聚客利器，利用视频引流为自己带来销量。拿 bloomingdale's 来举例，其品牌早在2015年的冬季购物季中，就依托 Instagram 和 Pinterest 讲其所推出的"四个礼包"制作成视频的形式进行投放。其新奇有趣的玩法像极了游戏，使得大量消费者被其吸引，从而大大提高了该季度的销量。

【任务描述】

随着新媒体时代，Mayouty 也越发意识到短视频的吸引力和传达的信息量远远大于图片和文字，通过短视频真实可视的画面可以大大提高受众的可信度。因此，Mayouty 的跨境电业务部准备通过短视频营销提升企业的品牌知名度和销量，崔经理将这个任务下发给了小李，让她组建团队，负责海外短视频拍摄和内容塑造，再通过海外常用的短视频平台进行短视频营销推广。基于任务需求，小李需要收集并梳理关于跨境电商短视频内容塑造的相关知识。

【任务分析】

1. 跨境短视频内容塑造的概念及作用有哪些？
2. 跨境短视频内容塑造流程是什么？
3. 跨境短视频内容塑造技巧有哪些？

动画：海外
视频营销

【相关知识】

一、跨境短视频内容塑造相关概念及重要性

跨境短视频内容塑造是指为了在跨境市场上进行商品、品牌或服务推广而制作的短视频内容。这些短视频通常时长较短，以吸引消费者的注意力和引发兴趣。短格式视频内容是指可以持续几秒钟到几分钟的视频。根据 Hubspot 的 2022 年视频营销报告，通常情况下，它们的时长不到 60 秒，最佳长度为 31~60 秒。跨境短视频内容塑造在跨境营销推广中扮演着重要的角色，其作用和重要性主要体现在以下几个方面。

（一）引起消费者注意

在跨境市场上，竞争激烈，消费者的注意力往往很有限。通过制作有趣、引人入胜的短视频内容，可以引起消费者的注意，使其对产品或品牌产生兴趣。

（二）传递商品信息

短视频可以通过视觉和声音的结合，直观地展示产品的特点、功能和优势，传递商品信息给消费者。相比于文字或图片，短视频更能生动地展示产品的使用场景和效果。

（三）增强购买动机

通过在短视频中强调产品的独特卖点和价值，可以激发消费者的购买兴趣，增强其购买动机。视觉效果和故事性叙述等元素都可以在短视频中起到情感引导和连接消费者的作用。

（四）建立品牌形象

短视频可以通过创意的故事情节和品牌元素的融入，帮助建立品牌形象。企业在短视

中展示品牌的核心价值观、个性和文化，可以加深消费者对品牌的认知和记忆。

（五）提升销售效果

短视频在吸引消费者的注意、传递商品信息、增强购买动机和建立品牌形象等方面的作用，可以帮助提升销售效果。通过吸引更多的消费者关注和购买，实现跨境营销的目标。

（六）适应跨境市场

跨境短视频内容的塑造需要考虑目标受众的文化、语言和消费习惯等因素，以适应跨境市场的特点。通过制作符合目标受众需求和喜好的短视频内容，可以增加在目标市场中的竞争力和影响力。

跨境短视频内容塑造不仅可以吸引消费者的注意，传递商品信息和增强购买动机，还可以建立品牌形象和提升销售效果，从而帮助企业适应和拓展跨境市场。

二、跨境短视频内容类型

（一）横向测评商品类

邀请外籍主播出镜，通过多款商品做横向测评，快速帮助大家多角度了解出口商品特点，特别适用于3C产品，如表4-2-1所示。

表4-2-1　横向测评类表格

测评类短视频制作技巧	具体方法
挑选测评对象	可以对比测评不同店铺的同类商品，对比相同店铺的不同商品，也可以对比不同店铺和品类的商品，如混合拆箱视频
选好测评角度	可以挑选3~5款商品，围绕卖点、功能、材质、价格等做真实客观的对比介绍。突出商品的优缺点，说清楚商品的使用场合和适用人群
客观分享测评结果	进行测评分享时要注意客观真实性。可以分享测评结果和推荐理由。告诉大家是否推荐该商品？为什么推荐？让消费者获得全面客观的商品信息，辅助他们做出购买决策。
重视主题及信息量	可以提前准备好有主题性的选题，比如在美国，人人都爱的零食推荐哪一种？哪款防晒霜最好用？当然，信息量也很关键！请在有限的时间内，尽可能多地向消费者提供更有效的信息

（二）产品及制作过程展示类

通过短视频展示产品的外观、功能、使用方法、原产地及生产过程等，引起消费者的注意并传递产品的价值和特点。这类视频建议真实还原商品生产地及生产过程，拍摄产品细节与卖点，适用于手工产品（表4-2-2）。另外，你也可以通过商品从原材料到成品的完整制作过程展示，或者详细解说部分生产步骤的独特性，分享外国人不知道的新鲜知识。

表 4-2-2　过程展示类表格

制作过程展示技巧	具体方法
还原生产地、生产过程	可以通过深入果园基地、玉石厂、食品加工厂、服装生产车间等原产地，还原这些商品的全部生产过程，增加大家的观看兴趣及信任感
详细讲解、制作过程	在拍摄自制美食、手工艺品类视频时，可以详细记录制作工艺过程；同时，口播讲解制作步骤，包括如何挑选原材料、如何制作成品、如何包装等
强化展示真实性	通过追溯商品生产地、生产过程，强化商品的真实性，但千万不能虚假溯源！拍摄原产地、工厂的时候，背景也不要太过杂乱，以免影响观看体验

（三）商品深度讲解类

对商品卖点、价位等信息做多维度专业讲解，分享个人真实使用感受。通过分享方式深度讲解商品特性，了解更多商品卖点、特性等。通过讲述品牌的故事、理念和价值观，建立品牌形象和认可度，使消费者对产品产生信任感（表4-2-3）。

表 4-2-3　深度讲解类表格

商品深度讲解技巧	商品深度讲解技巧	案例
多维度解读商品信息	可以邀请外籍KOL（关键意见领袖）出镜（外语流利或有一定粉丝基数），从多个维度讲解一款商品的卖点、特性、价位等信息，让用户更加了解商品	
讲解品牌背景科普相关知识	针对特定商品和品牌，分享使用心得，介绍外国人感兴趣的相关背景及科普知识	

续表

商品深度讲解技巧	商品深度讲解技巧	案例
核心知识类介绍	如果是售卖日用品，可以多做一些同类型产品对比，传递产品核心的卖点、优点，能帮助哪些人群、具体解决什么问题	

（四）使用教程攻略类

可以介绍商品购买攻略、使用技能、手把手教消费者如何正确使用商品。通过真实用户的使用体验和评价，展示产品的优势和价值，增强消费者的购买动机。通过短视频展示和介绍特定活动、促销、折扣等信息，吸引消费者参与和购买（表4-2-4）。

表4-2-4 教程攻略类表格

使用教程类制作技巧	具体方法	案例
使用教程真人演示	对于那些有使用难度的复杂商品，比如爆米花机、3D打印机的使用，可以通过真人口播演示、分步骤讲解，指导大家怎样使用这个商品	
分享购买技巧攻略	我们可以给商品做出一系列购买攻略。比如你想帮大家挑选一款物美价廉的化妆品，你可以教大家如何选择购买地点、如何货比三家才能省钱，告诉大家哪些化妆品更适合她们	
分享实用知识技能	你可以手把手教观众解决具体问题，通过分享某种知识/技巧/技能，来售卖相关商品。比如，推荐相机产品时，你可以教消费者日常拍照技巧；售卖水壶时，可以讲解水壶的不同使用场景	

（五）多元场景展示类

通过设计有趣的互动环节，鼓励观众参与和互动，增强用户的参与感和品牌的互动性。通过展示不同国家或地区的文化特色、习俗和生活方式，引起消费者的兴趣并吸引他们的好奇心，提升产品的吸引力（表4-2-5）。

表4-2-5　多元场景展示类表格

3种场景展示技巧	具体方法	案例
Vlog日常类	你可以邀请一名外语流利的主播，可以记录日常工作点滴，展示试货、选货等准备过程，让消费者更了解店铺运营的真实情况	
主题小剧场类	你可以尝试沙雕、搞笑、反转、中外文化差异等剧情演绎，但不要搬运过于陈旧的剧情套路	
高质感稀缺视频	你可以借助专业制作团队，针对不同国家的人群，制作具备INS风、动漫动画、电影质感、舞台表演风等高稀缺性、高质感的电商视频	

跨境短视频内容塑造的类型多种多样，跨境短视频内容塑造可以根据品牌的定位、产品的特点和目标受众的需求来进行创新和个性化的设计。

三、跨境短视频内容塑造三原则

在跨境短视频的制作方面，最核心原则就是考虑地域、时间和情感。

（一）地域维度

地域是指要符合本地用户的喜好，避免禁忌，能引起共鸣。根据在短视频营销领域的经验，总结出不同地域的内容及风格偏好。

美国、欧洲：猎奇、运动、热舞、萌宠、美妆、模仿，风格多样化。

中东地区：本土美女、互动、网络红人、电子产品、挑战，风格色调热烈。

印度：魔术、美女、舞蹈、摩托、网络红人，风格多接地气，生活气息重。

东南亚：本土美女、平台新功能、校园、炫酷，风格多为炫酷吸引人眼球。

日本和韩国：校园妹子、Cosplay（角色扮演）、动漫、化妆、唱歌，风格多为清新可爱。

但是，同一国家也有不同的特性，尤其是大国家，其不同的区域可能会有不同的偏好。

因此，大家要根据国家的大小区分营销策略。大国家采用细分策略，按照地理位置或一线城市、二线城市等分类。小国家则采用中心扩散原则，适应该国的政治或经济中心地区的偏好即可。例如韩国，在首尔火的才是真的火，在韩国的短视频都可以向首尔看齐。

（二）时间维度

这里的时间主要是指一个视频里面的时间节奏的安排，用户的思维、耐性、兴趣点都会随着时间而变化。

第1秒通常是注意力定格阶段，好听的声音、熟悉的面孔、美丽的颜值都可以作为用户注意力定格在这个视频的吸引点，需要想好这个点是什么。

第3秒主要是点题，你的视频应该有一个特有的主题，搞笑主题、爱情主题还是学习主题，你需要让用户知道自己在看什么，想等待什么。

在黄金5秒的时候，需要进入剧情高潮，通常是通过声调、问题、镜头切换等做法刺激用户好奇心爆棚，引导用户继续观看。

第9秒，要把想表达的观点、品牌卖点都讲清楚，毕竟后面能持续注意听下去的用户没有多少。

（三）情感维度

情感维度是指用户来到这个平台想要获得怎样的体验和感受，每个人的观看目的不同，每个平台的体验定位不一样。我们总结出了"四好"心理（好玩、好看、好奇、好知），根据经验，当前用户选择的内容都是需要满足这四类典型的情感目标。

好玩：用户来到平台是因为有些让人感觉好玩的内容可以参与，比如平台自带滤镜或者贴纸、段子、BGM（背景音乐）、谐音挑战等，参与感十足。

好看：颜值即正义，追求美的视觉享受是亘古不变的道理。

好奇：本着猎奇心理，希望看到新闻、悬念、冷知识等不知道的事情，满足好奇心。

好知：一些用户喜欢鸡汤，希望通过平台获得学习和认知成长，所以这部分用户希望看到专家的专业知识、爱情真理、工作鸡汤等，找到认同感。

出海短视频并不仅仅是发出去，让客户看到产品就好了。想要运营一个优质的短视频账号，需要时刻关注客户对视频的评论，并回复客户的评论，与客户产生互动，增强客户的黏度与活跃度。

此外，还要定期做数据分析，包括总结短视频点播的高峰期，哪种类型的视频更受欢迎，客户对短视频都如何评价等，根据分析结果去优化短视频，从而提高短视频的营销效果。

四、跨境短视频内容塑造流程分析

想要打造一个优质的短视频，跨境短视频内容塑造流程是非常重要的，一般的短视频内容塑造以分为以下几个关键步骤。

（一）目标定位

确定跨境短视频的目标受众和市场定位。这包括确定目标受众的年龄、性别、地域、兴趣爱好等信息，以及确定跨境短视频的风格和主题。

（二）创意策划

根据目标定位，进行创意策划，确定跨境短视频的内容形式、故事情节、表达方式等。这一步骤需要进行市场调研，了解目标受众的喜好和需求，结合跨境背景和文化差异，形成创意概念。

（三）剧本编写

根据创意策划，进行剧本编写，包括故事情节的设计、角色设定、对话台词等。剧本编写需要考虑跨境背景和文化差异，尽可能地符合目标受众的口味，又能传递跨境短视频想要表达的信息。

（四）视频制作

根据剧本，进行视频的拍摄和制作。这包括选址、演员招募、拍摄、剪辑、配音等环节。在跨境短视频的制作过程中，需要根据目标受众的文化背景和习惯，进行相应的调整和适应，确保视频内容能够引起他们的共鸣。

（五）后期制作

在视频制作完成后，进行后期制作，包括音效、特效、字幕等的添加，以及色彩调整、剪辑等的优化。后期制作的目的是提高视频的质量和观赏性，使其更具吸引力和影响力。

（六）发布推广

跨境短视频制作完成后，需要进行发布和推广。这包括选择合适的平台进行发布，制定推广策略，进行营销推广等。在跨境短视频的发布和推广过程中，需要针对不同国家和地区的市场特点和规则，进行相应的调整并制定策略。

总之，跨境短视频内容塑造的流程需要考虑目标受众的文化背景和差异，通过创意策划、剧本编写、视频制作、后期制作和发布推广等环节的有机组合，塑造出能够吸引和影响目标受众的内容。

五、跨境短视频内容塑造技巧分析

进行跨境短视频内容塑造时需要考虑目标受众的文化背景和差异。以下是一些技巧，可以帮助企业塑造成功的跨境短视频内容。

（一）深入研究目标市场

在开始制作跨境短视频之前，应先进行充分的市场调研，了解目标受众的文化、价值观、习俗和兴趣爱好等相关信息。这有助于你更好地理解他们的需求和喜好，以及在内容塑造中做出合适的调整。

（二）融入本地元素

在跨境短视频中，应尽量多融入目标市场的本地元素，如语言、风景、传统文化等。通过展示和强调这些本地元素，能够增加消费者的共鸣感和归属感，使他们更容易接受和喜欢你的视频内容。

（三）适应观众口味

根据目标受众的口味和喜好，合理调整跨境短视频的内容和表达方式。例如，针对不同的文化背景，可以使用不同的幽默方式、表达方式和情感元素，以迎合消费者的喜好，让他们更容易被吸引和打动。

（四）简洁和直观

由于跨境短视频的时间有限，要求内容简洁明了，能够快速传达主要信息。避免过于复杂或难以理解的情节，选择用简单、直观的方式来呈现，以确保消费者能够轻松理解和接受你的内容。

（五）利用视觉效果

视觉效果在跨境短视频中起着重要的作用。通过精美的画面、饱满的色彩、吸引人的特效等，可以增加视频的吸引力和观赏性。同时，还可以运用图标、符号、动画等手法，帮助消费者更好地理解和记忆视频内容。

（六）强调情感共鸣

情感共鸣是吸引消费者并让他们产生共鸣的重要因素。在跨境短视频中，通过塑造真实、温情、励志等能够触动消费者情感的故事和角色，可以让他们更加投入和关注你的内容。

（七）要不断进行测试和优化

在发布跨境短视频之前，需要进行多次测试，应不断进行测试和优化是非常重要的，通过观察观众的反应和反馈来收集意见和建议，并根据实际情况进行相应的调整和优化，以提高视频的质量和影响力。

总之，跨境短视频内容塑造需要综合考虑目标受众的文化背景和差异，通过研究市场、融入本地元素、适应观众口味、简洁和直观、利用视觉效果、强调情感共鸣，以及测试和优化等技巧，可以帮助企业塑造成功的跨境短视频内容。

六、跨境短视频内容塑造注意事项

相比静态的文字和图片，视频更能吸引消费者，也是展示品牌形象的重要渠道。优秀的视频营销可以帮助品牌脱颖而出。想要利用短视频营销完成一次成功的品牌推广重点并不在大量预算、电影布景或特效，而是在于站在消费者的角度设置最适合的内容，对消费者产生心理暗示与引导。因此，在制作短视频的过程中，需要注意以下方面的内容。

（一）核心思维逻辑清晰

开始设计一则完整的营销短视频时，首先需要确定整个视频的内容逻辑，相应地展示清晰的主要信息和明确的产品卖点：为什么这个产品很重要？该产品如何对消费者产生积极影响？产品或品牌独特的差异化因素是什么？品牌价值该如何满足消费者的需求？

（二）确定目标相关信息

在创建视频之前，需要确定一个期望达到的目标，针对这个目标，专注于产品最重要的信息：如果活动目标是品牌知名度，可以着重于在客户和产品之间建立情感联系。如果营销活动的目标是钟意度或购买，应该重点关注产品的差异化因素以及值得购买的原因。花时间了解并研究潜在客户的兴趣和偏好，并相应地调整放在短视频里的产品，以提供最能打动他们的内容。确保视频内容具有教育意义、示范性并始终以产品及品牌为中心。

（三）打造品牌定位

可以在品牌推广视频中分享关于品牌诞生的故事，以便在潜在客户的决策过程中提供积极信息，但要根据该次营销活动的目标选择讲述品牌故事的方法。非营销性：通过独特的销售定位帮助观众了解产品，而不是具体的产品功能。利益点：解释产品带来的积极影响是什么和为什么能产生积极影响。差异化：展示品牌和产品独一无二的特点，并解释原因。启发性：视频内容要能与客户产生情感共鸣，有助于品牌和产品脱颖而出。

（四）调整视频时长和框架

能够给人留下深刻印象的视频最佳时长是 15~30 秒。视频的前 2 秒展示产品，为消费者留下最佳第一印象。视频的 3~8 秒包含产品功能，要在不同画面中调整镜头位置，以确保产品在整个视频中不会显得太小。

（五）画面结构清晰准确

设置品牌的 Logo 和 Slogan，并将其添加在视频的开头或结尾，以加深观众的品牌印象。Slogan 应该朗朗上口充满记忆点或能概括品牌内容。品牌推广视频中的简单 CTA（号召性用语）可以引导客户进行下一步以提高营销效果，CTA 都应该简短、清晰并准确。部分消费者会在静音时查看视频，需要添加字幕，以避免其错过重要细节。

（六）注意 BGM 效果

为营销视频选择基调相匹配的高质量 BGM（背景音乐），低质量的音频（失真、模糊、沙哑等）会拉低视频观感，降低对观众的吸引力。可以制作没有语言配音的视频，但必须能让客户清楚地知道视频没有音频（如给视频添加一个声明并写明"没有音频"，或者不出现任何人物在说话的画面），并保证消费者能够在没有音频的情况下理解视频想要传达的意思。

制作有语言配音的视频时必须特定语种环境，即使用该视频投放区域的主要语种。如果音频使用另一区域的语种，则需要使用当地语言的字幕（或文本转录/翻译），以避免视频内容无法触达目标用户。

（七）优化其他短视频细节

越来越多人使用移动设备的频率更高，在制作营销视频时需要考虑到在不同显示设备上的视频规格。其中包含产品、Logo 或字幕在画面中所占的比例是否能让消费者清晰地观看到，不同 App、网站的展示屏幕上能包含的其他信息量是否完善优化等。

TikTok
原创短视频脚本
该如何创作？

【练一练】

2021 年东京奥运会结束后，很多消费者除了关注这届奥运会，还盯上了其周边产品。其中，滑板比赛是第一次进入奥运会，相比赛事，卖家更关注滑板比赛背后蕴含的商机。

据速卖通的数据显示，自奥运开幕一周后，"Professional Skate"（专业轮滑）搜索环比约上涨 2 倍，"Skateboard Backpack"（滑板背包）同指标上涨 11 倍。

随着滑板在国际赛事上的破圈，消费者对于滑板的需求似乎也可以挖掘出更多的市场，越来越多人对于滑板的兴趣与关注逐渐提升。

甚至由于奥运会的火热，有些生产滑板的工厂订单已经排到了后年。据业内人士透露，滑板的组成并没有难度，可是价格区间却相差悬殊，主要就是对应的材质与品牌的溢价。而在市场主流，单价在 300 元以下的滑板成了很多初次接触滑板者的"启蒙"玩具。

此次滑板走进奥运会，也意味着滑板将成为一种"快消品"，特别是对于如今的 Z 世代而言，其中的商机自然不言而喻。最新 Google 趋势数据显示，"滑板"相关搜索的热度水涨船高，且搜索热度持续上升（图 4-2-8）。

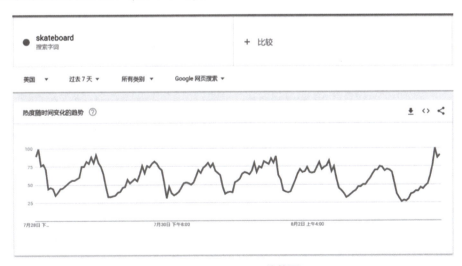

图 4-2-8　Google 趋势图

值得注意的是，从如今海外最火热的社交媒体 TikTok 上可以看出滑板的热度一直不俗。在关于"滑板"话题标签"#skateboard"视频已经累计获取 67 亿次的视频播放量，热度居高不下（图 4-2-9）。

在亚马逊上搜索可以发现，关于"滑板"的产品并不少，销量都很喜人，且与滑板相

图 4-2-9　"#skateboard" 视频标签

关的产品，如滑板保护帽等销量也都非常高，图 4-2-10 中这款滑板更是获评更是超过 7 千条！

图 4-2-10　"#skateboard" 好评数

TikTok 有着大量的活跃用户，以及庞大而廉价的流量，给跨境电商卖家引流获客提供了新渠道。目前，TikTok 中许多年轻用户对短视频购物接受能力强，而短视频带货目前仍处于一个全新探索的阶段，这同样也是卖家的潜在机会，请查询资料，根据本项目所学内容，给滑板产品设计一个短视频脚本思维导图，并为滑板产品设计一个短视频制作方案。

【任务实施】

实训项目	跨境短视频内容塑造
实训目的	掌握跨境短视频内容塑造相关概念及撰写方式方法
项目小组成员分工	
实训方式和步骤	（1）根据自己模拟团队任务进行跨境短视频内容塑造及短视频方案制作，并拍摄跨境短视频 （2）结合任务描述任务，以项目小组为单位展开讨论 （3）针对所要求的任务写出相应的思考结果 （4）各项目小组可进行交流与互评 （5）思考并总结，完成实训报告
实训问题	（1）跨境短视频内容塑造的概念及作用有哪些 （2）跨境短视频内容塑造流程是什么 （3）跨境短视频内容塑造技巧有哪些
个人反思和总结	

任务三　跨境直播内容塑造

【任务介绍】

跨境直播是通过互联网平台，将商品或服务的内容实时展示给全球观众，在跨境直播中，内容塑造是非常重要的一环。本任务通过跨境直播内容的学习，了解跨境直播内容塑造的流程，技巧以及注意事项，帮助企业塑造品牌形象，吸引观众的注意力，提升销售效果。

【案例引入】

每个工作日的9—12点，山东领品机械科技有限公司在阿里巴巴国际站上的直播间都会准时"亮起"，通过工厂实景、实物、解说、互动等不同方式向海外客户进行全方位展示。公司100多人的外贸团队里，已经有20多人加入直播的队伍中。"我们从2020年以来一直在尝试做直播，之前只在大的活动期间推出，现在已经成为一项固定的日常工作。"山东领品机械科技有限公司运营总监尹杰说。

与国内"直播带货"中常出现的日用消费品不一样，领品机械售卖的是一台台工业激光设备，最低货值都在20万元以上，面对的也是海外客户。"以往几乎所有客户都会来实地探厂，哪怕只买一台机器也要乘飞机过来看一下。"尹杰说，现在直播派上了大用场。经过近3年的摸索，领品机械形成了相对成熟的直播模式。比如，考虑客户主要集中在美洲，加上实测效果，直播时间安排在上午；直播形式则分为探厂、新品发布和实时在线接待三种。"拿探厂直播来说，我们会提前邀请客户参加，询问他们想了解什么，再有针对性地介绍。"尹杰说。

随着全球客户对直播的了解，跨境直播对于跨境商务活动越来越重要，跨境直播已经部分取代了以往的线下展会，不仅能介绍产品、展示细节还能实时互动；同时增强线上客户的信任度，通过直播，客户看到跨境企业作为厂家是真实存在的，有厂房设备、有技术也有接待能力。另外通过跨境直播渠道企业开辟了线上获客的新渠道。

【任务描述】

随着直播的流行，Mayouty 公司也准备在短视频打造的基础上进行跨境直播业务，Mayouty 的跨境业务部准备组建跨境直播团队，通过公司独立站进行直播，介绍公司及产品情况，崔经理将这个任务布置给了小李，让她负责组建跨境直播团队并进行直播，小李现在要学习如何将企业的情况及产品用专业的内容呈现出来，形成直播文案，然后进行直播，并达到预期效果。

【任务分析】

1. 跨境直播内容塑造的概念、作用及特点有哪些？
2. 跨境短视频内容塑造流程有哪些。
3. 跨境短视频内容塑造技巧有哪些？

【相关知识】

一、跨境直播内容塑造的含义

跨境直播内容塑造是指在跨境直播平台上，通过创意、互动和讲故事等方式塑造和打造有吸引力的内容，以吸引观众的注意力、增加品牌知名度、提升销售效果和增加消费者的互动和参与度。通过跨境直播，能够扩大企业的品牌知名度，提升销量，跨境直播内容塑造的作用主要包括以下几个方面。

（一）吸引消费者关注

通过设计有趣、创新的内容，吸引观众的注意力，使他们对直播内容产生兴趣，从而提高收视率。

（二）塑造品牌形象

跨境直播内容塑造可以通过展示品牌的理念、价值观和特点，来塑造品牌的形象，增强消费者对品牌的认知和好感度。

（三）增加销售效果

通过展示产品的特点、优势和独特之处，激发消费者的购买欲望，提高产品的销售效果。

（四）增加消费者互动和参与度

设计有趣的互动环节，如抽奖、答题、互动问答等，可以增加消费者的参与度和忠诚度，提高用户黏性和留存率。

跨境直播因其独特的效果以及社交媒体的推动等因素的共同作用，使得其在全球范围内风靡起来，并成为一种受欢迎的娱乐和购物方式。跨境直播内容塑造的特点主要有以下几个。

1. 创意性

跨境直播内容塑造需要有独特的创意和想法，以吸引观众的注意力，与其他直播内容区分开来。

3. 互动性

跨境直播内容塑造需要设计有趣的互动环节，与观众进行互动，增加他们的参与度和忠诚度。

3. 故事性

通过讲故事的方式，将产品或品牌的故事与消费者分享，增加消费者的情感共鸣，提高品牌记忆度和认同感。

4. 个性化

跨境直播内容塑造需要根据目标消费者的特点和偏好进行个性化设计，以吸引他们的兴趣和关注。

总之，跨境直播内容塑造对于吸引消费者、塑造品牌形象和提升销售效果都起着至关重要的作用，需要注重创意性、互动性、讲故事性和个性化。

二、跨境直播内容塑造类型

跨境直播内容塑造可以涵盖多种类型，以下是一些常见的类型。

（一）产品演示

通过直播展示产品的特点、功能和用途向消费者展示产品的价值和优势。

（二）教育和知识分享

通过直播分享行业知识、技巧和经验，为消费者提供有价值的教育内容，吸引他们的关注。

（三）品牌推广

通过直播展示品牌形象、文化和价值观，增加品牌的知名度和影响力。

（四）跨境文化体验

通过直播向消费者展示不同国家或地区的文化、风俗、美食等，增进跨文化交流和理解。

（五）艺术表演

通过直播展示音乐、舞蹈、戏剧等艺术表演，为消费者带来娱乐和享受。

（六）互动游戏

通过直播进行互动游戏，与消费者互动，增加消费者的参与度和黏性。

（七）电商推销

通过直播展示和推销产品，为消费者提供优惠和促销活动，增加销售效果。

这些类型可以根据具体的行业和目标受众进行调整和组合，根据不同的需求选择合适的内容来塑造跨境直播的内容。

三、跨境直播内容塑造的流程分析

跨境直播需要做很多事前准备，特别是直播内容，需要了解各方面的情况，才能撰写出适合企业和产品需求的内容，一般跨境直播内容塑造可以分为以下几个步骤。

（一）目标市场调研

了解目标市场的文化背景、消费习惯、竞争情况等，确定目标受众和市场需求，并基于目标市场情况撰写直播内容。

（二）产品了解

深入了解要推广的产品或服务的特点、优势和使用场景，为内容创作提供基础。

（三）创意和内容策划

根据市场调研和产品了解，制定创意和内容策略，确定要传达的核心信息和故事。

（四）直播技巧和演讲训练

提前准备好直播所需的技术设备和平台，熟悉直播操作，并进行演讲训练，提升自己的表达能力和吸引力。

（五）跨境社交媒体和网络营销

在直播前、中、后，运用跨境社交媒体和网络渠道宣传和推广直播内容，吸引消费者关注和参与。

（六）跨境数据分析和优化

根据直播效果和消费者反馈，进行数据分析，了解观众喜好和需求，及时调整和优化直播内容。

跨境直播领域发展迅速，需要不断学习和研究新的技术和趋势，提升自己的专业能力，对于跨境直播内容也需要持续学习和提升，才能符合跨境直播行业的需求。

四、跨境直播内容的构成

跨境直播能够风靡全球，更多的是因为消费者有真实的体验感以及实时的互动性，因此，跨境直播内容的设计必须涵盖有实际意义的内容和有趣相结合，这样才能够取得直播的成功，一般跨境直播内容的构成通常包括以下几个方面。

（一）产品介绍和演示

直播中应该对要推广的产品进行详细介绍，包括产品的特点、功能、用途等。可以通过演示的方式展示产品的实际效果，吸引消费者的兴趣和购买欲望。

（二）创意和故事讲述

为了吸引消费者的关注，直播内容需要有创意和故事性。可以通过讲述产品的背后故事、品牌的发展历程等方式，引起消费者的共鸣和情感共鸣。

（三）互动和参与度

直播应该注重与消费者的互动和参与度，通过提问、回答消费者的问题、征求消费者的意见等方式，增加消费者的参与感和黏性。

（四）跨境文化体验

如果是跨境直播，可以通过展示不同国家或地区的文化、风俗、美食等内容，增加观众的兴趣和好奇心。

（五）社交媒体和网络营销

直播内容应该与社交媒体和网络营销相结合，通过分享和互动，扩大直播的影响力和曝光度。

（六） 促销和优惠活动

直播中可以提供一些促销和优惠活动，吸引消费者购买产品，使销售效果更好。

（七） 娱乐和娱乐性表演

为了增加消费者的娱乐性体验环节，可以在直播中加入一些娱乐性的内容，如音乐、舞蹈、小游戏等。

这些方面的内容可以根据具体的行业和目标受众进行调整和组合，根据不同的需求选择合适的内容构成，从而塑造出吸引人的跨境直播内容。

五、跨境直播话术介绍

在跨境直播时，主播个性化的语言特点是直播的独特优势。优质主播的话语模式往往是在持续积累和不断调整中形成的。虽然主播的语言具有即兴创作的灵活性，但是其中不乏通用的、相对固定的话语模式。以下是主播相对固定话术的一些总结。

（一） 交际话术

观众进入直播间之后，要想让其熟悉、了解主播和直播间，需要一定的宣传话术。这个时候需要一些直播话语让进入直播间的国外访客，感受到真诚和温暖，感觉自己"被看见了""被重视了"，从而停留在直播间。

例1：

Welcome everyone to my live stream. If this is the first time here, you can type "new" in the public chat, and if you are a regular viewer, type "regular".

欢迎来到直播间的朋友们，如果是第一次刷到我的直播间可以在公屏上扣"新"，如果是老粉可以打"老"。

例2：

Hi, ×××, Welcome my new friends! How are you! /where are you from?

你好，×××，欢迎我的新朋友！你好！/你来自哪里？

例3：

OMG, let's see who's here? Nice to see you again.

天哪，让我们看看谁来了？很高兴再次见到你。

（二） 带货话术

合理运用带货类直播话术，可以无形中拉近主播与观众的距离，建立观众信任感，影响消费者购买决策，从而拉动产品销售。带货话术主要有3种。

1. 展示型话术

该话术是指主播在进行直播带货时，展示产品的质量，让观众更加直观地了解产品。使用这种方式，如果产品展示做得好，消费者下单的概率会更高。

举例：

If you think it looks good on the live-streamer, just type "beautiful" in the public chat!

如果你觉得这件衣服主播穿上好看，就在公屏上打出"好看"吧！

2. 信任型话术

直播带货的弊端是观众不能触摸到真实产品，难以感受产品品质，只能通过主播的描述来认识产品。因此，主播要使用能让观众对产品建立一定信任感的信任型话术。通常主播会用："I've tried it myself and it's very tasty。"（我亲自吃过，口感非常不错）等话术来为产品做宣传，打消观众对产品的顾虑。值得强调的是，主播在使用信任型话术之前，一定要亲自体验产品，向消费者说出使用产品的真实感受，切不可夸大描述产品。

举例：

The quality of this product is really very good, I only offer you the high quality product.

这个产品的质量真的非常好，我只给大家提供优质产品。

3. 专业型话术

主播从专业的角度出发，针对一款产品与其他同类产品做讲解和比对，并指导观众根据自己的情况选择适合的产品。例如主播可以分析不同颜色的打底衫对肤色修饰的区别，或者是对身材修饰和适合人群的区别、以及适合的季节等，这些专业讲解话术很容易吸引观众下单。

举例：

I like black very much, because simple and basic, but simple makes classic, ituill flatters your complexion and matches your eyes. If you have a good figure, this one perfectly shows your curves and makes you look much slimmer. Suitable for any occasion, perfect to wear in all seasons.

我很喜欢黑色，百搭色。即使它简单而基础，但简单造就经典，这款打底衫可以修饰你的肤色，衬托你美丽的双眸。如果你身材很好，这件完美地展示了你的曲线，让你看起来更加凹凸有致。适合出入任何场合，四季皆适宜。

（三）活动话术

低价好物是大部分观众观看直播的主要动力，因此直播的优惠力度是影响观众在直播间购买产品的最直接因素。主播可在直播间中使用"低价""买2送1""优惠套餐"等一系列活动话术去刺激观众下单。

例1：

Come on! Right now! Toady only, more discount!

快来吧！就现在！仅限今天，更多优惠哦！

例2：

The official flagship store is × yuan. In my live stream, if you bought two, get one free, which is equivalent of getting 3 products for the price of 1. The activity is only this time, what you buy is what you earn.

官方旗舰店是×元1只，在我的直播间，买2只，送1只，相当于花1份产品的钱，买了3份，活动只有这1次，真的买到就是赚到了。

例3：

The goods in our live stream are cheaper than the duty-free shop!

我们直播间比免税店还便宜！

例 4：

This promotion is really powerful. You can add another set. It's a good deal. It's a pity to miss it.

这次活动的力度真的很大，您可以再加一套的，很划算，错过真的很可惜。

（四）催单话术

大多数消费者"怕失去""怕错过"的想法远远高于该产品"有没有用""划不划算"这类的理性思考，这是人性的弱点，饥饿营销也是采用的这个原理。因此催单话术的关键是要调动观众"抢"的心态，采用"限量""限时"这样的词汇，刺激观众下单。

例 1：

Lets on the link, if you like it then, order it immediately! The heart is not as good as the action!

让我们上链接！如果你喜欢的话就立刻下单吧！心动不如行动！

例 2：

Come on boys and girls! There are only 10 minutes left in my live stream. You can't miss it at this price, order now!

赶快抓紧时间，我的直播只剩下 10 分钟了，这个价格错过就不会再有，现在就下单吧！

例 3：

Please order now, this is limited offer only for today's live.

请现在就下单，这是限时优惠，只针对今天的直播进行。

（五）引导话术

在一场直播中，主播要善于引导消费者关注直播间，从而快速积累直播间人气。

例 1：

Friends who like our products can pay more attention to our live stream, it is easier to find your favorite products next time.

喜欢我们产品的朋友可以多多关注我们的直播间，下次更容易找到我们和您喜欢的产品。

例 2：

Thank you so much to all the fans who stayed in my live stream. My live stream time is ××—×× everyday. Remember to pay attention if you don't pay attention. Remember to come back time every day if you pay attention.

非常感谢所有停留在我直播间的粉丝们，我每天的直播时间是××点~××点，没点关注的记得点"关注"，点了关注后记得每天准时来哦。

例 3：

Welcome our new friends. Don't forget to follow and give me your "likes". We have new friends' benefits, new friends must remember to come our live stream every day on time.

欢迎新进来的朋友，不要忘了点"关注"和"点赞"，我们有新朋友福利的，新朋友一定要记得每天准时来看直播哦。

（六）感谢话术

无论是给主播送礼物的消费者，还是默默观看直播的消费者，哪怕是只看了 10 秒就退出直播间的消费者，都有观看过主播直播，因此，主播在直播过程中和下播之前，一定要表达对消费者的感谢，这能够延续和消费者的某些潜在情感。感谢的话语不需要辞藻华丽，抒发主播真实的感情即可，语速一定要慢、态度一定要诚恳。

例 1：

Thank you all for your support/ company/being with me，I really appreciate it，love you all.

谢谢大家伙的支持，真的很感谢大家，爱你们哟。

例 2：

You guys have a really good eye，thank you for stay with us and join us.

你们的眼光真的非常不错，谢谢大家一直支持我们，加入我们。

例 3：

Thank you all for giving me so much oredit，have a good day！

谢谢大家给我了这么多点赞，祝大家生活愉快！

六、跨境直播内容话术注意事项

在跨境直播中，掌握合适的内容和话术可以帮助你与消费者更好地互动，并让他们对你的直播内容产生兴趣。以下是一些跨境直播话术的注意点。

（一）使用简单易懂的语言

尽量避免使用过于专业或复杂的术语，以免让消费者感到困惑。使用简单易懂的语言，能够更好地与消费者沟通和交流。

（二）引入消费者参与

通过提问、邀请消费者分享经验或观点等方式，引入消费者的参与。这样可以提高消费者的参与度和互动性，让他们更愿意留在直播现场。

（三）语速和语调控制

要控制自己的语速和语调。语速过快可能让消费者听不清楚，而语速过慢可能会让消费者感到无聊。要根据消费者的反馈和互动情况，调整自己的语速和语调，时刻保持与消费者的良好互动。

（四）使用故事和案例

通过讲述产品或服务的故事和真实案例，能够更好地吸引消费者的注意力，并让他们更好地理解和认同你的直播内容。

（五）清晰明了的结构

在直播中，保持清晰明了的结构，可以帮助消费者更好地理解你的讲述内容。可以提前准备好大纲或脚本，以确保自己的话术有条不紊地展开。

（六）回应消费者问题和反馈

在直播过程中，要时刻关注消费者的问题和反馈，并及时回应。这样可以增加消费者的参与感和满意度，建立起与消费者的良好互动关系，提升直播的效果和影响力。

（七）用词准确专业

尽量使用准确、专业的词汇，以显示你对产品或服务的专业知识的了解。但要避免使用过于晦涩或难以理解的术语，以免让消费者感到困惑。

TikTok 带货直播出单的 8 个技巧　　跨境 B2B 和跨境 B2C 直播技巧分析　　优秀直播案例分析

【想一想】

abyb charming 是 2018 年成立的一家珠宝饰品公司，abyb 成立之初没有着急出品、上架，而是花了一年半时间升级供应链。

2020 年，中国珠宝饰品市场规模突破 8 000 亿元；2021 年，在淘系平台销售的珠宝饰品已突破亿元大关，其国际独立站与社交主页几与国内同步上线，销售成绩斐然。2022 年，国潮配饰品牌 abyb charming 获得梅花创投、KC INVESTMENT HOLDING LIMITED A 轮融资，本轮融资金额达数千万元。

abyb charming 通过与品牌调性和高度契合的线下联名活动进一步扩大品牌的知名度与影响力。自 2020 年以来，品牌不断和多个综艺节目、明星艺人、头部博主、社交媒体达人及各个社媒平台进行多样化的合作；2021 年进一步与当红偶像签约代言、拉近品牌与 Z 时代人群的距离。abyb charming 的目标人群画像为 18～25 岁，但在投入市场和不断研究数据之后，发现有相当一部分在 30 岁左右的客户画像，经过市场调研，abyb charming 创始团队认为国内 100～500 元这一大众价格带的日常首饰在产品端及品牌端都有市场空白，从而将品牌定位于大众价位的流行配饰。

abyb charming 将"日常"重新定义为"每日常戴"，根据客户每天去的不同地方、不同场景下，见不同的人，想要说出的不同感受，让饰品为消费者传达不同的感觉。

abyb charming 成立之初就具备全球基因，其国际独立站与社交主页几与国内同步上线。团队最初的设想是，线上线下双开花——abyb charming 线上在天猫、抖音等主流平台销售，线下则以一二线城市的买手店为主战场。

虽然产品面世首月，abyb charming 团队迅速分析客户流向，不到 30 天就将销售渠道重心转移到了直播短视频平台。这一快速反应的执行效果不错。在创立当年，abyb charming 营收达 3 000 万元，而 2021 年营收破亿。随着经营手段的逐步成熟，abyb charming 更加重视收集用户数据，并通过用户数据反向指导经营生产。

　　请查询相关企业资料并分析 abyb charming 成功的原因，以及它的直播特点。

【任务实施】

实训项目	跨境直播内容塑造
实训目的	通过该实训了解跨境直播团队的组建并完成直播内容设计
项目小组成员分工	
实训方式和步骤	（1）为自己的跨境电商团队组建直播团队并进行人员分工 （2）结合任务描述任务，以项目小组为单位展开讨论 （3）针对所要求的任务写出相应的思考结果 （4）各项目小组可进行交流互评 （5）思考并总结，完成实训报告
实训问题	（1）跨境直播内容塑造的概念、作用及特点有哪些? （2）跨境短视频内容塑造流程是什么? （3）跨境短视频内容塑造技巧有哪些
个人反思和总结	

项目评价

评价内容			分值	评价		
项目内容		目标观测点		学生自评	小组互评	教师评价
项目四　跨境营销推广内容策划	跨境文案内容塑造	跨境文案的基本概念和类型	10			
		跨境文案的策划流程	10			
		跨境文案的撰写技巧及注意事项	10			
	跨境短视频内容塑造	跨境短视频内容塑造相关知识	10			
		跨境短视频内容塑造流程分析	10			
		跨境短视频内容塑造技巧分析	10			
	跨境直播内容塑造	跨境直播内容塑造相关知识	10			
		跨境直播内容塑造流程分析	10			
		跨境直播话术分析及注意事项	10			
	整体效果	能够掌握跨境推广内容的基本知识，并能够运用相关内容进行内容打造	10			
总评		目标达成总体情况	100			

综合实训

直播脚本设计全流程

步骤 1：现有一家服装公司，主营 T 恤、牛仔裤等年轻时尚服装，其核心产品信息详见下表。

单位：元

产品名称	产品图片	产品卖点	日常价	直播活动价	核心卖点
初语宽松卫衣连帽女春装新款印花抽绳韩版学生潮流帽衫外套		（1）基础印花卫衣，袖口处的绿色印花使整件卫衣富有春天的气息。（2）卫衣是宽松型的，可以把过年囤的肉肉很好地遮住哦！	449	78.575	2 件 2 折+满 400 减 50 优惠券
【大力水手联名】初语 2020 年春装新款刺绣宽松圆领套头灰色卫衣女		（1）大力水手 IP 联名款（2）小图案设计，基础又个性	479	83.825	2 件 2 折+满 400 减 50 优惠券
初语秋季新款韩版百搭哈伦风小脚中腰九分裤休闲裤女裤		（1）九分裤设计，露出性感的小脚踝不要太好看。（2）哈伦裤的版型，超适合丰臀女性，遮肉效果明显。	299	53.325	2 件 2 折+满 400 减 50 优惠券
初语 2019 夏季新款波浪绣线双层领时尚衬衣下摆不规则条纹香纺衫		这款条纹衬衫搭配半身裙或者那种简单的休闲裤就很有职业范了，最适合上班的时候穿了，折后价 57 元，很优惠的价格	329	57.575	2 件 2 折+满 400 减 50 优惠券
初语 2019 冬季新款大力水手 oversized 印花宽松撞色拼接加绒卫衣女		这个款也是初语品牌的 IP 系列，他们家最近的 IP 系列很多款都买得不错的，鸳鸯袖的设计也太潮了吧，看到图片都很心动了。买它，买它，领 150 元的优惠券再买哦	239	89	150 元优惠券
初语长袖卫衣女 2019 春装新款抽绳字母印花贴布绣连帽套头上衣潮		胸前大贴布印花设计，让你的卫衣更有吸睛亮点哦	499	87.325	2 件 2 折+满 400 减 50 优惠券

撰写跨境直播脚本前，首先要考虑直播整体脚本大纲。

直播环节	节奏	时长	核心策略	商品特点
开场				
正式售卖				
结束				

步骤 2：具体进行直播，需要考虑活动目的（销售转化、模式验证、推动发展），直播方式（××专场直播、品牌活动主题、商家促销等），然后根据具体情况进行直播筹备。

执行	事项	负责	时间节点

步骤 3：直播选品。

序号	分类	产品名称	直播售价	优惠券	红包	平均客单价	毛利
1	印象款						
2							
3							
4	引流款						
5							
6							
7	跑量款						
8							
9							

步骤4：直播话术设计。

话术类型	话术内容
欢迎话术	
宣传话术	
带货话术	
互动话术	
催单话术	

同步测试

课后习题参考答案

一、单选题

1. 用户在阅读的时候，能够通过文字吸引消费者的注意，特别是要凸显商品的特性，这个主要是跨境电商文案（　　）的特点。

A. 清晰明了　　　　　B. 吸引眼球　　　　　C. 独特个性　　　　　D. 信息丰富

2. 我们在撰写跨境电商文案的时候，需要根据目标市场的语言、文化和消费习惯进行调整和优化，这样做的目的是（　　）。

A. 增强购买动机　　B. 吸引消费者注意　　C. 建立品牌形象　　　D. 适应跨境市场

3. 能够增强消费者的信任感，增加他们的购买意愿的文案类型是（　　）。

A. 产品描述文案　　　B. 促销文案　　　　C. 品牌故事文案　　　D. 用户评价文案

4. "这款手工编织的毛衣，是由我们位于北欧小镇的一位老奶奶亲手制作的，每一件都经过精心挑选和编织，希望能为您带来温暖和独特的感觉。"该文案是通过（　　）方式吸引用户的。

A. 语言简洁明了　　　B. 故事性叙述　　　　C. 文案结构清晰　　　D. 突出产品卖点

5. 横向测评商品类短视频多适用于（　　）。

A. 3C 类　　　　　　B. 机械类　　　　　　C. 服装类　　　　　　D. 食品类

二、多选题

1. 策划跨境文案可以从（　　）方面进行。

A. 目标受众分析　　　B. 竞争对手分析　　　C. 市场环境分析

D. 产品特点分析　　　E. 文案效果分析

2. 产品及制作过程展示类视频多是在展示（　　　）。

A. 品牌故事　　　　　B. 外观　　　　　　　C. 功能

D. 使用方法　　　　　E. 生产过程

3. 在品牌推广类短视频中，需要考虑几个特性，包括（　　　）。

A. 非营销性　　　　　B. 利益点　　　　　　C. 差异化

D. 启发性　　　　　　E. 沟通性

4. 在跨境直播内容塑造准备阶段，我们可以调研目标市场的（　　　）因素，以确定目标市场消费者需求。

A. 文化背景　　　　　B. 消费习惯　　　　　C. 竞争情况

D. 客单价　　　　　　E. 利润率

5. 在跨境直播过程中，主播可以通过使用一些话术提升效果，使用的话术包括（　　　）。

A. 交际话术　　　　　B. 带货话术　　　　　C. 专业型话术

D. 催单话术　　　　　E. 引导话术

三、判断题

1. 跨境短视频文案的最佳时长不超过 30 秒。　　　　　　　　　　　　　　　（　　）

2. 相比于文字或图片，短视频更能生动地展示产品的使用场景和效果。　　　　（　　）

3. 产品及制作过程展示类视频适用于 UK。　　　　　　　　　　　　　　　　（　　）

4. 在进行跨境短视频和直播的过程中，最好先进行测试，再针对数据进行优化。　（　　）

5. 可以在跨境直播过程中穿插一些文化娱乐节目，以提升直播的趣味性。　　　（　　）

四、简答题

1. 跨境电商文案撰写的技巧有哪些？

2. 多元场景类展示视频的主要技巧有哪些？

3. 跨境短视频内容塑造三原则是什么？

4. 跨境短视频内容塑造流程分为哪几个步骤？

5. 请根据跨境直播话术情况给 3C 类手机配件设计一系列话术。

案例分析

女装品牌 Go.G.G 是如何成 TikTok 直播"卖货之王"的

从懵懵懂懂到深谙 TikTok 直播带货，从毫无头绪到半年卖出 10 万件爆品，女装品牌 Go.G.G 仅用了不到半年的时间，并在 TikTok Shop2022 全球年末大促季中登上 TOP 品牌榜榜首。女装在跨境电商领域是一个竞争异常激烈的类目，想要从中脱颖而出并不容易。Go.G.G 可以说是 TikTok 上的一个原生品牌，从用户需求调研、选品策略、营销策略、业务节奏和模式，都围绕 TikTok 生态展开。

Go.G.G 成立于 2021 年，自 2022 年 5 月开始入驻 TikTok Shop，截至 2023 年 1 月底，其品牌话题在 TikTok 的标签已达 2 500 万，还积累了 2 万多名的粉丝数。2022 年，受能源危机及寒潮影响，英国引发了一股庞大取暖需求潮，民众对于保暖服饰的需求正在日益增高，Go.G.G 团队敏锐地察觉到冬季棉衣拥有极高的爆品潜质。

Go. G. G 通过大量调研和分析后发现，在当时，英国的冬季棉衣价格普遍偏高，如 Zara 等品牌的棉衣的售价都要将近 100 英镑，而基于供应链的优势，Go. G. G 却可以将这个价格做到 30 英镑，从而产生了一个很明显的比价和利润空间。

另外，由于 2022 年欧洲货膨胀严重，去卖羽绒服这样的高单价产品可不一定适合。此外，去年欧洲冬季比较寒冷，棉衣是大部分英国民众冬天的必备单品，存在一个比较大的季节性市场需求，因此，Go. G. G 将其作为品类切入点。

"Go. G. G 在供应链的优势主要在几个方面。第一，团队在女装供应链上有较深的积累，熟悉女装的生产工艺及各个环节；第二，我们的供应链能围绕品类，在全国产业带中深挖最源头的一些优质资源。第三，能够结合 TikTok 的特点，快速匹配资源。" Go. G. G 联合创始人 Emma 在采访中说道。据了解，在本内，Go. G. G 拥有一家 20 多年的外贸女装工厂，这是它的底牌之一，直到现在，这个工厂仍在服务于欧美的一些中高端品牌。数十年的外贸经验所积累下来的庞大供应链合作网络及资源，为 Go. G. G 的出海之路提供了重要保障。基于此，Go. G. G 深挖供应链，将挖掘单品深度的选品策略用到了极致。用 Emma 的话说就是"直接挖到棉服供应链的最源头，成本及质量做到品类中最优，让产品在销售端更具竞争力。"

事实证明，Go. G. G 的选品策略取得了出乎意料的成功。"2022 年 8 月底，我们就开始爆单了，主要是棉服和马甲。马甲是一款能在英国至少穿三季的单品，当时我们在天气不太冷的时候就已经开始卖马甲，天气变冷时就开始卖厚棉服，大概 5 款棉服非常热销，差不多卖了将近 10 万件。" Emma 表示，"目前，我们在冬季阶段卖得最好的品类还是棉服，另外像保暖连体衣也卖得很好，都是一些爆款单品。"

一个新品牌如何选择自己的"首发阵地"至关重要。相对于亚马逊、速卖通等比较成熟的跨境电商平台，Go. G. G 从一开始选择在 TikTok 做起，更多是笃定 TikTok 直播在海外的电商潜力。Go. G. G 市场负责人 Aria 表示，"作为一个新品牌，找一个新的渠道，能够结合新的内容形态去做，非常有机会做出不一样的东西。"不过，在英国甚至整个欧美市场，直播最大的难题在于本土化。无论是寻找主播、培养直播运营，再到直播的玩法，要结合本地消费习惯或本地人能接受的形式，都需要花费大量的精力和时间去摸索。因此，在前期，Go. G. G 在海外直播带货上也做了诸多准备。

譬如，他们的整个市场团队，包括网红营销团队和直播团队全部是在英国本土搭建，与其他跨境商家束手束脚不同，这使 Go. G. G 相对会更加灵活，整体的业务配合会更加有效。此外，Go. G. G 在英国有大量的买手，他们会观察英国民众的流行爆品，提供选品的数据依据……这些都是为了让 Go. G. G 能在 TikTok 做得更加本土化和专业化。"本土化是直播在早期比较困难的一件事情，大部分品牌其实也还都是处于研究直播形态和欧美国家用户习惯的一个认知过程中。"

Go. G. G 联合创始人兼市场负责人 Aria 解释道，"在直播间，我们很多时候习惯让消费者与主播互动，如扣'1'，点'关注'，但这种形式在英国根本行不通，他们不理解为什么要做这样的互动。我们的经验是，在 TikTok 做直播，要在内容上凸显新奇特和真实性。" 2022 年 11 月，Go. G. G 联合官方做了一个超级品牌日，借助 TikTok 全平台的推流曝光，Go. G. G 结合自身品牌的特点，筹备了一个以"暖冬计划"的活动主题，主打冬季保暖的服饰产品，再结合抽奖、开盲盒、主播联合等形式增加直播的趣味性与互动性，持续拉动整个直播间的气氛。从数据来看，这场直播也成为 Go.G.G 直播数据最好的一场。据官方数据，在 TikTok Shop 的"暖冬计划"活动期间，Go.G.G 的周直播GMV（商品交易总额）增长 362%，全网带货视频增长 200%。

另外，为了吸引更多的粉丝，让更多的用户了解分享潮流新品，Go.G.G 也会与红人一起合作参与视频创作，创造优质内容去吸引潜在用户。在品牌内容营销上，Go.G.G 会围绕品牌结合整个平台的用户兴趣和内容生态特点去做，采用多个营销组合策略。以女装为例，他们先通过直播来测试这款产品是否受欢迎。Go.G.G 市场负责人 Aria 认为，直播就是一个极佳的测款渠道，当发现产品在直播间卖得好时，我们就能下决心投入更多资源推爆这款产品，然后围绕这款产品去做更多内容，比如找合作网红拍视频，使用视频内容素材进行广告投放，这样能产生一个非常不错的组合效果。视频方面，Go.G.G 更加注重视频的真实性，力求能直接切中用户需求及产品功能点。据 Aria 介绍，"马甲和棉衣会在视频中突出它的保暖性能、多功能性，这样的视频就很真实，观众也很愿意看。然后再去做营销和铺货，效果会更好。""很多海外用户并不喜欢过度包装的产品，反而更喜欢真实的原生态的。"Aria 总结道。

资料来源：女装品牌 Go.G.G 如何成 TikTok 直播"卖货之王"：https://mp.weixin.qq.com/s/on3W-yGk_w7yRyLHNlF8rQ

问题分析：

1. Go.G.G 是如何得出自身的产品定位的，它具有哪些方面的优势？
2. Go.G.G 在直播赛道上是如何选择，以及做了哪些准备？
3. Go.G.G 在其他营销推广方面做了哪些努力？

项目五

跨境搜索引擎营销

📱 项目背景

随着互联网的普及和移动设备的广泛应用，越来越多的用户倾向于使用搜索引擎进行信息查询和购物决策。搜索引擎已成为用户获取信息的主要渠道之一。各行各业都存在大量的竞争对手，企业需要寻找有效的方式来吸引目标受众，并在竞争激烈的市场中脱颖而出。搜索引擎营销可以帮助企业在搜索结果中获得更高的排名，增加网站流量和曝光度。主流搜索引擎如 Google、百度、必应等已经建立了成熟的广告平台，为企业提供了丰富的广告投放工具和数据分析功能，使得搜索引擎营销更加便捷和精确。搜索引擎营销提供了详细的广告效果和用户行为数据，企业可以根据这些数据进行优化和调整，以获得更好的 ROI（投资回报率）和用户体验。同时，搜索引擎不断更新其排名算法，以提供更准确和有价值的搜索结果。企业需要根据搜索引擎的算法变化来调整和优化网站内容和广告投放策略，以适应搜索引擎的要求。

总之，搜索引擎营销作为一种成本可控、效果可量化的营销方式，逐渐成为企业不可或缺的一部分。通过深入了解用户需求、竞争环境和搜索引擎的规则，企业可以通过搜索引擎营销获得更多的流量并提高品牌曝光度，并实现更高的商业效益。

【知识目标】

1. 了解搜索引擎的基本知识；
2. 掌握搜索引擎的排序机制；
3. 掌握搜索引擎排名的影响因素；
4. 掌握海外搜索引擎营销的推广策略。

【能力目标】

1. 能够进行关键词的挖掘和制作；
2. 能够对网站内页进行优化；
3. 能制定海外搜索引擎推广的相关策略。

【素质目标】

1. 树立数字强国精神，培养数字化思维；
2. 具备尊重标准、尊重数据的信息素养；
3. 培养精益求精的工匠精神和创新精神。

【思维导图】

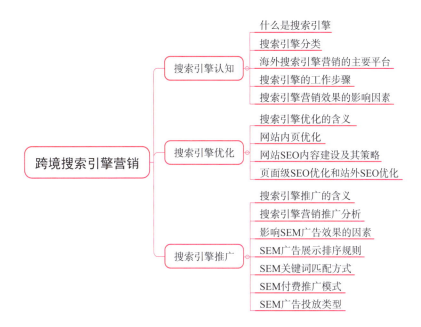

跨境搜索引擎营销

- 搜索引擎认知
  - 什么是搜索引擎
  - 搜索引擎分类
  - 海外搜索引擎营销的主要平台
  - 搜索引擎的工作步骤
  - 搜索引擎营销效果的影响因素
- 搜索引擎优化
  - 搜索引擎优化的含义
  - 网站内页优化
  - 网站SEO内容建设及其策略
  - 页面级SEO优化和站外SEO优化
- 搜索引擎推广
  - 搜索引擎推广的含义
  - 搜索引擎营销推广分析
  - 影响SEM广告效果的因素
  - SEM广告展示排序规则
  - SEM关键词匹配方式
  - SEM付费推广模式
  - SEM广告投放类型

【润心育德】

　　数字时代颠覆力量的根源是人类的能动性。随着互联网技术的深入发展，消费者不再是被动接受，而是主动参与（从产品的设计、生产直到销售全过程），表现形式是分享、塑造、资助、生产和共有。这种能动性一直存在，随着数字技术发展到今天，才得以实现。数字化思维，是能运用数字技术，赋能于人的成长型思维。数字化思维是互联网思维的延伸和扩展，互联网思维是去中心化、扁平化、开放、跨界，数字化思维在此基础上更加精准、更加智慧。数字思维相较于以往的互联网思维带给我们最大的不同是：一方面，它可以运用大量数字技术帮助我们进行思维；另一方面，数字技术时代对每个人的思维方式、思维能力都会有极大的提高。

动画：独立站是
如何获客的

任务一　搜索引擎认知

【任务介绍】

　　通过学习本任务，学生应了解搜索引擎的基本知识和分类，掌握搜索引擎工作的基本步骤，掌握营销搜索引擎营销效果的因素。

【案例引入】

从天猫到跨境出海，首饰品牌 BLACK HEAD 如何复制成功？

BLACK HEAD（黑头）作为面向年轻一代设计的潮流首饰品牌，在成立后的几年中，在品牌价值观"自由与包容"的引领性下，融合青年亚文化和无性别主义的品牌调性引起了越来越多年轻人的共鸣。在国内沉淀了近 8 年后，BLACK HEAD 于 2020 年正式开始布局海外市场。

BLACK HEAD 确定了核心目标，即短期内提高海外官网销售额，长期内提升其在海外，尤其是在北美和欧洲市场的知名度，从而凝聚粉丝群体，降低主动营销成本。于是，BLACK HEAD 制定了一系列营销策略，帮助其加快了向核心目标进军的步伐。

BLACK HEAD 首先描述了目标用户画像，并锁定了需要进行精准营销的消费者。这些消费者的年龄段大多为 18~35 岁，且 47.8% 是男性，他们强调个性，勇于表达，与 LGBTQ 群体重合度高。

一、品牌基础设施构建，对品牌名进行 Google SEO 优化

当时，鉴于 BLACK HEAD 在国内已经有广泛的线上、线下店和渠道店铺，为了保持国内外品牌的统一，其在海外全渠道主打"BLACK HEAD jewelry"，通过 Facebook+Google+联盟（Affiliate Marketing）+Pinterest 的形式展开效果营销，通过 Blog+NS+EDM 进行内容营销，该营销矩阵逐步刷新用户对于品牌的印象，提升品牌认知度。据了解，不到两个月，品牌域名就上升到了谷歌 BLACK HEAD Jewelry 关键词搜索的首位。

二、精准锁定目标人群，构建全渠道精准触达体系

BLACK HEAD 利用 Google analytics/hotjar 等工具，锁定潜在用户。随后，其根据定位，在 Google、Facebook 平台投放不同形式的广告。

其中，Google 以关键词广告+视频广告+购物广告+发现广告为主，Facebook 广告则以 MAP+GIF+ID 帖子广告为主，并根据社交媒体广告的展示特点及 BLACK HEAD 品牌定位、潜客兴趣点，画面素材进行了多次动态调整，实现项目整体翻倍盈利。

资料来源：https://mp.weixin.qq.com/s/foV-rUzsfoVFY_KyGwPOdw 从天猫到跨境出海，首饰品牌 BLACK HEAD 如何复制成功？

【任务描述】

Mayouty 公司的跨境海外事业部针对海外市场建立了海外品牌，并完成了品牌相关推广内容的制作，下一步的工作安排，首先就是要做好第三方平台及独立站的搭建，好的企业网站是站外营销推广的基础，其次要了解相关搜索引擎的工作原理和排名机制，为后期提升企业网站的影响力，品牌推广和产品销售奠定基础。因此，小李需要协同部门同事将相关搜索引擎的基本知识进行梳理，收集并整理以下任务。

【任务分析】

1. 了解搜索引擎的概念及分类。
2. 了解搜索引擎工作的基本原理。
3. 了解搜索引擎的排序机制。

【相关知识】

一、什么是搜索引擎

搜索引擎其实就是一套工具系统，它主要是基于跨境海外用户的搜索条件，查阅用户的后台数据库，通过机器算法来快速筛选出答案，以供用户查看。搜索引擎营销（Search Engine）是指根据一定的策略、运用特定的计算机程序从互联网上搜集信息，在对信息进行组织和处理后，为用户提供检索服务，将用户检索相关的信息展示给用户，并进行市场推广和品牌宣传的一种营销手段。

海外搜索引擎它有两类，一种是狭义的搜索引擎，就是我们平时用到的，如国内的百度，而海外用户主流搜索引擎主要有谷歌、Bing，还有俄罗斯用户使用的Yandex，韩国用户使用的 Naver 等，它们的主要功能都是基于用户输入的关键词，并查询索引数据库，然后返回结果，另一种是广义的搜索引擎，例如国内的京东，天猫等站内搜索，跨境海外用户通过速卖通、亚马逊、Youtube等渠道内进行搜索。

搜索引擎营销
的重要性

二、搜索引擎分类

搜索引擎多种多样，类别繁多，其中根据工作方式可以分为以下几类：

（一）全文搜索引擎

全文搜索引擎是从网站提取信息从而构建网页数据库的。全文搜索引擎可以说是真正的搜索引擎，包括我们身边的 Google、百度等耳熟能详的大搜索引擎，其都属于是全文搜索引擎。

当用户输入查询词（Query）查询时，搜索引擎会在数据库中进行搜寻，如果找到与用户要求内容相符的网站，便采用特殊的算法——通常根据网页中关键词的匹配程度、出现的位置、频次、链接质量——计算出各网页的相关度及排名等级，然后根据关联度高低，按顺序将这些网页链接返回给用户，全文搜索引擎的特点就是搜全率比较高。

（二）目录搜索引擎

目录搜索引擎主要是按类目对网站进行收录，而且在查询时也不需要输入关键词，最为典型的目录搜索引擎就是 Sina、Yahoo 等。

目录索引无需输入任何文字，只要根据网站提供的主题分类目录，层层点击进入，便可查到所需的网络信息资源。虽然有搜索功能，但严格意义上不能称为真正的搜索引擎，只是按目录分类的网站链接列表而已。用户完全可以按照分类目录找到所需要的信息，不依靠关键词（Keywords）查询。如果把书比作网站，它就像在图书馆里一级一级地按区域寻找我们需要的书一样，所以很形象地被称为是目录搜索引擎。

（三）元搜索引擎

元搜索引擎（META Search Engine）在接收到用户查询请求后，同时在多个搜索引擎上搜索，并将结果返回给用户。著名的元搜索引擎有 InfoSpace、Dogpile、Vivisimo 等，中文元搜索引擎中具代表性的是搜星搜索引擎。在搜索结果排列方面，有的直接按来源排列搜索结果，如 Dogpile；有的则按自定的规则将结果重新排列组合，如 Vivisimo。

（四）垂直搜索引擎

垂直搜索引擎是近年来新兴起的一种搜索引擎，不同于通用的网页搜索引擎，垂直搜索专注于特定的搜索领域和搜索需求（例如：机票搜索、旅游搜索、生活搜索、小说搜索、视频搜索、购物搜索等等），在其特定的搜索领域有更好的用户体验。相比通用搜索动辄数千台检索服务器，垂直搜索需要的硬件成本低、用户需求特定、查询的方式多样。

三、海外搜索引擎营销的主要平台

在海外市场，每个国家都有主要的搜索引擎平台，企业要向融入当地市场，了解并掌握海外搜索引擎平台是必须的，以下是一些主要的搜索引擎平台。

（一）Google

作为全球最大的搜索引擎，Google 在世界各地都拥有广泛的用户群体。它提供了广告服务，Google 提供了广泛的在线服务和产品，包括搜索引擎、邮箱、地图、视频、广告平台、云计算、移动操作系统等。Google 的核心产品是 Google 搜索引擎，它们通过在互联网上索引网页和其他内容，帮助用户快速找到他们所需的信息。Google 搜索引擎以其高效的搜索结果和准确的搜索算法而闻名，其搜索结果通常以相关性和用户体验为重点。而 Google AdWords 和 Google Display Network 则可以帮助企业在 Google 搜索结果页面上展示广告。

（二）Bing

Bing 是微软推出的搜索引擎，它在美国市场上的份额相对较高。它是 Google 的主要竞争对手之一，提供了类似的搜索功能和服务。Bing 搜索引擎通过索引互联网上的网页和其他内容，并根据用户的搜索查询提供相关的搜索结果。它还提供了一些特殊功能，如图片搜索、视频搜索、新闻搜索、地图搜索等，使用户可以更方便地找到他们所需的信息。

Bing 搜索引擎在设计上注重美观和直观，通过在搜索结果页面上显示相关的图像、视频和实时信息来提供更丰富的搜索体验。它还提供了一些独特的功能，如"必应每日图片"和"必应视觉搜索"，帮助用户发现有趣的图片和获取与图片相关的信息。

（三）Yahoo

Yahoo 是一个在线目录和搜索引擎，帮助用户浏览互联网上的网站。随着时间的推移，

Yahoo 逐渐发展为综合性的互联网公司，提供了各种在线服务和产品。虽然 Yahoo 在全球范围内的市场份额相对较小，但它在一些地区仍然具有一定的影响力。除了搜索引擎外，Yahoo 还提供了电子邮件服务、新闻、财经、体育、娱乐等内容门户网站。它还提供了在线购物、拍卖、游戏、社交网络等服务。此外，Yahoo 还有自己的广告平台，为企业提供在线广告服务。Yahoo 提供的广告服务使企业能够在其搜索结果页面上展示广告。

（四）Yandex

Yandex 是俄罗斯最大的互联网公司之一，是俄罗斯最受欢迎和使用最广泛的搜索引擎，也是俄语搜索引擎市场的主导者。Yandex 在俄罗斯以及其他俄语使用地区都非常受欢迎，它通过优化搜索算法和提供本地化的搜索结果，为用户提供更准确和有用的搜索体验。此外，Yandex 还致力于开发人工智能和机器学习技术，以提供更智能的搜索和其他在线服务。通过 Yandex.Direct 广告平台，企业可以在 Yandex 搜索结果页面上投放广告。

（五）Naver

Naver 是韩国最大的搜索引擎之一，也是韩国最受欢迎的在线平台之一。它不仅提供搜索功能，还提供电子邮件、新闻、博客、音乐、视频、地图等多种服务。Naver 在韩国市场的占有率非常高，因此对于想要在韩国市场上进行搜索引擎营销的公司或品牌来说，优化 Naver 的搜索结果非常重要。

除了以上提到的搜索引擎平台，不同国家和地区还可能有其他一些本土化的搜索引擎平台，如中国的百度和搜狗等。要在海外市场进行搜索引擎营销，需要了解目标市场中主要使用的搜索引擎，并根据不同平台的特点和规则制定相应的营销策略。

四、搜索引擎的工作步骤

（一）网页爬取和收录

网络爬虫技术是网页爬取的核心技术，用户可以通过编写一些程序或者脚本来对互联网的信息进行抓取。在网页抓取之后，要构建相应的数据库来存储爬取的网页信息。但收录爬虫爬取的网页信息之前，需要加入一个关键的环节——网页去重，并以此来确保数据库中网页的唯一性。

（二）建立索引

在抓取了网页的信息之后，就需要对网页的信息进行解析，抽取到网页的主题内容和类别信息。这就是通常所说的网页解析，其主要涉及的技术为文本识别和文本分类技术。网页解析后的输出往往是一些结构化的信息，但每个网页的信息完整度是不同的，需要统一对数据进行结构化操作，一般的结构化信息包括网页的 URL、网页编码、网页标题、作者、生成时间、类别信息、摘要等。在获取了网页结构化信息后，就要构建相应的索引了。

（三）查询词分析

查询词分析我们经常称为是 query 分析或者 query 聚类。当搜索引擎接收到用户的查询词后，首先需要对查询词进行分析，希望能够结合查询词和用户信息来正确推导用户的真正搜索意图。比如，一个用户输入的查询词为"Maintain the Car"，那么除了基本的内容匹配外，搜索引擎需要读懂用户，其实用户的查询词还可以这样被理解"How to take care of a car"和"A car maintenance"等意思相近的查询词。在此之后，首先在缓存中查找，搜索引擎的缓存系统存储了不同的查询意图对应的搜索结果，如果能够在缓存系统找到满足用户需求的信息，则可以直接将搜索结果返回给用户，这样既省下了重复计算对资源的消耗，又加快了响应速度。

（四）搜索排序

搜索引擎在分析了用户的查询词以后，如果缓存的信息无法满足用户的查询需求，搜索引擎要根据索引来查询数据库的网页内容，并根据网页内容与用户需求来进行网页排序。网页排序需要众多的因素，其中最为主要的两方面因素为：

（1）网页内容与用户查询内容的匹配度。搜索引擎的基本功能就是查询，网页内容与用户查询内容的相似度是网页排序的首要依据。

（2）网页的重要程度。一个网页的重要程度关乎了网页内容的质量，在满足了基本需求的基础之上，用户更加希望获得高质量的内容。

根据上述因素，搜索引擎对查询到的结果进行排序，然后展示给用户。

（五）推荐系统

一个优秀的搜索引擎不仅要能分析出用户查询的基本需求，进一步来讲，也要了解或者猜测到用户的下一步需求。目前随着大数据的热潮，推荐系统是解决互联网大数据的一种有效途径。最近越来越多个性化推荐知识受到了热捧。其实推荐系统在搜索引擎中往往是以中间页的形式展示的，它的主要作用就是为推荐系统进行导流。

五、搜索引擎营销效果的影响因素

搜索引擎营销是通过优化网站和使用付费广告等方式，提高网站在搜索引擎结果页中的排名和曝光，从而增加网站的流量和点击量。搜索引擎营销的影响因素主要有以下几个方面。

（一）关键词选择

选择适合目标用户搜索的关键词非常重要。关键词的选择应考虑用户搜索意图、竞争程度和相关性等因素。合理选择关键词可以提高网站在搜索结果中的曝光率。

（二）网站优化

搜索引擎优化（Search Engine Optimization，SEO）是一种通过优化网站结构、内容和代码等方式，提高网站在搜索引擎中的排名。网站的结构和内容应具备良好的可访问性、易用性和相关性，同时也要遵循搜索引擎的规则和准则。

（三）网站质量

搜索引擎会考虑网站的质量因素来评估其在搜索结果中的排名。网站质量包括网页加载速度、用户体验、内容质量、外部链接质量等。为用户提供高质量的网站和内容可以提升搜索引擎的信任度和排名。

（四）广告投放

搜索引擎广告是通过竞价购买关键词广告位，从而在搜索结果中获得更高的曝光率。广告的质量得分、竞价出价和广告内容等因素会影响广告在搜索结果中的显示位置和点击率。

（五）用户行为

搜索引擎会根据用户的点击行为、停留时间和跳出率等指标来评估网页的质量和相关性。用户对搜索结果的点击和互动行为会影响搜索引擎对网页的排名和曝光。

综上所述，搜索引擎营销的影响因素包括关键词选择、网站优化、网站质量、广告投放和用户行为等多个方面。通过综合考虑这些因素并采取相应的策略，可以提高网站在搜索引擎中的曝光和排名，从而实现搜索引擎营销的目标。

增量放缓，出海人如何洞悉趋势，做好搜索营销？

【拓展知识】

独立站引流如何选择 SEO 与 SEM

SEO 和 SEM 是在做独立站推广时常用的两种方式，但是有时候仍然不够了解这两种方式各自的特点，不知道两者之间的具体区别在什么地方，在做独立站推广时不知道该做何选择。接下来就详细地来区分一下，为独立站引流的选择奠定更好的基础。

一、什么是 SEO，什么是 SEM？

SEO（Search Engine Optimization）译为搜索引擎优化。

简单来说，SEO 就是按照搜索引擎的算法，对网站进行调整优化，增加特定关键词的曝光度，提升网页在搜索引擎中的自然排名。

SEM（Search Engine Marketing），译为搜索引擎营销。就是基于搜索引擎展开的网络营销的集合，包括 SEO、竞价排名、付费登录等。提到 SEM，大家基本都是在聊投放搜索引擎广告，主要指投放百度营销广告。其中更多的是特指点击付费广告，即平时讲的"竞价排名"。

二、SEO 和 SEM 广告投放相比有哪些特点

跟"停止烧钱就立马下线"的 SEM 广告投放相比，SEO 的自然流量有五种优势，就是持续性、精准流量、长期免费、可沉淀、被动流量。拥有了这五种优势后，SEO 在长期看来不论在成本效益方面都比 SEM 广告投放要好得多。

SEO 是一个长期提升自然流量最好的利器。因为无论是通过社交网络，媒体广告，单一营销活动的曝光效益很难延续超过两周，广告更是属于短期效益，预算耗尽时效果也立马消

失，必须要持续投入广告预算才维持成效。

但通过 SEO 每个页面每篇文章都可以在 Google 上获得排名，长期来看，SEO 能给企业降低大量的运营和营销成本．比起 Google Ads 这种付费广告，用户一般更倾向于点击自然搜索结果。对任何一家企业来说，SEO 都是安身立命的根本，也是抢占品牌制高点的最终目的地。

独立站的卖家们相比与经常性支出，SEO 是最便宜的营销渠道之一。跳出率普遍偏高一些。从效果区分来看，SEO 和 SEM 具有以下区别。

1. 搜索结果展示的区别

最明显的不同是，SEM 在搜索结果页上展示时是带有"广告"字样的。而 SEO 并没有，SEO 是一些精选的摘要内容，基本上是与搜索意图相关联的。

2. 费用高低的区别

SEM 采用的是点击付费的排名模式，根据用户每一次的点击都会收取一次广告费。点击费一次的价格会达到几元甚至十几元不等。而 SEO 则不需要支付广告费用，属于免费推广类型。

3. 周期长短的区别

SEO 优化主要是依靠技术手段来提升排名的，这期间的优化周期较长，最起码需要 1~2 个月才能产生明显的效果。而 SEM 是依据点击付费的竞价广告形式，在推广周期内排名靠前，相关度高，预算到位，有时 1~2 天就能快速见效，与之相对应的周期便会缩短很多。

4. 覆盖范围的区别

SEM 结果是只针对目标用户来进行展示的，用户可以通过对账户的设置进一步筛选地域、年龄、兴趣等，来进行账户的投放。而 SEO 的结果针对所有人公开，也不需要过多对账户进行设置。

5. 排名稳定性的区别

如果是通过 SEO 来进行对网站排名的提升，则需要对网站打好基础、并进行持续的维护，则排名也会随着时间的递增更加稳定，进一步引入更多的自然流量。而 SEM 的推广时间取决于其所支付点击费的时间，当广告展示停止的那一刻，SEM 的推广也就停止了。

6. 流量精准度的区别

SEO 指的是自然排名，是用户通过搜索关键词后主动访问进入网站的行为，因为搜索意图更加明确，所以相对应的，流量的精准度会更高一些。而相对而言，SEM 的精准度没有那么高，这就会造成网站的跳出率普遍偏高一些。

7. 用户反馈测试的区别

SEM 和 SEO 相比之下，SEM 更适合测试用户。毕竟 SEM 是可以随时开始投放或者结束的，这就具备了很好的测试环境。而 SEO 由于成效时间较长，是无法有效控制各种变量的，进而也无法在短时间内取得用户的反馈结果。

一般情况下，SEM 见效最快，而 SEO 看的则是长期的收益。而 SEO 和 SEM 最大的区别是获取流量的效率的不同。那么针对 SEO 和 SEM 这两种投放模式该怎么选这个问题也就迎刃而解了。

三、卖家应如何选择？

通过搜索引擎进行营销推广主要就是自然搜索和付费搜索两块。当推广时效需求强时，就选择 SEM，见效时间快。若考虑中长期收益，就需要选择 SEO，精心管理，稳打稳扎，获得长期收益。但如果预算充足的情况下，可以选择SEO与SEM相结合进行投放，捕捉收割双重的利益。若预算不足，则可以选择SEO，相比之下其性价比较高，长期维护下来效果也不错。

当然，对于推广营销来说，最好的效果肯定是双管齐下，将SEO和SEM整合运营，进行同步推广，相互补充，寻求推广效果的最大化。

资料来源：雨果网 https://www.cifnews.com/article/138642

【大国工匠】

核心关键词霸屏谷歌首页的奥秘！

九江玻纤有限公司主营玻璃纤维产品，独立站于2021年年初正式上线推广，SEO优化10个月内在同类玻纤行业竞争中脱颖而出，上百个核心关键词霸屏Google首页；十分可观的流量与询盘量持续上升，创超高ROI；网站活跃度良好。利用数字营销突破了传统营销难点，赢得了大量海外客户信赖（图5-1-1~图5-1-6）。

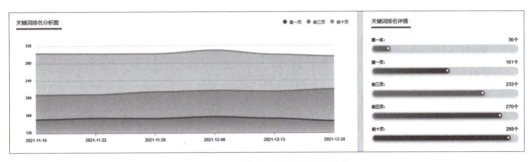

图5-1-1 九江玻纤关键词分布

关键词	排名网址	12-19	12-20	12-21	12-22	12-23	12-24	12-25
Q Frp Pot	主域名: fiberglassfiber.com	⑨	⑨	⑨	13	13	12	19
Q Frp Door	主域名: fiberglassfiber.com	64	63	63	71	71	71	76
Q Smc Door	主域名: fiberglassfiber.com	17	17	22	42	43	42	89
Q Tissue Mat	主域名: fiberglassfiber.com	⑥	⑤	⑤	⑧	⑧	⑧	⑦
Q Smc Roving	主域名: fiberglassfiber.com	⑩	⑨	⑨	⑩	⑩	⑩	⑨
Q Gun Roving	主域名: fiberglassfiber.com	34	34	33	38	43	43	41
Q Chop Roving	主域名: fiberglassfiber.com	⑧	⑧	⑧	③	②	②	④
Q Woven Roving	主域名: fiberglassfiber.com	11	11	11	17	17	17	17
Q E-Glass Fiber	主域名: fiberglassfiber.com	0	0	0	34	33	32	0
Q 3d Fiberglass	主域名: fiberglassfiber.com	11	11	11	⑦	⑦	⑦	⑦
Q Frp Door Skin	主域名: fiberglassfiber.com	⑥	⑤	⑤	12	11	⑩	11
Q Direct Roving	主域名: fiberglassfiber.com	37	37	37	29	29	29	21
Q Grc Flowerpot	主域名: fiberglassfiber.com	0	0	0	20	19	19	23
Q S Glass Fiber	主域名: fiberglassfiber.com	17	17	17	19	19	19	32
Q E Glass Powder	主域名: fiberglassfiber.com	③	③	③	②	③	③	0
Q Frp Flower Pot	主域名: fiberglassfiber.com	0	0	0	⑥	11	11	⑥

图5-1-2 九江玻纤首页关键词分布

没有谁的成功是立竿见影的，如此良好的线上营销优势背后，是服务企业、当地运营中心以及全球搜技术总部的多方支持与配合，为了企业可持续发展而共同努力。特别是通过谷歌 SEO，将自己的产品在短短一年之内霸屏谷歌首页。

有一句话说得好："关键词选的好，精准流量没得跑！" SEO 的核心就是关键词，关键词的质和量在很大程度上决定了官网的流量。我们一起来看看该公司凭 SEO 优化效果入选年度十佳的关键词排名情况：网站在谷歌首页达标关键词 161 个，首页第一名关键词数达到 36 个，网站排在**首页的核心关键词**已超过 35 个。

核心关键词排名部分举例

（1）核心关键词：4mm 3d Fiberglass；谷歌搜索结果量：4 280 000 条；首页排名：第一名，超越阿里巴巴！

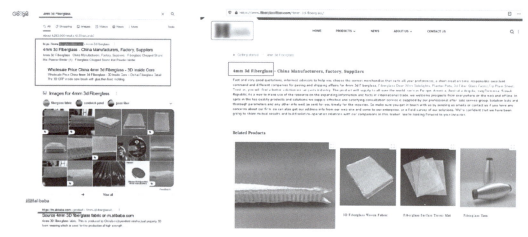

图 5-1-3　九江玻纤谷歌搜索排名

（2）核心关键词：Roofing Tissue Mat。

谷歌搜索结果量：6 550 000 条；首页排名：第二名，超越 made inchina！自然流量排名远超其他同行广告竞价排名。

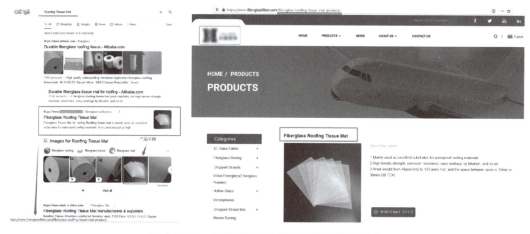

图 5-1-4　九江玻纤核心关键词谷歌搜索排名

（3）核心关键词：3d Fiberglass Tanks。

谷歌搜索结果量：6 320 000 条；首页排名：第一名，超越 alibaba！

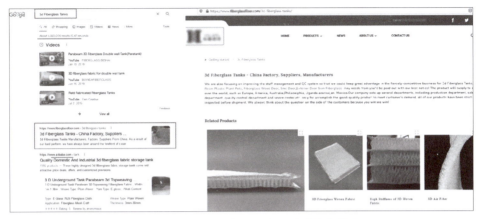

图 5-1-5　九江玻纤核心关键词谷歌搜索排名

（4）长尾关键词：Woven Roving Factory。

谷歌搜索结果量：6 900 000 条；首页排名：第一名，超越多个同类型工厂排名。

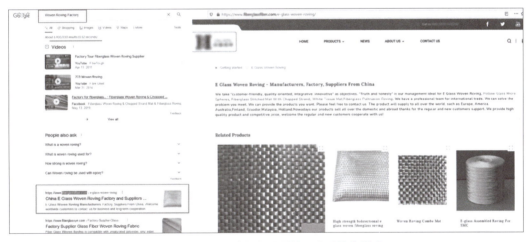

图 5-1-6　九江玻纤长尾关键词谷歌搜索排名

面对以线上营销为主的新外贸时代，企业做好搜索引擎营销，提前精准布局才能争取更多机会，中国的外贸企业们不仅要拥有勇往直前的勇气，还需要掌握企业出海的科技时代优势，扬帆远航。

【任务实施】

实训项目	搜索引擎认知
实训目的	掌握搜索引擎相关概念，并能够进行搜索引擎的基本操作
项目小组 成员分工	

续表

实训项目	搜索引擎认知
实训方式 和步骤	（1）模拟任务描述中的场景，项目团队组建跨境电商公司，给自己的团队进行命名，成为小组名称 （2）结合任务描述任务，以项目小组为单位展开讨论 （3）针对所要求的任务写出相应的思考结果 （4）各项目小组可进行交流互评 （5）思考并总结，完成实训报告
实训问题	（1）了解搜索引擎的概念及分类 （2）搜索引擎工作的基本原理是什么 （3）搜索引擎的排序机制是什么
个人反思 和总结	

任务二　搜索引擎优化

【任务介绍】

通过本任务的学习，学生应能了解搜索引擎优化的含义及优点，学会如何通过网站内页优化，学会对网站内容进行建设，并通过页面级和站外进行 SEO 优化。

【案例引入】

Tye 是快速获取自然流量的密码

Tye 是一款数字营销工具，可以帮助用户进行个性化的电子邮件营销，并高效地管理潜在客户。他们为这款产品建立了一个网站 Tye.co，希望通过这个网站为产品带来源源不断的流量和用户。在没有建立任何反向链接的情况下，短短一周内网站就有一篇文章被搜索引擎收录，出现在关键词搜索"B2B 电子邮件营销"的首页上。那么，这个公司究竟是怎样做的呢？

1. 用户调研

从用户出发，是营销思维的基础。通常，Tye 通过采访的形式，来深入了解用户是怎样的人，需求是什么，以及他们的上网行为习惯，比如喜欢用哪些软件，时长和频率是多少等等，最终锚定了比较详细精准的用户画像。

2. 创建内容

Tye 是一个供营销人员使用的营销类工具，技术小白也可以轻松上手，非常容易使用，但用户也需要对数据库管理和电子邮件营销的技术方面有一定程度的了解。

因此，在宣传 Tye 这款产品时，就需要以易于理解的形式传播专业知识。为了做到这一点，Tye 的营销人员采访了很多技术专家，并以一种简单易懂的形式将这些信息撰写成文章。

从 Tye 内部技术研发人员那里，我们可以得到最核心和全面的产品知识。而从 Tye 的外部专家那里，我们能从更多元的角度，以及更中肯的态度，得到关于这款产品的评价或分析，尤其对于这种技术性话题，营销人员在输出干货内容的过程中，要充分了解产品的优势与短板。

3. 营销内容的推广

SEO 优化是一项长期工作，往往需要一定的时间积累，所以对于新站而言，除 SEO 优化以外，还需要额外的流量爆发点。比如通过线上社区分享，以下是其主攻的海外线上社区：GrowthHackers、IndieHackers、Reddit、RevGenius Slack、Community、Zest。

所有这些社区都是免费的，尽量让营销人员在这些社区多发优质内容，这里的用户活跃，讨论分享意愿也更强烈，因此，优质内容往往能带来很好的话题效应。Tye 团队就在 IndieHackers 和 GrowthHackers 那里获取了大量曝光量和阅读量，且跳出率和页面停留时长这两个数据指标的表现都非常优秀。

通过这些策略，很短时间内，在没有构建任何反向链接的情况下，《2021 年 6 种实测有效的 B2B 电子邮件营销策略》一文就获得了优异的谷歌排名，排在关键词"B2B 电子邮件营销"的第 6 位，以及关键词"B2B 电子邮件营销策略"的首位。这个位置排名也带动了网站内所有其他页面的排名，整站的自然流量也因此获得大幅增长。

【任务描述】

Mayouty 公司的跨境海外事业部针对海外市场建立了品牌独立站，基于独立站运营进行一系列的工作安排，首先就是要做好独立站的搭建，因为好的独立站是营销推广的基础。在了解搜索引擎工作的基本原理和排名机制后，并且在进行了关键词挖掘和整理之后，接下来的主要工作就是对站内、站外和链接进行优化，以方便搜索引擎能够较多的收录网页，并提升网页排名。而接下来的主要工作就是学习如何进行搜索引擎优化了。

【任务分析】

1. 企业为什么要进行搜索引擎优化？
2. 搜索引擎的站内优化主要有哪些？
3. 搜索引擎的站外和链接优化主要通过哪些方面实现？

【相关知识】

一、搜索引擎优化的含义

SEO 出现于 20 世纪 90 年代末，涉及在线内容的管理和创建，**旨在提高其在搜索引擎中的展现，它主要利用搜索引擎的规则算法提高网站在有关搜索引擎内的自然排名。它主要是通过优化网站的内容、关键词、链接等方面提升网站在相关领域的排名以获取更多的流量。**当用户在搜索相关内容时，包含特定相关关键词的页面会被触发并出现在搜索结果中，根据页面相关性、内容品质、出价等方面综合排序，如果能够排到越靠前的位置，那么被用户点击浏览的概率就越大。SEO 的优点有以下几个。

（一）成本低

利用 SEO 来给网站做优化，不仅提升网站的排名，还能增加搜索引擎的友好度。企业除支付相关人员的费用外，一般不需要投入其他费用，成本很低。

（二）流量精准

经过 SEO 优化的网站，其排名结果都是自然排名，点击的通常是精准客户。

（三）用户体验好

SEO 负责人员通过对网站机构、布局、内容、关键词等要素的合理设计，让网站符合搜索引擎的规则，对浏览网页的用户有着极优的体验。

（四）后期排名稳定

用正规的 SEO 优化手法做好了排名的网站，真实可信度非常高。只要维护得当，排名的稳定性非常强，所在位置数年时间也许都不会变动。

（五）节省广告成本

网站排名是由网站质量分与竞价金额决定的，通过 SEO 优化可以提高网站质量分，以降低广告竞价出价的金额。

但做 SEO 需要一定周期，一般想把关键词优化到靠前排名，一般难度的词需要 2~3 个月才能排到位，如果难度大则需要 3~6 个月。同时，还需要优化人员长期对网站进行维护，以此来稳定网站的排名，这些都需要付出很多的精力。

二、网站内页优化

（一）页面优化标题的设置

页面标题的设置直接关系这个页面的排名，因此，页面优化的前提就是页面主题要与网站主关键词一致，又要把网页标题和关键词完美结合起来，一般都是通过长尾词优化来完成的，在选择网页标题时需要考虑清楚这个标题的用户是谁？能给我带来多少流量？标题能否吸引用户点击？但需要注意的是，页面的标题在网站中是独立存在的，页面标题不能重复，因为在不同的页面使用重复的标题会被搜索引擎判断为作弊，也会影响用户体验。

（二）页面优化内容的设置

页面内容是页面优化的核心，高质量的内容，特别是原创内容文章更加容易被收录，内容前提是这篇文章是用户需要的，能解决用户的需求，内容编排上尽量图文并茂；同时也要注意页面内容与网站主题的相关性。

（三）页面优化标签的设置

每个页面也有 Title、Keywords、Description。Title 可以是页面标题加品牌词，关键词是这个页面的关键词，描述可以用一句话概括这个页面的主题，尽量做到每个页面的标签不一样。一个页面只能有一个 h1 标签、数个 h2 或 h3 标签，但是必须是有 h1 才能有出现 h2，有 h2 才能有 h3；页面有图片的话，图片要加上 alt 标签。

（四）减少页面优化相似度

如果两个页面的相似度达到 80% 或者以上，那么搜索引擎蜘蛛会认为两个页面重复了，只收录一个页面。网站页面相似度过高，搜索引擎甚至会删除所有的收录，导致被降权甚至被 k 站的后果。减少页面相似度的办法：对关键词排名不起作用的内容，但是对用户解决疑问有用处的内容，可以采取图片的形式来处理；在每篇文章的下面加一个相关推荐，在栏目页面右侧加上一个随机文章、本周热门、本月推荐等推荐列表也可以大大减少页面相似度问题的出现。

三、网站 SEO 内容建设及其策略

网站的内容是网站发展的基础，一个好的网站前提一定是能够持续地给用户提供丰富的有价值的内容。同时，这也是搜索引擎对网站的要求，一个网站成功与否，内容才是关键所在。要想做好网站的内容首先要站在用户的角度去思考，先思考用户会搜索什么，然后根据用户的搜索需求去写作。一般网站内容的组成包括四个部分，分别是标题、引入、主体、结尾。

内容是网站优化的基础。第一，内容要与网站主题协调。第二，内容需要定期更新。长期稳定地更新，才能对搜索引擎更友好。第三，内容被转载得多少，在互联网中内容被转载得越多，证明网站的价值与影响也越大，理性的转载是有好处的。第四，搜索引擎可以识别转载内容。一般的内容建设可以通过以下几种途径获取。

（一）转载内容

应该尽量少转载其他网站上刊登的文章。一个好的网站一定要拥有自己的高质量原创文章。需要转载时，要注意保留原创网站或创作人员的版权。尤其对于国外的网站，如果作者本人或网站本身没有授权转载，一定不要将文章转载到自己的网站上。此外，如果文章没有版权说明，也要在征求作者同意后才能转载。

（二）原创内容

转载内容对于网站更新很方便，但对搜索引擎、用户体验等都是极为不利的。原创内容是最受用户和搜索引擎喜欢的内容。原创内容要注意内容的素材的选取，要对网站的宣传有利，在标题、关键词等方面都符合搜索引擎的搜索特征，以增加网站的搜索量。

（三）用户创造

通过征稿，开设博客、播客、维客等 Web 2.0 性质的频道，让用户主动创造原创内容。用户在结合使用企业网站的过程中所形成的所思所想而形成的文章，是最有说服力的，因此，企业网站要多使用用户创造的内容进行营销。

四、页面级 SEO 优化和站外 SEO 优化

（一）页面级优化

页面级优化也称 On Page 优化，是指网站中任意的单一页面优化。其中，优化的元素主要包括标题、内容和页面链接，但同时也需要注意页面上的其他内容，如标签，关键词修饰语等。一般我们可以通过以下几个方面进行优化。

1. 站内结构优化

站内结构优化是页面级优化的基础。网站的结构要清晰，布局要合理。拒绝冗杂的代码，拒绝大量的 JS 脚本和 Flash 动画，它们会影响网站的打开速度。各栏目设置要清晰易见，让访客浏览起来清晰明了，可以通过以下几方面进行站内结构优化。

（1）使用 SEO 友好的 URL。一般情况下，URL 中的前 3~5 个字被赋予了更多的权重，所以使用 URL 要简短、用户友好，还要包含目标关键词。

（2）使用关键词作为标题的开头。标题标签是最重要的页面搜索因子。一般来说，关键词越靠近标题标签的开始，它占搜索引擎的权重就越大。另外，关键词最好出现在文章前面，从而能够使搜索引擎很容易地了解企业的主要意图。

（3）添加修饰语。结合具体的搜索时间和搜索情况，添加相应的修饰语，如使用"2023""Best"（最佳）"Fashion"（流行）"Guide"（指南）和"Review"（评论）等修饰语，它们可以帮助目标关键词的长尾词获得好的排名。

（4）在 H 标签中包含帖子标题。H1 标签是"标题标签"，H2 标签可以包含相关副标题。大多数内容管理系统会自动将 H1 标签添加到相关网站的子标题中。但要注意的是：有些主题会覆盖 H1 标签，这就需要亲自检查网站的代码，以确保每个页面只有一个 H1 标签，且其中包含目标关键词。

（5）炫目的多媒体。文字的作用是有限的，只有文字的页面会显得单调乏味，浏览者容易产生审美疲劳和厌倦心理。用户缺乏阅读兴趣，则会致使网站跳出率高，影响 SEO 排名。而吸引人的图像、视频和图表则可以降低访客跳出率和增加访问时间。合理使用多媒体可以增强用户的交互性，也可以增加页面内容的感知价值，从而更容易获得优质外链。

2. 站内链接优化

内部链接是搜索引擎蜘蛛抓取的重要通道，以及站内权重传递的通道。所以，内部链接对网站的优化有着非常重要的作用。对于网站的链接及内链方面，需要做到的是：动态站修改成静态或伪静态，控制文章内部链接数量，链接对象的相关性要高，给重要的网页相对多的链接，使 URL 统一，使用绝对路径。这样做的好处是：方便用户在页面间浏览，提高搜索引擎的爬行效率，主题集中从而使该主题中的关键词具有排名优势。

3. 细节优化

对于一个专业的 SEO 人员来说，建议多注意一些优化细节，如标题的写法、图片的 ALT 标签等。要合理布局关键词和关键词密度（标题、标签、描述文本中），进行描述设置；记录长尾关键词；做好页面内容的相关性，坚持原创文章内容更新。

4. 对竞争对手进行分析

对竞争对手的分析也是网站优化的非常重要的一个方面。

（1）分析竞争对手的网站内链和外链：外链是否强大，内链文章是否做好锚文本。

（2）分析竞争对手关键词在标题的位置：是否在首页并重复出现，该网站是否在围绕这个词做内容。

（3）分析竞争对手关键词分布的位置和 URL 的链接（是主域名还是内页在做）。

（4）分析竞争对手的网站规模、域名的年龄、收录量、更新机制。

通过分析竞争对手的网站优化情况，优化自己的网站，从而提升自己的竞争优势。

5. 增加网站地图

当蜘蛛进入网站后，网站地图就是一个好的向导，蜘蛛很容易进入网站的各个角落，所以，企业要根据优化的需求需要建立一个合理的网站地图。

6. 使用导出链接

导出链接是指从一个网站连到另一个网站的链接的过程。导出链接可以在不增加网站额外内容的情况下给访问者提供更多的信息源，它是访问者跳向另一个网站的关键。与页面相关的导出链接对网站有很大的益处。它不仅有利于丰富网站的内容，还可以帮助搜索引擎理解和判断企业的页面主题，以显示企业网站是一个高质量信息的集成中心。这样有利于提升搜索引擎对网站的友好印象，进而提升网站的权重，从而对提升网站排名产生积极的影响。

（二）站外优化

站外优化也称 Off Page 优化。Off Page 是指所有链接到你企业页面的链接（包括你本站的链接和其他网站的链接），主要是为了在站外做一些外链的推广和宣传，或者与其他高权重网站交换友情链接等。这些优化方法都是在网站站点外部完成的，所以称为站外优化。站外优化的具体方式主要有以下几种。

1. 交换友情链接

友情链接是站外优化效果最好的一种方式，因此，网站适当地交换一些友情链接是非常重要的。但在交换友情链接的时候也要注意友情链接的质量。友情链接要找一个安全可靠有保障的平台，避免由于问题网站而被牵连。

2. 在高权重论坛、行业相关论坛发布外链

在对网站进行外链建设的时候，还可以去一些高权重的论坛上发布外链，但要注意外链的质量和相关性。例如，做 SEO 相关网时，可以去一些诸如 A5 站长网、落伍者、搜外论坛等高权重的论坛、网站进行外链建设。

3. 制作视频到视频网站推广

制作视频然后到相关视频网站推广是当下流行的站外推广方式。在视频中制作一些二维码图片，或者在视频里留网址，然后到各大视频网站上去发布视频。视频用户会根据相关信息链接到网站上去增加流量，如现在比较流行的 YouTube 等视频网站。

4. 去一些名人博客里留言或投稿

通过访问一些同行业的知名博客，在一些热点文章下方留言评论，也可以起到站外推广的作用，但要记得留下自己的网址或联系方式。此外，还有一种外链建设的方式，就是给这类型的知名博客进行投稿。

5. 完善各大搜索引擎的百科

在做网站外链建设的时候，还可以去各大搜索引擎的百科上做推广，这是效果最好的，

但也是最难操作的。

6. 在各种高权重的问答平台发布外链

高权重的问答平台也是网站外链建设的好地方，因为这类的问答平台不但权重高，而且人流量也大，可以起到很好的引流效果。结合目标市场，寻找目标市场当前效果比较不错的问答平台进行推广，如 Answers、雅虎答案、ChaCha、Quora、Stack Overflow 等。

谷歌广告推广
如何找出正确的
关键词

【练一练】

假设你是一家新开的餐厅的市场营销经理，你的餐厅位于纽约市中心，主要提供健康餐点和素食菜品。你希望吸引那些寻找健康餐点和素食菜品的人群。你想通过搜索引擎营销来提高餐厅的知名度和吸引更多的顾客。你的目标是在当地的搜索引擎结果页面上排名靠前，并吸引到与你餐厅相关的潜在顾客。请你根据以下情景，选择最合适的关键词来进行搜索引擎优化并且做出你的搜索引擎优化方案。以下是几个可能的关键词选择，请选择其中最合适的关键词：

A. "纽约市中心餐厅"
B. "健康餐厅"
C. "素食餐厅"
D. "纽约美食"
E. "纽约素食"

【拓展案例】

Allbirds 的 SEO 优化策略

Allbirds 主打羊毛材质的鞋类产品。Allbirds 的竞争对手不仅是老牌鞋厂，还有像 Zappos 和亚马逊成熟的 DTC 平台，尽管摆在 Allbirds 眼前的是无尽的变数，Allbirds 仍旧在 2018 年 "黄袍加身"，成为硅谷又一市值超过 10 亿美元的 "独角兽" 企业（实际估值 14 亿美元），彼时不过是 Allbirds 成军的第 4 年，Allbirds 是如何一步步走向成功了呢？

Allbirds 一开始就有打造品牌的意识，特别是在鞋履这个品类，品牌早已深入人心，即使不是痴迷收藏的消费者也会拥有一两双 "爆款"。前两年由美国著名说唱歌手坎耶韦斯特操刀设计的 "椰子鞋"（与阿迪达斯合作），美国著名女歌手蕾哈娜与彪马的联名款都红极一时。所以想要在这样大牌垄断且趋于饱和的市场里深耕出属于自己的受众，构建 IP，切割出区分度，势在必行。Allbirds 选择 "舒适" 和 "耐穿" 作为打响产品知名度的窗口，这两个关键词也逐渐成为 Allbirds 的标签，为 Allbirds 引流。

利用线上平台，再一次强调品牌产品 "舒适" 和 "耐穿" 的特性，也对品牌刷脸产生正向刺激的作用。将这些策略整合在一起，便形成了 Allbirds 自然渠道的布局的基本体系。

除了根域名外，Allbirds 官网检索排名靠前的页面的域名后缀都是以产品属性的逻辑层次来命名的，这样操作不仅能提高子页面的排名，也能连带抬高整个网站的权重。这其实属于常规操作，在 Top Pages 报告里能看到长尾词带来的自然流量。

Allbirds 可以根据搜索量抓取最有价值的关键字，目前 Allbirds 正致力于打造一站式体验，除了根域名，Allbirds 几个排名靠前的子网站也会在首页展示产品，方便消费者了解和购买新产品。这样的结构设置能同时拉高网站和页面的流量。

口碑是品牌的命门，想要造就话题和热度，离不开品牌营销，Allbirds 自然也不会放过这个渠道。Allbirds 25%的流量来源是营销渠道。一般在博客或是评论里可以看到 DTC 品牌的产品的外部链接，其不仅是点击转化的端口，也是提升品牌存在感和权重的常规操作之一，重要性不言而喻。

Allbirds 的每个网页中都会包含至少 1 个推广链接，所有的推广链接都能和网页流量挂钩。无论是 Business Insider 还是 WhatToWear，社交媒体上对于 Allbirds 的讨论带来的流量点击都会统计到 Allbirds 网页上。搜索平台会根据流量评估网页的权重，在了解过搜索引擎背后的原理，很容易理解"在社交媒体推广产品是很好的营销策略"之意。

有意思的是，Allbirds 也存在内部竞争，自然流量排名前 5 的网页中有 4 个是 Allbirds 自己的，这也是 Allbirds 的营销策略之一，目的是获取不同国家消费者的喜好。

给网站"上户口"有利于 Allbirds 深挖不同国家之间关键词流量入口的差异，方便其跟随消费习惯和消费趋势做出改动，把握关键词流量的端口才能逐个设定关键词竞价。还有产品定价的问题，不同国家的消费水平不一，"同城不同价"，定价要从实际市场需求出发，结合当地的消费能力，随机应变。

自然流量渠道优化得恰到好处，Allbirds 实际在广告投放上并没有砸很多钱，但每一分钱都花的恰到好处，投入产出比远却高于同行。原因在于 Allbirds 懂得如何量力而为，像"Sneakers"，这样的高频词不是所有的品牌都"有资格"砸钱买曝光的，道理很简单，无论关键词怎么竞价，很大概率会被"钉子户们"（就是那些知名品牌的产品）覆盖，等于投了个寂寞。广告投放应行之有度，内容简洁、直接、易识别即可。

Allbirds 一直都走的精品路线，专注品牌刷脸以及细化关键词投放广告，精准对接目标消费者，把控营销渠道的投入，力求做到细水长流，稳中求进。Allbirds 一直努力向外界传递一个信息，即"我是 Allbirds"。竞争力的核心是品牌，攸关企业的生死存亡，特别在 DTC 领域，品牌刷脸显得尤为重要。所以无论怎么营销，最后还是会回归品牌这个原点，Allbirds 的运作模式不一定所有 DTC 卖家都能复制，但是把握核心，统一布局这些优点均值得借鉴。

【任务实施】

实训项目	搜索引擎优化
实训目的	掌握搜索引擎优化的相关概念，能够通过站内外进行内容及页面优化
项目小组成员分工	
实训方式和步骤	（1）模拟任务描述中的场景，项目团队组建跨境电商公司，给自己的团队进行命名，成为小组名称 （2）结合任务描述任务，以项目小组为单位展开讨论 （3）针对所要求的任务写出相应的思考结果 （4）各项目小组可进行交流互评 （5）思考并总结，完成实训报告

实训项目	搜索引擎优化
实训问题	（1）企业为什么要进行搜索引擎优化？ （2）搜索引擎的站内优化主要有哪些？ （3）搜索引擎的站外和链接优化主要通过哪些方面进行
个人反思 和总结	

任务三　搜索引擎推广

【任务介绍】

通过学习本任务，学生能够了解海外 SEM 推广的含义、优势以及与 SEO 的异同。掌握营销 SEM 广告效果的因素、SEM 广告展示排序的规则，并且熟悉 SEM 关键词的匹配方式，在了解付费模式的基础上，能够根据不同的广告目标投放不同的广告类型。

【案例引入】

Bagotte 独立站销售额爆量有何秘密？

Bagotte（邦果）是一家专注于智能清洁电器的品牌，公司总部位于深圳，产品线涵盖了扫地机器人、空气净化器、空气炸锅等家用电器。2018 年，Bagotte 抓住海外智能家居清洁需求，拓展美国、欧洲市场，但白热化的竞争和本土化市场营销瓶颈，限制了 Bagotte 品牌独立站全面发展。雨果合理梳理了 Bagotte 品牌的现状，针对 Bagotte 的广告账号问题提出了效果最大化广告系列的最佳实践建议，协助其制定了一套可行性营销策略。

（1）针对独立站流量长期低迷且用户流失严重，回访客户流失 14.16% 的现状，根据效果最大化广告系列受众信号的最佳实践建议，以 Bagotte 独立站用户数据和自定义受众人群作为信号，让广告触及近期有购买吸尘器需求的精准受众，有效增加独立站的潜在客户流量。通过效果最大化广告系列的附加信息，使广告在搜索结果的展示更加显眼，让用户看到更多 Bagotte 品牌和产品的相关信息，用户在进入网站前就可以完成自身需求和 Bagotte 产品的匹配，从而吸引潜在客户和品牌互动。

（2）Bagotte 的品牌认知度较低，Bagotte 品牌相关词搜索量始终在低位徘徊，市场竞争力不足。雨果分析效果最大化广告系列素材资源的效果评级，尝试探索不同素材传达出的用户偏好，以便在创作新的广告素材时能更贴合用户偏好，增强用户对品牌的好感度和考虑度，提高品牌在市场的竞争力。借助效果最大化广告系列智能覆盖搜索、购物、展示、视频等用户购买旅程涉及的各个路径，从了解到做购买决策，都能及时对潜在客户进行多点触及，加深客户对品牌的印象和考虑度，促进用户跟品牌再互动。

（3）手持吸尘器销量受限，营销投入产出比低，ROAS（广告收入与广告成本之比）仅有 1.1，难以实现利润提升。雨果采用效果最大化广告系列的 tROAS（目标广告支出回报率）

出价建议，让广告智能把控投入产出比，在实现合理的目标 ROAS 之余，进一步提高转化价值。借助效果最大化广告系列自动出价，针对有吸尘器购买意向的潜在客户及时提高出价竞争流量，进一步提高了广告转化率和转化价值。

（4）隐私政策的限制影响转化效果。隐私政策的限制导致基于 GA 转化目标的广告无法追踪并学习到用户完整的购物旅程，转化效果时好时坏，无规律可言，难以根据数据制定有针对性的营销策略。在增强型转化追踪技术的帮助下，广告避开了第三方 cookie 的追踪限制，可以准确记录转化路径中每一次广告的触点和带来的价值，让数据更有分析意义，帮助制定有效的营销策略。通过对增强型转化数据趋势的分析，从 5 月初增加效果最大化广告系列预算，成功在 5 月底完成其中一款手持吸尘器的清仓任务，又在 6 月底完成了另一款手持吸尘器的清仓任务。

Bagotte 充分发挥团队优势，逐个击破独立站挑战，最终达成美国市场的 2 款手持吸尘器的销售目标。最终，Bagotte 在谷歌及雨果的帮助下，不仅有效突围了独立站困局，独立站流量提升 106%，品牌搜索量提升 51%，销售额更是大幅提升，同比增长 597%。

资料来源：谷歌全球营销 https://mp.weixin.qq.com/s/wpEn0Mc9FYzmU5vPyhqCWA

【任务描述】

Mayouty 公司的跨境海外事业部针对海外 Mayouty 独立站，在前期已经完成了独立站的搭建以及基础的 SEO 优化工作，但整体流量和点击仍然不是很理想，崔经理要求小李他们进行海外 SEM 推广，将独立站的网页排名以及品牌知名度都今天提升。在接下来的工作中，小李需要协同部门同事将相关海外 SEM 推广的基本知识进行梳理，然后收集并整理以下任务。

【任务分析】

1. 什么是海外 SEM 推广，它具有哪些优势？
2. 影响 SEM 广告效果的因素有哪些？
3. SEM 广告展示排序的规则是什么？
4. SEM 关键词的匹配方式有哪些？

【相关知识】

动画：SEO 和 SEM 的关系

一、搜索引擎推广

其所做的是全面有效地利用搜索引擎来进行网络营销和推广。SEM 追求最高的性价比，以最少的投入获得最大的来自搜索引擎的访问量，并产生商业价值。SEM 可以定位目标用户并让目标用户在显著位置发现推广信息，吸引用户点击进入网页，从而进一步了解推广内容的详细信息。通过搜索引擎进行营销的优势主要包括以下几个方面。

（一）按效果付费

与 SEM 竞价相比，SEO 在优化的过程中会受到各种条件因素的影响，而 SEM 竞价则不会，它是按照用户点击的效果来收费，还可以获取免费的信息展示机会。

（二）灵活性、针对性强

企业可以根据自身的情况进行资金投入，充分利用好每一分钱，对于用户的点击，竞价后台会有详细的数据、报表，企业可根据用户的点击情况进行适当调整，不进行推广时，则不收取任何费用。此外，海外 SEM 推广还可以按区域、时间、人群等不同类型投放，更精准地为客户节约推广费用。

（三）覆盖群体广，见效快

海外 SEM 推广只需要通过相关词进行投放，就可以覆盖大部分的用户，如通过 Google 投放时，Google Ads 占据了全球 69% 的搜索市场及 86.7% 的英语搜索份额，覆盖 200 多个国家和地区，有 100 多兆语言界面，能够通过互联网通道获取全球信息。企业通过 Google 关键词进行广告推广，可以在全球范围内进行，非常方便、快捷，不需要通过不同的渠道进行不同目标市场国的推广，只需要通过 Google Ads 就可以完成。

（四）成本及效果可控

海外 SEM 的推广一般显示是免费的，只有点击进入后才需要付费。其通过了解用户在网站的行为轨迹，发现高效的关键词，给客户以更精确的指导，从而使客户用更精准的关键词进行推广，达到事半功倍的效果。同时，海外 SEM 推广还能够及时把握在浏览器网站的用户，从而进行精准推广，以保证用户能够获取高质量的询盘。

（五）方便用户数据分析

我们可以根据客户的搜索，在竞价后台进行适当的调整，竞价后台通过关键词工具、关键词规划师等进行查询，借助每日搜索指数，对客户搜索习惯进行分析，从而为其量身定制推广方案。

SEM 与 SEO 的异同点

二、搜索引擎营销推广分析

（一）了解自身网站和品牌的 SEO 状况

在选择运用 SEM 进行推广和确定 SEM 的营销目标前，必须审视网站的 SEO 情况，清楚相关关键词在自然搜索结果内的排名，解决好大部分网站已有的 SEO 技术问题。如果网站存在大量 SEO 问题没有解决，必须先把 SEO 的问题解决了再考虑 SEM。从长远来看，SEO 是 SEM 的基础，要想在 SEM 投放中获得良好的效益，则不能忽视 SEO 状况。

（二）充分了解自身产品、服务的特点和所在市场的业态

每种营销推广的方式都有自己的特点，适用于不同的产品乃至产品的不同生命周期，因此在制定 SEM 的营销目标之前，企业必须要理清自己品牌、产品、服务的属性，比如说适用哪些人群、受众画像、市场容量、市场区位等属性。同时，企业还要了解自身品牌所在市场的业态，分析市场，对市场发展趋势了然于心。

（三）查看竞争对手的海外 SEM 推广情况

如何了解竞争对手的海外 SEM 推广情况，最直接的方法就是搜索行业关键词，如产品品类词等。观察在搜索结果内出现的各类付费广告搜索结果中出现哪些竞品信息；它们投放了哪些关键词；它们的着陆页是选择哪类产品；它们的文案创意是怎样的，等等。企业也可以利用各种工具更为快捷地了解竞争对手在 SEM 方面的表现。通过竞争对手的海外 SEM 推广情况，逐步清晰自身的海外 SEM 推广目标。

经过这种"内外结合"的调研和分析后，企业对 SEM 渠道和自身推广的需求就会有具象化的呈现。企业在设定 SEM 投放目标时，就会更清楚需要达到怎样的力度，对于 SEM 的目标设定也会有更清晰的认识。

营销漏斗原理

动画营销漏斗策略

三、影响 SEM 广告效果的因素

SEM 的效果是最值得企业关注和倾注更多精力的重点，那么影响 SEM 广告效果的因素则是非常重要的。

（一）关键词的准确性

SEM 投放的原理简单解释为在搜索引擎购买关键词，当访客搜索到这个词的时候，看到搜索结果列表中企业投放的 SEM 广告，如果访客被企业创意吸引就会点击进入到你的页面里也就是企业的落地页，完成注册或购买，从而形成营销闭环。

在所有的 SEM 优化中关键词要最优先考虑，如果关键词选得不对，即使后面做得再好，也不会有好的结果，所以说关键词是基础也是底层，要保证准确。

（二）创意的品牌感

创意指的是访客搜索关键词后看到的广告，在创意环节要注意使用通配符来飘红，重点不在于创意写的多么高大上，而是创意要写的简单易懂；同时，配图要经过设计师专门设计，不建议用系统配图，系统配图因为通用所以质量不是很高，而创意应该考虑访客在搜索一个关键词后在所有搜索结果里找一个链接点击进去的时候，大脑中是怎样思考的？

一个有质量度的 Logo 是可以让访客产生第一印象的，即让他们认为这是一个正式的公司，因为第一印象占 50% 的决策权重，访客会在第一时间分清哪些是垃圾网站，哪些是比较有实力的认真做事的网站。

（三）落地页的广告连续性

广告连续性，指的是访客在搜索关键词的时候是带着需求来的，也希望在搜索结果里找到答案，并且点开页面的时候也是寻找的答案，所以在设计关键词、创意、落地页的时候要揣摩用户的需求，并且用文字不断回应用户的问题。

如果 SEM 的表现比较差，优先考虑的是关键词的质量，其次要考虑的就是落地页的承载，如果关键词选得对，创意也写得很好，但是如果点击进来后发现页面展示的不是自己想要的内容，那么访客也会马上离开。落地页能描述产品的价值主张，但是没办法承载所有关键词的需求。

因此，应该给每个单元匹配一个落地页，一般一个单元里包含相同词义的关键词，而且在资源不允许的情况下，不用精雕细琢，因为用户是否跳出，取决于落地页表达的内容是否可以满足当时搜索的需求。

（四）落地页的价值主张与 CTA

作为落地页，并不是内容越多越好，少即是多，最重要的是要在第一屏把价值主张解释清楚，也就是你的页面可以提供什么价值，以及要提供明显的"CTA"按钮，让用户简单快捷地完成转化。这个环节可以用热图结合跳出率，再结合不同着陆页的转化数量来进行着陆页效果优化。

四、SEM 广告展示排序规则

SEM 广告展现位置：SEM 广告分移动端和 PC 端，主要分布在搜索页面的顶部和底部。其顶部一般会有三个广告位，中间区域则是自然搜索结果。

SEM 广告排序规则：**排序得分 = 关键词出价×质量分**，排序得分越高，排名越前，多广告创意随机展现。

SEM 排序得分的影响因素如图 5-3-1 所示。

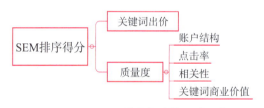

图 5-3-1　SEM 排序得分的影响因素

排序是由关键词出价和质量度共同决定的，想要在尽可能低的出价上排名靠前就得提高质量度。影响系统判定质量度的影响因素是：账户结构，良好的账户结构利于系统判定质量度；点击率，点击率越高，质量度越好；相关性，相关性越高，质量度越好；关键词商业价值，商业价值越高，质量度越好。下面来了解关键词的出价原则和质量度的优化原则。

（一）关键词的出价

关键词出价是指商家愿意为关键词被点击一次所支付的最高价格，由企业自己设定，而不是由搜索引擎设定。关键词被点击一次的花费不高于关键词的出价，出价也是关键词的单次点击花费上限。

例如：两家竞争店铺 A 和 B，同时添加关键词"Dress"，可能出现如下三种排名情况。①出价相同，质量分高的关键词排名靠前；②质量分相同，出价高的关键词排名靠前；③质量分和出价都不相同时，出价×质量分高的关键词排名靠前。

再看一个综合出价比较的例子，A、B、C 三个商品广告，均在竞争关键词，如表 5-3-1 所示。

表 5-3-1 关键词出价

商品	关键词	出价	质量得分	公式结果	排名
A	雪纺连衣裙	5	9	5×9＝45	1
B	雪纺连衣裙	4	9	4×9＝36	2
C	雪纺连衣裙	4	8	4×8＝32	3

可见，质量得分相同，出价越高，则排名越高；出价相同，质量得分越高，排名越高；若质量分和出价均不相同，则相乘结果越大，排名越高。因此，在推广中，商家如果想要自己的商品获得更好的排名，要么是提高出价，要么是提高关键词质量分。而推广优化的目的是为了降低花费，因为推广优化的重点是提高质量分。

（二）质量分

质量得分（Quality Score）是搜索广告中的一个关键词级指标，可帮助广告主大致了解广告质量。质量得分是对广告，关键字和目标网页质量的评估。更高质量的广告可以得到较低的点击价格和更好的广告排名。

Google Ads 根据投放关键字，广告内容和目标网页，以 1~10 的等级对搜索引擎广告的质量和相关性进行评分。广告内容和目标网页与用户搜索内容的相关性越高，广告的质量得分提高的可能性就越大。谷歌广告对关键词在历史广告竞价中获得的点击率，用户体验数据等的整体表现做出综合评估，然后给每个关键词一个质量得分，最低分是 1 分，最高分是 10 分。但如果某个关键词没有得到足够的展示次数或点击次数，系统会将其质量得分显示为空（在表格中显示为"—"）。一般而言，质量得分越高，企业就可以以更低的价格获得更高的广告排名，从而实现更高的 ROI。

Google 设定的最低基准质量得分为 5 分。高于 5 分的各项分值被视为"积极"质量得分，其中 7 分以上为优良。

当质量得分小于 4 分时，说明广告内容与关键字相关性差，广告展示率差，就是说即使投放了广告，这条广告被看到的概率很低。比如，当账户中提示"很少展示"时，表示质量得分较低。

质量得分较低的关键字相关联的广告要么完全不会显示，要么如果该广告有展示有客户点击，但是每次点击费用要高很多。换句话说，质量得分越低意味着广告评级越低。（广告评级＝每次点击费用出价×质量分）同时，当出现这样的提示时，Google 基本上是在说要考虑同广告组内表现较好的广告进行优先展示，因为这条广告与大多客户实际搜索内容相关性较低，点击次数少。

Google 将质量得分作为评判广告的依据。通过机器学习技术使用"大数据"来衡量每个广告，关键字和目标网页相对于每次搜索的预期相关性。

例如，对于关键词 A，竞争对手出价 3 元，质量得分 3，其广告评级分数为 3×3＝9；你出价 \$1，质量得分为 10 分，广告评级分数 1×10＝10，因为 10＞9，所以，即使你的花费不到竞争对手的一半，你的实际广告位置却在他之上。

影响质量得分三个重要因素：预期点击率、广告信息相关性、着陆页体验。质量等级划分为：低于平均水平、平均水平和高于平均水平。

（1）预期点击率：衡量的是当相应关键字触发广告进行展示时，该广告获得点击的可能性有多高

（2）广告相关性：衡量投放的关键词与广告相关的程度。查看"广告相关性"可以充分了解关键字与广告文字的匹配程度

（3）着陆页体验：Google 将着陆页内容对搜索者是否有相关性和实用性作为衡量的标准。

Google Ads 后台可以看到每个关键词的质量得分及其三大影响因素的数据情况，如图 5-3-2 所示。

图 5-3-2　Google Ads 后台关键词影响因素

1. 提高点击率

针对企业广告，要优化广告文字，使产品或服务更能吸引目标受众群体的注意力。同时确保广告中的详细信息与关键字的含义相匹配。突出产品或服务的独特优势，例如免运费。尝试使用与着陆页密切相关的不同号召性用语。使用"购买、出售、订购、浏览、查找、注册、试用、获取报价"等字词制作富有吸引力的号召性用语，从而创作更具体的广告文字，使广告更有针对性，有时候，广告越具体，点击率便越低，但转化率会更高。

2. 提高广告与关键字的相关性

提供广告与关键词的相关性，最直接的方法是将广告文字内容更直接地与用户搜索的关键字词相匹配。尝试查找包含多个不同关键字，但是同一广告难以涵盖这些关键字的广告组。因此，应将这些广告组拆分成与用户搜索内容匹配程度更高的多个广告组。尝试按主题将关键字分组，以提高相关性。一般可以参考自己的产品、服务或其他类别划分这些主题。例如，企业的产品是眼镜，则可以为"蓝光眼镜"指定一组关键字，为"太阳眼镜"指定另一组关键字。

3. 优化着陆页

好的着陆页体验对提升广告排名的至关重要。不断优化着陆页，要确保企业广告与着陆页中的宣传信息是保持一致的。如果能够确保网页与广告中的优惠信息或号召性用语是保持一致的，可以尝试使用转化率作为衡量着陆页体验好坏的代用指标。这样做不会影响着陆页的状态，但可帮助企业衡量和优化着陆页效果。对移动网站来说，方便导航是用户更重视的

一个方面。企业可以使用移动设备适合性测试来了解着陆页在移动设备上的效果。同时，企业还需要提高加载速度，网页加载速度可能决定着用户是跳出还是购买，而打开网页的速度最好是在 3 秒内。

五、SEM 关键词匹配方式

关键词在竞价推广中，发挥着非常重要的作用，往往一个竞价账户效果的好坏，量大与否，根本上也取决于关键词。关键词除了可以加词、删词、调词等之外，还可以进行出价调整、删减或添加等操作，但有一个环节也是不可忽视的，那就是关键词匹配方式的设置。

关键词匹配方式的设置，是帮助我们控制均价、控制成本的有效方法，也是决定我们用什么样的方式去触达意向人群，触达多少意向人群的核心动作。匹配方式不同，创意在搜索结果中的展现概率也不同，进而影响关键词的点击率和转化率。

在 SEM 竞价推广的关键词匹配方式中，主流的匹配方式有三种：精确匹配、短语匹配和广泛匹配。其中，短语匹配包含短语精确、短语同义、短语核心。在覆盖范围上，精确匹配<短语匹配<广泛匹配，且一般关键词加中括号，就代表精确匹配，关键词加引号代表短语匹配，关键词不加标点符号代表广泛匹配。

（一）完全匹配

完全匹配是当搜索词与关键词完全一致时，才能触发限定条件，推广结果才有展现的机会。完全匹配覆盖高意向人群，转化率高，完全匹配可以让你完全控制哪些受众可以看到你的广告。例如对于"Wedding Dress"，在完全匹配条件下能触发推广结果的搜索词是"Wedding Dress"。搜索引擎会根据 IP 地址判断，除去搜索中该地域以外的搜索请求。完全匹配的词需要方括号

完全匹配触达的都是精准、高意向人群，由于完全是用户的需求方向，因此转化率较高。但相关类人群无法覆盖，比如搜索 Travelling Photo，也是对 Wedding Photo 有需求的人群，但此时用户的广告系统无法触发展示，因此便缩小了用户的覆盖范围。

（二）短语匹配

如果用户的搜索内容包含企业投放的关键词的含义，则可以触发广告显示。关键词的含义可以是隐含的，用户搜索的内容也可以是更具体的关键词含义形式。

与完全匹配相比，短语匹配比默认的扩展匹配选项更灵活、更有针对性。使用短语匹配功能后，您可以吸引更多的客户，而且仍然可以继续向最有可能搜索企业产品或服务的客户展示广告。

短语匹配的语法是在关键词前后加英文引号，比如"网球鞋"，包括以下几种。

1. 短语完全包含

该匹配方式是指当用户的搜索词完全包含该关键词时，搜索系统可能将推广结果自动展现给用户。例如，"挖掘机哪家强"，在这个短语精确中，当用户搜索"挖掘机哪家好"时，属于与推广关键词完全一致的情况，完全包含的关键词匹配才可以显示。但是需要注意，短

语精确的匹配方式语序不能颠倒。该匹配方式的优点是可以比较精确定位到潜在用户，但相对于精确匹配的效果还是差一些，因为用户输入的关键词不太可能与关键词完全匹配。

2. 短语同义包含

用户的搜索词需要完全包含关键词或关键词的变形词，允许词序颠倒、同义、拆分或者是插入。而这种短语同义包含中变形词也是可以显示的，可以在关键词的前、中、后位置插入均可。短语同义的关键词匹配方式比短语—精确包含更加灵活，也更有可能获得潜在消费者。

3. 短语核心包含

这类关键词匹配方式需要完全包含用户的搜索词，或者是将关键词去冗余后的核心部分插入、颠倒和同义词。

比如将 "Which Glasses Machine is the Best？" 去除其他多余词，便可对核心词 "Glasses Machine" 进行变形操作。相对于短语同义，这类关键词匹配方式更为灵活多变，也进一步扩大了目标受众覆盖群体，但同时精准度定位下降，转化率偏低。

当然，短语核心的匹配方式能够运用长词对核心词进行扩展，去掉关键词的多余部分，让长词获得更大的展现机会。而且当账户中有些短语匹配关键词展现量不高时，可以运用短语核心的匹配方式，提高长词展现。

（三）广泛匹配

广泛匹配是当用户的搜索词与推广的关键词高度相关时，包括关键词的同义词、近义词、相关词、变形词、核心词等，或意思相近，都可以为用户展现我们的推广结果。也就是说，只要搜索引擎系统判断搜索词和关键词有关，就有可能触发获得展现的机会。广泛匹配可以更大力度覆盖意向群体，从而获得更多流量。

由于现今互联网用户包含各个不同年龄段的人，用户的搜索习惯各不相同，在表达同一个需求时，所用的搜索词也千差万别。竞价不可能将所有的搜索词匹配出来，也不可能把所有搜索词作为关键词放入账户。所以，比较有效的方法就是广泛匹配。

广泛匹配可以在有一定针对性的投放条件下，最大限度地覆盖可能的受众群体，能显著提高网站的点击访问量，但其不足之处是针对性较差，点击成本高，转化率也很可能会低于短语匹配和精确匹配。

另外有些平台还有否定匹配这种类型，否定匹配则是可以使用否定关键词来避免包含相应字词的搜索查询触发您的广告进行展示。比如，企业出售的产品是帽子，但不销售棒球帽，则可以针对棒球帽添加一个否定关键词。

六、SEM 付费推广模式

（一）CPC

CIP（Cost Per Click）即每产生一次点击所花费的成本。这是网络广告中一种收费模式，即按点击采取收费的一种广告模式。现行的网络广告中，典型的按点击收费的模式就是搜索引擎的竞价排名，如 Google、百度、360、搜狗的竞价排名。在 CPC 的收费模式下，不管广告展现了多少次，只有产生了点击，广告主才按点击数量付费。点击收费的广告效果比较精确。

（二）CPM

CPM（Cost Per Mille）是展现成本，或者称为千人展现成本。这是衡量广告效果的一种基本形式（不管是传统媒体还是网络媒体）。为广告每展现给一千个人所需花费的成本。按CPM计费模式的广告，只看展现量，按展现量收费，不管点击、下载、注册什么的。一般情况下，网络广告中，视频贴片、门户 banner 等非常优质的广告位通常采用 CPM 收费模式。CPM 比较适合打开知名度的广告主的诉求。

（三）CPA

CPA（Cost Per Action）指的是每次行动成本，即按行动收费。这个行动是多种多样的。具体是哪个行动，广告主需要在投放广告时与代理公司和媒体约定好。在一般情况下，A 可以是注册、互动、下载、下单、购买等，在执行广告投放的过程中，只要是不产生约定的行动，不管展现了多少次或者产生了多少点击，都是不收费的。只有产生了约定的行动，即效果，才按量收费。平常我们还听说 CPS、CPR、CPP 等广告形式，其实都属于 CPA 的一种，只是将其具体化了。但它是在充分考虑广告主利益的同时却忽略了网站主的利益，遭到了越来越多的网站主的抵制。

（四）CPS

CPS（Cost Per Sales）是按销量收费，CPS 是一种以实际销售产品数量来计算广告费用的广告，这种广告更多的适合购物类、导购类、网址导航类的网站。但它需要有精准流量才能产生转化。

（五）OCPC

OCPC（Optimized Cost Per Click）是一种 AI 智能投放模式，优化点击付费。它基于对广告主转化数据的对接和深度理解，智能实时预估每一次点击的转化率并基于竞争环境智能出价，强化高转化率流量的获取，弱化低转化率流量的展现，以帮助广告主控制转化成本、提升转化数量并提升投放效率。OCPC 的原理为：如果广告平台发现 A 用户对 B 广告的转化概率高，广告平台可以适当提高 B 广告主的出价，使 B 广告主更有机会抢到 A 用户的曝光机会；如果 A 用户对 B 广告的转化概率低，则需要调低出价。OCPC 是智能出价，比较注重转化。

（六）OCPM

OCPM（Optimized Cost Per Mille）是优化千次展现出价，即广告被展示 1 000 次时收取一次费用，它的本质还是按照 CPM 付费。它采用更精准的点击率和转化率预估机制，将广告展现给最容易产生转化的用户，在获取流量的同时提高转化率、降低转化成本，使跑量提速更快。通过 OCPM 可以在提高流量的同时提高转化完成率，使转化成本降低。

（七）OCPA

OCPA（Optimized Cost Per Action）指的是优化行为出价，它的本质还是按照 CPA 付费。当广告主在广告投放流程中选定特定的优化目标，提供愿意为此投放目标而支付的平均价格，并及时、准确回传效果数据，根据转化预估模型，实时预估每一次点击对广告主的转化价值，自动出价，最终按照点击扣费。同时，转化预估模型会根据广告主的广告转化数据不断自动优化。OCPA 的优点是出价灵活，可以提高广告主的转化价值。

七、SEM 广告投放类型

SEM 在广告投放过程中，有很多不同的广告形式，但全球 Google 是最常用的搜索引擎，每天有 35 亿次搜索；Google 广告也发展得很成熟，在广告领域已是佼佼者，也是跨境卖家最主流的获客渠道之一。

Google 广告类型有多种，卖家们该怎么选择呢？可以根据营销目标来决定，营销目标将会决定我们的广告形式以及受众和受众的偏好。以下我们就谷歌的广告类型进行介绍。

（一）搜索广告

搜索广告是最常用的广告类型也是转化最好的广告，广告会显示在 Google 搜索结果旁边以及 YouTube 等其他 Google 合作伙伴网站上。

目标群体主要是 Google 搜索引擎用户和搜索网络合作伙伴的网站用户，一般按照点击付费，也是目前较贵的一种广告，当然也是目前最精确的广告形式。

展示顺序主要取决于报价和广告质量，根据竞争度和行业的不同，每次点击产生的费用也不一样，展示的素材形式是文字和链接。

（二）展示广告

展示广告主要展示在 Google 以及谷歌联盟的第三方网站上，属于被动广告，展示在我们潜在客户经常浏览的网页，可以突出产品或服务的卖点，提升企业知名度。

目标群体主要是 Google 展示广告网络的用户，素材形式是图文和视频，没有搜索广告具有针对性，但价格比较实惠，两者可以结合进行营销。

（三）视频广告

视频广告的格式包括插播广告、外播广告和导视广告，主要展示在 YouTube 上，目标群体主要是 YouTube 和 Google 视频合作伙伴的用户，素材形式是视频。

可以通过借助 YouTube 的视频网站讲述企业故事或者是服务，提升品牌的长期影响力。

（四）购物广告

购物广告是在 Google 搜索框中搜索商品或者在 Google shopping 网站进行商品搜索时出现的广告，有一些搜索广告的性质，主要区别是购物广告会显示商品图、价格等详细信息，吸引来的都是优质的潜在客户。

目标群体主要是使用 Google 商店和 Google 搜索引擎的用户，在创建广告时需要在商户中心将所需要销售的产品编辑好并关联到账户才能进行投放，主要是素材形式是商品详情。

（五）应用广告

应用广告是 Google 的信息流广告，主要展示在手机信息流中的广告。只需要添加几行文字，设置好出价，提供一些素材资源，系统会自动优化其余部分，从而帮助用户找到对应的企业。

目标群体主要是 Google 旗下产品手机端用户，会在 Google 旗下手机端产品的一些版位上推送用户可能感兴趣的广告，主要的素材形式是图文和视频。

（六）Google 广告再营销

Google 广告再营销就是针对曾经访问过网站的潜在用户，将品牌广告再次向其展示的持续性营销方式。广告再营销可以采用不同的针对性广告推给曾经访问过网站的潜在用户。根据展示网络的不同，目前比较主流的在线再营销广告包括 Google 再营销广告和 Facebook 再营销广告。通过全球展示网络和社交媒体等，反复向访客用户展示你的产品，提供最佳的解决方案。通过正确的再营销方式，可以有效转化处在犹豫状态下的潜在客户，刺激他们再次来到网站进行表单填写、邮箱链接甚至是直接下单。再营销是吸引潜在用户的第二次机会，投放方式得当会带来硕果累累的转化和销售。

相对于搜索广告，再营销不再需要用户主动查询就可以在第三方网站（如 Youtube、Gmail）上看到广告。

（七）Google 效果最大化广告

Google 效果最大化广告（Performance Max）是一种新的基于目标的广告系列类型，它允许效果广告客户通过一个广告系列访问其所有 Google Ads 广告资源。它旨在补充基于关键字的搜索广告系列，帮助企业在 YouTube、展示广告、搜索、发现、Gmail 和地图等所有 Google 渠道中找到更多转化客户。

Performance Max 可帮助企业根据指定的转化目标提高绩效，通过使用智能出价实时和跨渠道优化绩效，提供更多转化和价值。Performance Max 结合了 Google 在竞价、预算优化、受众、创意、归因等方面的自动化技术。它们都基于企业特定广告目标，以及企业所提供的创意资产、受众信号和可选数据馈送提供支持。

【拓展知识】

通常，每个 Google Ads 账户都需要推广多个产品，把产品推广到多个不同的国家地区，而产品的关键词也都比较多，为了能覆盖到全部的关键词并且不让账户结构因为广告系列、广告组和广告等太多而混乱不易管理，需要对广告层级结构进行优化。

在这些层级上，广告主一般都可以针对这一层级下的所有广告统一设置推广策略：比如推广地域、推广时间、每日预算等，也只有在分门别类建立起良好的账户结构之后，广告主才能知道到底哪种推广策略（可以简单地理解为哪个广告组）具有更高的 ROI，然后指导后续的优化工作，如果账户状况一团糟，那么你可能会在混乱中迷失方向。所以，在 Google Ads 推广之初，树立起账户结构意识对后续 SEM 优化具有重要的意义。

谷歌账户的基本架构是：广告账户—广告系列—广告组—广告—关键词。

其中，每个广告账户可设置多个广告系列，每个广告系列也是可设置多个广告组，每个广告组中可以设置多个具体的广告和关键词，在搭建广告账户之前，我们需要了解自己的广告目标，因为我们在后面账户搭建的过程中，好去确定广告系列的类型，按照什么逻辑搭建广告账户结构。一般企业，都是从搜索广告开始入手的，因为它定位精准，可以帮助我们精准获取流量。

【拓展案例】

某兽用医疗器械设备企业的主营产品有兽用输液泵、兽用注射泵等。海外市场对于兽用医疗器械的需求量是日渐增加的，但由于海外大品牌市场渗透率高，该公司又是第一次进行海外推广，搜索量少，获客难就成为他们当前推广的一大难题。针对其出现的获客难问题进行推广优化，在进行调研后，决定以谷歌搜索广告为主要广告形式，发现广告辅助作为流量补充，同时基于企业着陆页，开始进行兽用医疗器械全球化的推广营销；在着陆页方面，在页面中呈现名校、医疗机构、诊所的产品推荐信作为背书，以增加用户信任度，页面中体现有海外服务中心，配送时间短、售后无忧等。在关键词设置方面，发现该企业搜索广告当中，相关核心关键字不仅流量非常少，而且点击价格非常高，因此，我们决定拓展上下游的关键字进行投放。经测试，增加了相关长尾词的投放，减少了核心关键词的预算和投放，不仅价格降下来了，搜索量也在逐渐增大。另外，发现广告主要用来圈定某些特定的精准人群，向他们展示广告，以提升曝光度。这不仅实现了覆盖搜索过的关键字和对同行感兴趣的意向群体，还以更低的成本完成转化，获取询盘。经过一系列的推广优化操作，前期的搜索广告累积了精准搜索客户及转化后，再配合发现广告进行投放。最终，该公司广告展示量提升了 118%，点击次数增加了 51%。其中，该公司投放首月就收获了一笔大的 B 端询盘订单，整体询盘转化成本下降了 54%。

【任务实施】

实训项目	搜索引擎推广
实训目的	能够了解海外 SEM 推广基本知识、熟悉 SEM 关键词的匹配方式，在了解付费模式的基础上，能够根据不同的广告目标投放不同的广告类型
项目小组成员分工	
实训方式和步骤	（1）模拟任务描述中的场景，项目团队组建跨境电商公司，给自己的团队进行命名，成为小组名称 （2）结合任务描述任务，以项目小组为单位展开讨论 （3）针对所要求的任务写出相应的思考结果 （4）各项目小组可进行交流互评 （5）思考并总结，完成实训报告

续表

实训项目	搜索引擎推广
实训问题	(1) 什么是海外 SEM 推广，它具有哪些优势 (2) 影响 SEM 广告效果的因素有哪些 (3) SEM 广告展示排序的规则是什么 (4) SEM 关键词的匹配方式有哪些
个人反思 和总结	

项目评价

评价内容		分值	评价		
项目内容	目标观测点		学生 自评	小组 互评	教师 评价
项目五　跨境搜索引擎营销	搜索引擎认知	搜索引擎的基本概念和分类	5			
		搜索引擎的工作步骤	10			
		搜索引擎效果的影响因素	10			
	搜索引擎优化	搜索引擎优化的相关含义	5			
		搜索引擎内容建设及策略	10			
		搜索引擎内页、页面以及站外优化	15			
	搜索引擎推广	搜索引擎推广的基本知识	10			
		搜索引擎广告效果的影响因素	10			
		搜索引擎广告的相关技能	15			
	整体效果	能够掌握跨搜索引擎的基本知识，并能够运用相关知识进行搜索引擎推广	10			
总评		目标达成总体情况	100			

综合实训

　　为了扩大公司和独立站的知名度，晨海公司打算采用搜索引擎营销来进行公司网站和产品的推广。现让跨境电商部门进行搜索引擎推广，还成立了相应的项目小组进行方案确定并进行 Google 投放，还要不断跟踪推广效果并持续优化，以提升搜索引擎营销的效果。

　　步骤1：每个团队搭建一个 Google AdWords 账户，并将公司网址提交至搜索引擎。请分别将向 Google AdWords 提交推广网站的页面和账户注册的页面截图，并放入表 5-3-2 中。

表 5-3-2　广告账户搭建和网站提交截图

Google AdWords 提交网站页面	
Google AdWords 账户注册页面	

步骤 2：为公司选择广告系列类型中的搜索网络广告，并选择一个想要达到的目标。完成广告系列名称、地理位置、目标用户使用的语言、出价和预算及广告投放时间等内容的设置，并将以上信息填入表 5-3-3 中。

表 5-3-3　广告系列设置

广告系列名称		
地理位置		
目标用户使用的语言		
出价	着重实现的目标	
	如何获得点击次数	
	每次点击费用的最高出价上限	
预算		
广告投放时间	开始日期和结束日期	
	投放时间段（注意时差）	
附加信息		

步骤 3：为该广告系列至少设置 3 个广告组，每个广告组都专门针对一种具体的产品而创建，填写广告组名称并选取相关的关键词，填在表 5-3-4 中。

表 5-3-4　设置广告组

广告组名称		
关键词		

步骤 4：使用关键词插入功能制作有吸引力的文字广告，填写最终到达网址、标题文字、"显示路径"字段中的文字及广告说明文字于表 5-3-5 中，注意不要超过字符数限制。

表 5-3-5　撰写文字广告文案

最终到达网址	
标题 1	
标题 2	
显示路径	
说明	

步骤 5：出价优化，假设晨海公司和 B、C、D 四家企业都购买了同一个关键词，表 5-3-6 列出了它们的出价及关键词质量度。如果排名由出价与质量度的乘积决定，那么请问这四家

企业的排名是怎么样的？根据推广点击价格算法，分别计算出四家企业的实际点击价格，结果填入表5-3-6中。

表5-3-6　出价和关键词质量

企业（账户）	企业出价/美元	质量度	排名	CPC/美元
鑫米公司	2	0.97		
B	1.8	1.12		
C	1.5	0.8		
D	1.45	1.2		

步骤6：经过一个星期的AdWords广告活动运行测试，监测到广告账户的数据（表5-3-7）。

表5-3-7　广告账户数据

关键词	点击	费用/美元	转化量	转化率	平均转化成本/美元
关键词1	14.214		275		53.48
关键词2			31	0.29%	215.97
关键词3	9.809	1.998		1.2%	

首先计算表5-3-7中缺失的数据；再根据Google AdWords账户优化中的提升整ROI，给出关键词的出价调整建议。

 **同步测试**

课后习题参考答案

一、单选题

1. 企业通过SEO主要是为了提升搜索引擎的（　　　）。
A. 广告排名　　　　　B. 自然排名　　　　　C. 曝光量　　　　　D. 点击量

2. 在进行SEO优化的时候，第一步要做的是（　　　）。
A. 关键词挖掘　　　B. 页面级优化　　　C. 站外优化　　　D. 外链优化

3. 关键词的点击花费与关键词的出价的关系是（　　　）。
A. 一定相同　　　B. 不高于　　　C. 不低于　　　D. 不等

4. 谷歌评判广告的依据是（　　　）。
A. 出价　　　　B. 点击　　　　C. 转化　　　　D. 质量得分

5. 希望网站被搜索引擎收录的推广目标层次是（　　　）。
A. 存在层　　　　B. 表现层　　　　C. 关注层　　　　D. 转化层

二、多选题

1. 根据工作方式进行分类，搜索引擎可以分为（　　　）。
A. 全文搜索引擎　　　B. 目录搜索引擎　　　C. 根搜索引擎

D. 元搜索引擎　　　　E. 垂直搜索引擎

2. 影响搜索引擎排名的因素有（　　）。

A. 质量得分　　　　　B. 相关度　　　　　　C. 页面权重

D. 网页速度　　　　　E. 出价

3. 网站 SEO 内容建设的途径有（　　）。

A. 复制内容　　　　　B. 转载内容　　　　　C. 原创内容

D. 热搜新闻　　　　　E. 用户创造

4. 影响 SEM 广告排序的因素有（　　）。

A. 关键词出价　　　　B. 点击量　　　　　　C. 转化

D. 着陆页　　　　　　E. 质量得分

5. 影响质量得分的重要因素有（　　）。

A. 出价　　　　　　　B. 预期点击率　　　　C. 广告信息相关性

D. 着陆页体验　　　　E. 曝光量

三、判断题

1. 用户的搜索习惯对于关键词的选择非常重要。　　　　　　　　　（　　）

2. 做 SEO 一般就是把关键词优化好就可以不再变动。　　　　　　（　　）

3. 较高的质量得分通常会导致加快每日预算的交付。　　　　　　　（　　）

4. 不要频繁在谷歌搜索关键词去看自己的广告，这会导致点击率下降甚至广告不再出现。

　　　　　　　　　　　　　　　　　　　　　　　　　　　　　　　（　　）

5. 平均每次点击成本（CPC）是用总点击成本除以总点击次数计算出来的。（　　）

四、简答题

1. 搜索引擎的工作步骤包括几个方面？

2. 搜索引擎优化的优势是什么？

3. 站外优化的具体方式是什么？

4. 影响 SEM 广告效果的因素是什么？

5. 假设有四位广告主竞价一个关键词，广告主 A 的最大出价为 10 元，它的关键词质量得分为 9 分，广告评级为 90 分，请计算它的每次实际点击成本（表 5-3-8）。广告主 BCD 的相关情况以此类推。

表 5-3-8　广告主竞价情况

广告主	最大出价/分	质量得分/分	广告评级	实际 CPC
A	10	9	90	7.78
B	8	7	56	7.14
C	6	5	30	8
D	3	4	12	0

案例分析

LED 霓虹灯作为 LED 灯的衍生产品，这几年一直是热门产品，以最近 5 年美国地区 Google 趋势可以看出，这款产品的需求是比较稳定的，现在大家宅家的概率提升，既然有时间，肯定都希望把家里装饰的漂漂亮亮的，所以需求热度也跟着飙升了一把（图 5-3-3～图 5-3-5）。

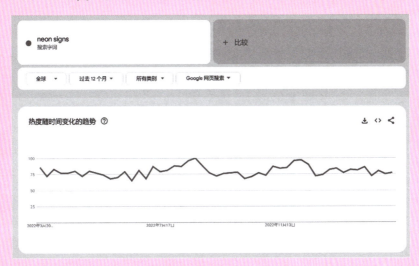

图 5-3-3 Google 趋势分析

Keyword ↑	Clicks	Impressions	Cost	CTR	Avg. CPC	Match type
custom neon signs	352.60	1,918.66	CN¥434.15	18.4%	CN¥1.23	Broad match
neon lights	850.41	7,499.60	CN¥1,090.20	11.3%	CN¥1.28	Broad match
Neon signs	407.76	4,589.07	CN¥500.65	8.9%	CN¥1.23	Broad match

图 5-3-4 Google 关键词分析

图 5-3-5 Google 趋势国家分布

请根据 Google 提供的数据，讨论并分析针对 LED 霓虹灯如何进行 Google 推广，目标市场国选择哪里？请查找关键词并进行出价。另外，请分析选择 B2C 和 B2B 策略有什么区别？

项目六

跨境电商社交媒体推广

项目背景

中国互联网络信息中心（CNNIC）于 2022 年 8 月发布了第 50 次《中国互联网络发展状况统计报告》。该报告显示，截至 2022 年 6 月，我国网民规模为 10.51 亿，互联网普及率达 74.4%。互联网应用也在持续发展。其中，以短视频增长最为明显。从其中的数据看，截至 2022 年 6 月，我国短视频用户规模达 9.62 亿，较 2021 年 12 月增长了 2 805 万，占网民总数的 91.5%。"Web2.0"发展至今，互联网用户已不再是单一的内容接收方，信息传播沟通渠道开始变得多样，社交媒体的发展让用户之间有了更多的交互机会，也给了企业有别于传统媒体消费者的营销触达点。因此，跨境企业迫切需要掌握跨境社交媒体的营销渠道及营销方法。

【知识目标】

1. 了解主流跨境社交媒体特点；
2. 掌握各主流跨境社媒推广形式；
3. 掌握各主流跨境社媒投放策略。

【能力目标】

1. 能绘制客户旅程；
2. 能针对目标客户选择合适的跨境社媒渠道；
3. 能利用跨境社媒的营销工具进行有效推广。

【素质目标】

1. 树立弘扬文化的使命感；
2. 培养与时俱进的创新思维。

【思维导图】

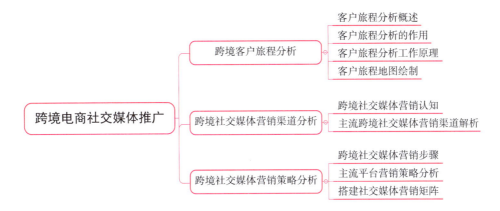

【润心育德】

　　截至 2022 年 12 月，TikTok 话题#hanfu 的浏览量已超过 14 亿次，而#hanfugirl 的浏览量也达到 1.26 亿次。其中几乎聚集着全世界热爱汉服的外国人和海外华人，他们在 TikTok 上分享汉服穿搭、角色扮演、换装视频以及科普汉服起源的视频。近两年，很多海外留学生为缓解思乡之情，在 TikTok 上制作并发布了大量与汉服有关的视频和话题，使得这种具有中国特色传统文化的服饰在国外也拥有相当大的影响力，甚至成为中国传统文化出海的风向标，吸引了越来越多海外消费者的喜欢。相关数据统计，2020—2022 年，全球汉服社区的数量增长了 46%，其中"00 后""95 后"的消费者占到了 70%。比如是国外顶级社区之一的 Reddit，就聚集着一群中国汉服的忠实拥趸者，他们每天在这里讨论汉服的材料、购买技巧以及寻求婚礼使用汉服的相关建议。其上线不到 1 年的独立站店铺，受近期几条百万爆款的影响，近三个月的访问量从 1.27 万上升到 2.39 万。可见海外社媒对跨境企业出海助力颇大。

　　本项目要求学生通过掌握主流跨境社交媒体的投放及优化技巧，培养大国自信、文化自信、团结协作的职业品质、爱岗敬业的劳动态度和精益求精的工匠精神，为今后从事跨境电商营销岗位工作和其他跨境电商岗位工作奠定扎实的基础。

任务一　跨境客户旅程分析

【任务介绍】

　　跨境客户旅程分析是一种有助于公司更好地了解客户行为，提高客户满意度，提升品牌形象和客户忠诚度的相关研究。通过客户旅程分析，企业可以更有效地设计出切实可行的客户服务策略，以更好地满足客户的需求。本任务以跨境线上购物行业为例介绍了客户旅程分析的概念、作用、实施步骤及企业如何通过客户旅程分析来提升客户满意度。

【案例引入】

　　一个潜在客户在浏览购物页面时注意到了网站上的某品牌，并被主页的排版风格所吸引，于是决定点击进去浏览。她在浏览了一段时间后，对店铺的产品图片质量和设计赞赏有加。加上客服专业和热情的服务，再加上目前的促销活动，这名潜在客户最终成功购买了一双鞋子。在结账时，客服向客户承诺，在收到产品后的 30 天内，如果她改变主意，可以凭借结款订单信息与客服联系，进行退换操作，而且这不会影响第二次销售。客服还告诉客户，如果她关注店铺并绑定电话号码或邮箱，就可以立即成为会员并积分，还能提前了解折扣和新品信息。客户关注后，为了营销目的，品牌立即收集到了她的地理位置、电话号码或邮箱、消费门店信息等，并发送了一条欢迎词。当天晚上，这名客户在社交媒体上发布了鞋子的照片，并@（提到）了该品牌，甚至推荐了她购物的店铺信息。一周后，品牌方通过信息推送和短信发送了折扣信息，再次唤起了该客户的兴趣。

这个案例展示了一个较为完整且积极的客户旅程示例。它说明品牌方可以利用不同的工具创建客户旅程图，并通过识别关键步骤和决策点来了解客户的满意度，最大限度地减少负面客户体验。当客户通过口口相传或在社交媒体平台上分享优质产品或服务时，不仅提升了品牌的获客效率，还提高了营销转化率。

【任务描述】

Mayouty 公司跨境业务部门针对海外用户的情况。小李需要通过了解跨境客户旅程、产品触点等知识，学会如何运用工具绘制和分析客户旅程地图。

【任务分析】

1. 客户旅程的概念是什么？
2. 客户旅程分析的作用有哪些？
3. 客户旅程分析的工作原理是什么？

【相关知识】

一、客户旅程分析概述

1. 客户旅程

客户旅程是指客户在与公司或品牌互动的整个过程中经历的各个阶段，从他们对产品或服务的意识到购买决策和售后支持。客户旅程分析是一种方法，通过研究和理解客户在旅程中的体验和需求，以改善客户体验和提高业务绩效。作为一种战略工具，它可以在品牌和客户互动过程快速高效的挖掘出改进点和创新点。

2. 客户旅程映射

它涉及绘制客户在旅程中的各个阶段和互动，并标识关键的触点和体验，将看似无形的客户行为和客户体验可视化，并与企业的营销策略联系起来。通过客户旅程映射，公司可以更清晰地了解客户旅程的整体结构和细节，并找出改进和优化的机会。

3. 客户旅程地图

品牌很擅长收集客户相关的数据，但仅凭数据无法传达客户在购买旅程中的心理感受。能够完整讲述用户心路历程的工具我们称之为客户旅程地图。客户旅程地图通常由时间轴或流程图展示，以帮助理解客户旅程的流程和顺序。在客户旅程地图中，每个阶段和接触点都可以进一步分析，以确定关键的改进和增强措施。客户旅程地图就像一台机器，通过这台机器，品牌可以了解客户的需求或疑虑，也可以在客户的购买旅程中设置影响客户的重要接触点，这样既可以站在客户的角度为他们留下难忘的第一印象，也可以为客户提供与众不同的购买体验。

从客户角度出发，客户旅程地图提供了对客户的深刻洞察，它应用故事性和图示性来说明一段周期内用户与企业的关系，当客户体验公司的产品或服务时，客户旅程地图可以帮助团队更好地理解和解决客户的需求和痛点。

4. 客户旅程阶段

（1）意识阶段：客户开始认识到他们的需求或问题，并寻找解决方案。

（2）考虑阶段：客户在了解各种选择和解决方案后，开始评估和比较产品。

（3）决策阶段：客户做出购买决策，并选择特定的产品或服务供应商。

（4）使用阶段：客户开始使用所购买的产品或服务，并与公司进行互动。

（5）忠诚阶段：客户对产品或服务感到满意并保持忠诚，可能会重复购买并成为品牌的倡导者。

5. 客户旅程地图接触点

客户旅程接触点是指客户与公司或品牌互动的具体场景或渠道。这些接触点可以包括广告、社交媒体、网站、客户服务等各种渠道和媒介。客户和企业之间的任何数字交互都可以成为一个客户接触点。这些时刻正在影响客户对品牌的感受。在客户旅程分析中，识别和评估每个接触点的质量和效果非常重要，以确保在每个阶段提供一致和有价值的客户体验。通过研究和理解客户旅程中的所有这些互动，品牌可以找到改善客户体验和增加业务影响的机会。

二、客户旅程分析的作用

1. 优化企业的服务流程

很多时候，企业虽然非常想要改善客户体验，却被内部的政策和流程拖了后腿，让自己在客户心中减分。

通过绘制客户旅程，企业可以发现一些不够理想的服务环节，以及那些环节背后的服务流程中可能存在的问题，并制定出相应的解决方案。从另一个方面来说，客户旅程还可以帮助判断每一项工作和业务的重要性。如果一些工作对于员工来说很费时，或所需成本太高，却不能为客户体验带来好处，那么企业就可以适当地减少这些低效的工作，将宝贵的人力、物力投入对客户体验更有意义的工作当中。这样，既提升了运营效率，又降低了资源浪费。

2. 消除企业内部的谷仓效应

尽管许多企业不愿意承认，但事实是，在企业的内部，部门之间常常各自为战。就像一个个独立的谷仓，业务不互通、信息不共享。这些部门塑造了企业与客户的互动方式，尽管每个部分都在尽最大的努力优化客户体验，却经常无法全面地掌握客户需求，对客户的理解也很难达成统一。

客户旅程可以为企业员工带来审视客户和客户体验的统一视角，帮助他们了解自己在客户体验这盘大棋中所扮演的角色，统一他们对客户和客户需求的理解，并将各个部门的工作目标和业务内容串联在一起，从而有效地促进部门之间的协调与合作，消除谷仓效应。

3. 提升员工的共情能力

共情是一种强大的人类情感，它能让我们与他人感同身受，体验到别人的悲喜，就好像自己亲身经历一般。对于企业来说，与客户形成共情是占领客户心智、获得客户认可的关键。

客户旅程最大的优势之一是提升企业员工的共情能力，帮助他们站在客户的角度，思考客户的需求。借助客户旅程，员工们可以将自己代入到客户所处的情景当中，了解客户在各个阶段的想法、情绪和感受，以及他们采取的行动、使用的渠道、遇到的困难等，从而更好地与客户共情。只有设身处地为客户考虑，想客户之所想，急客户之所急，企业才能真正地洞察客户的内心需求，才能打造出更符合客户期待的产品和服务，从而赢得客户的青睐与信任。

三、客户旅程分析工作原理

1. 客户旅程地图的组成元素

（1）创建买家角色。

包括年龄、性别和职业等人口统计数据，买家角色是从广泛的市场研究中得出的目标客户的代表。每个买家角色都有自己独特的购买行为，这就是为什么需要为每个角色专门设计不同的客户旅程地图。

（2）确定客户阶段。

在规划整个客户旅程之前，你需要弄清楚客户在遇到自己的品牌之前经历的阶段。定义他们何时、何地，以及如何找到我们的公司，研究我们的产品或服务，从而选择我们，从我们这里购买，并随着时间的推移与我们保持关系。

（3）了解客户目标。

每个阶段都代表客户在旅程中试图达到的主要目标。学习确定这些目标，因为这有助于为客户旅程地图的结构提供信息。而公司可以通过调查、访谈和客户服务电子邮件收集数据。

（4）寻找接触点。

客户体验要求考虑到每个接触点。无论是客户服务代表、印刷的小册子还是 App，接触点都被定义为客户在每个阶段与公司里的品牌进行的互动。例如，"购买"阶段的接触点可能包括简短的点击后登录购物页面、同类比较、网络测评和软文介绍。

（5）保持现实的时间框架。

利用通过客户分析、调查和访谈收集的数据，可以遵循确定每个客户阶段何时结束的时间表。我们应该了解的是，需要提供多长时间的接触点才能说服客户进入下一阶段。

（6）考虑客户情感。

从客户的角度讲述客户旅程。因此，了解我们的客户可能会感受到哪种情绪（快乐或不满意）有助于了解他们是否会从一个阶段转移到另一个阶段。

2. 客户旅程地图的重要性。

我们可能会告诉自己："这对我或我的公司而言似乎并不重要。我们了解客户的需求和痛点，非常感谢。"表面上可能是正确的。但是，逐步分解客户旅程，使每个步骤与目标保持一致，并相应地调整接触点是使客户成功最大化的关键步骤。毕竟，我们所做的一切都应该与解决客户问题并帮助他们在产品或服务方面取得长期成功有关。

（1）进行更有效的集客营销。

可以让客户在入站营销的帮助下发现我们。集客营销是创建一种有用且客户已经在搜索的有趣内容。它首先吸引了客户的注意力，然后专注于销售。

通过绘制客户旅程地图，可以了公司和网站的哪些信息对客户来说是有趣的有帮助的，以及什么信息使他们将我们拒之门外。因此，我们可以创建最合适的内容，将客户吸引到公司里并留存下来。

（2）创建一个新的目标客户群。

如果没有正确地了解客户的旅程，那么很可能也不会完全了解客户的人口统计资料特征和心理特征，这很危险。与那些对我们的产品、服务和内容真正感兴趣的受众相比，反复地针对太多的受众群体浪费了宝贵的时间和金钱。

（3）整个公司内建立以客户为中心的常态。

随着公司规模的扩大，很难像客户服务，支持和成功团队一样协调所有部门以客户为中心。他们的销售和营销目标通常不基于真实客户的需求。

清晰的客户旅程图可以与整个公司共享。客户旅程地图的妙处在于，它可以绘制出客户旅程从最初的引流到售后支持的每一步。这涉及营销，销售和服务每一个阶段。

四、客户旅程地图绘制

1. 为地图设定明确的目标

在开始创建地图之前，需要先问问自己为什么要创建地图。把这张地图指向什么目标？具体针对谁？它基于什么经验？

基于此，可能需要创建买方角色。这是一个虚构的客户，其拥有代表普通客户的所有人口统计数据和心理特征。拥有清晰的角色，有助于提醒我们将客户旅程地图的各个方面都指向它们。

2. 描述角色并定义其目标

接下来，我们应该进行研究。获得有价值的客户反馈的一些好方法是通过问卷调查和用户测试，重要的是只接触实际客户或潜在客户。

可以提出以下问题：

（1）如何得知我们公司的？

（2）什么首先吸引访问我们的网站？

（3）希望通过我们公司实现哪些目标？换句话说，想要解决什么问题？

（4）通常在我们的网站上花费多长时间浏览？

（5）是否曾经向我们购买过产品？如果买过，决定因素是什么？

（6）是否曾经与我们的网站互动，意图进行购买但决定不这样做？如果是这样，是在什么促使下做出这个决定的？

（7）以 1~10 为等级（1 为最容易），浏览我们的网站是否容易？

（8）是否曾经需要客户支持？如果是需要，以 1～10 为等级（1 为最低），它可以产生多大帮助？

（9）我们有什么方法可以进一步让流程变得更轻松？

（10）以使用此买方角色工具填写从客户反馈中获得的详细信息。

3. 突出目标客户角色

一旦了解了与业务互动的不同客户角色，需要将注意力集中在其中的一两个之上。请记住，客户旅程地图跟踪一位客户的体验，该客户正在与我们的公司一起走非常具体的道路。如果将过多的角色分组到一个历程中，则地图将无法准确反映客户的体验。

如果要创建第一张地图，最好选择最常见的客户角色，并考虑他们在首次与我们的业务互动时通常会采取的路线。可以使用营销仪表板来比较每个仪表板，并确定哪个最适合我们的旅程地图。不要担心遗漏的那些，因为可以随时返回并创建特定于这些客户类型的新地图。

4. 列出所有接触点

接触点是网站上客户可以与我们互动的所有位置。根据研究，应该列出我们的客户和潜在客户当前使用的所有接触点，以及认为他们应该使用的接触点（如果没有重叠）。

这是创建客户旅程地图的重要一步，因为它可以让我们深入了解客户正在执行的操作。如果他们使用的接触点比预期的要少，这是否意味着他们很快就会被拒之门外并提前离开您的网站？如果他们使用的数量超出预期，这是否意味着您的网站很复杂，需要客户完成几个步骤才能达到最终目标？

无论情况如何，了解接触点都是一种工具，可以帮助了解客户旅程的难易程度和目标。

这不仅仅意味着我们的网站。需要查看客户可能在网上遇到的所有方式。这些可能包括：社交渠道、付费广告、电子邮件营销、第三方评价网站或提及等。

快速在谷歌上搜索我们的品牌，查看所有提及我们的页面。通过检查我们的 Google Analytics 来验证这些内容，以查看流量来自何处。将列表缩减到最常见的接触点，并且最有可能看到与之相关的操作。

在创建旅程地图时，请考虑以下接触点。

（1）客户操作。

列出客户在与品牌互动过程中执行的所有操作。这可能是 Google 搜索关键字或点击我们的电子邮件。最终可能会遇到一长串操作。例如图 6-1-1 所示"购买一件产品后"阶段的接触点可能包括简单的交易通知、交易后的账单、发货后的物流跟踪、客服发出的关怀邮件、到货后的后续跟进服务等。

重要的是要认识到客户何时需要采取太多行动来实现他们的目标。减少客户需要采取的步骤数量可能会带来风险，但会带来更高的转化率。

（2）客户情绪和动机。

所有的营销都是因果关系的结果。同样，客户采取的每一个行动都是由情感驱动的。客户的情绪会根据他们所处的旅程的哪个部分而变化。

每位客户行为的情感驱动因素通常是由痛点或问题引起的。了解这一点将帮助在正确的时间提供正确的内容，以便我们通过品牌平滑客户的情感旅程。

购买前	购买中	购买后
产品评论	跨境电商平台	交易通知
……	……	……

图 6-1-1　购买阶段触点分析

（3）客户障碍和痛点。

了解哪些障碍阻止了客户采取他们想要的行动。一个常见的障碍是成本。例如，一位客户可能喜欢我们的产品，但在发现意外的高运费后放弃了将这件产品放入他们的购物车。

突出客户旅程中的这些潜在障碍可以帮助缓解它们。例如，可以为客户提供一个常见问题解答页面，在上面回答有关运费等常见问题。

5. 确定拥有的资源和所需的资源

客户旅程地图将涉及我们业务的几乎每个部分。这将突出显示用于创建客户体验的所有资源。因此，清点拥有的资源以及改善客户旅程所需的资源非常重要。

例如，我们的地图可能突出显示了客户服务产品或者服务中的一些缺陷，并且注意到我们的团队没有在服务交互后正确跟进客户所需的工具。使用我们的地图，可以建议管理层投资客户服务工具，以帮助我们的团队管理客户需求。

另外，通过在地图上包含这些新工具，我们可以准确预测它们将如何影响业务并提供参考价值。这使得说服决策者投资我们的提案变得更加容易。

6. 客户旅程更新

设计客户旅程地图并不代表工作工作已经完成。实际上，最关键的部分在于分析结果。我们需要通过分析结果来回答一些关键问题，如有多少客户在点击我们的网站后放弃购买？我们如何更好地提供客户支持？这些问题可以通过完成的客户旅程地图来解答。

然而，绘制客户旅程地图仍然只是一种假设，直到我们实际尝试。因此，对于每个角色，我们应该跟踪他们通过社交媒体活动、阅读电子邮件以及在线搜索的整个旅程。

为了优化客户旅程地图的设计和更新，我们可以采取以下步骤。

（1）收集数据：收集客户在各个阶段的数据，包括网站分析、调查、意见反馈和社交媒体数据等。这些数据将帮助我们了解客户的行为、偏好和需求。

（2）分析关键转换点：识别关键转换点，如网站访问、注册、购买等。分析转换点前后的客户行为，确定可能导致客户流失或转化的因素。

（3）客户调研：通过调查、深入访谈或焦点小组等方式，直接与客户沟通，了解他们在旅程中的体验、需求和痛点。这将为我们提供更深入的洞察和定性数据。

（4）识别改进机会：基于收集到的数据和洞察，确定客户旅程中的改进机会。这可能涉及优化网站界面、改善购买流程、增强客户支持等方面。

（5）设计优化方案：针对每个改进机会，制定具体的优化方案和行动计划。确保方案与客户旅程地图的不同阶段和接触点相匹配。

（6）实施和测试：在实施优化方案之前，进行小规模测试，以验证改进措施的有效性，然后根据测试结果进行调整和优化。

（7）持续监测和迭代：客户旅程地图的优化是一个持续的过程。持续监测和评估改进措施的效果，并根据反馈和数据进行迭代和调整。

通过以上步骤，我们能够更好地优化客户旅程地图，并提供更满足客户需求的体验，从而不断改进和调整，这将有助于确保客户旅程地图的有效性和实用性。

【拓展案例】

客户旅程触点地图的制作

（1）在制作时首先应该考虑自己公司各类典型客户的购买旅程，将一系列用户目标和操作转化为时间线骨架，结合跨境品牌的所有触点形成客户旅程框架，比如品牌认知—筛选考量—产生好感—购买行为—品牌忠诚这五个阶段。

（2）将这几个大阶段拆分成多个行为动作，如"品牌认知"就可以拆分为"他人推介""看到宣传文章""看到广告"等三个动作。将阶段与动作写在横列。

（3）利用 Excel 表格列出营销触点，放在纵列。

（4）从用户画像入手，用用户的行为来充实这个框架形成用户路径。用图形符号代表你的客户，点出所有的触点相关行为，并用线连起来。

把几类主要客户行为路径绘制出来进行对比分析。分析哪个触点的表现促进了客户成交，哪些会出问题，用不同的颜色填充这些空格。

图 6-1-2 所示是一张有关社交媒体 YouTube 上的跨境客户旅程。该用户在 YouTube 上浏览到他人在推荐这款产品和该产品的推广视频后发生一系列客户旅程。

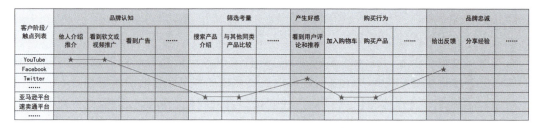

图 6-1-2 YouTube 上的跨境客户旅程

【任务实施】

实训项目	跨境客户旅程分析
实训目的	通过该实训掌握客户旅程的实施步骤并制定客户服务策略
项目成员 任务分工	

实训项目	跨境客户旅程分析
实训方式和步骤	（1）为自己的跨境电商团队进行人员框架搭建和分工 （2）结合任务描述任务，以项目小组为单位展开讨论 （3）针对所要求的任务写出相应的思考结果 （4）各项目小组可进行交流互评 （5）思考并总结，完成实训报告
实训问题	（1）客户旅程的概念是什么 （2）客户旅程分析的作用有哪些 （3）客户旅程分析的工作原理是什么 （4）客户对品牌/产品的态度可以分为几个阶段 （5）跨境电商客户的品牌触点都有哪些
个人反思 和总结	

任务二　跨境社交媒体渠道分析

【任务介绍】

每个国家都拥有独特的社交媒体使用习惯，这对于跨境商家来说具有无可替代的商业价值。社交媒体的深度用户不仅仅在跨境销售方面有重要作用，而且对于品牌建设和用户培养也至关重要。即使用户在社交平台上没有产生直接购买行为，每天接触到的社交媒体内容也在潜移默化地影响着他们，就像心理学中的心理暗示一样，种下了消费的种子。

大多数海外用户注重品牌，他们习惯于在独立的电商平台上购物。当产品在社交媒体上得到足够的曝光之后，粉丝很有可能转化为订单。总的来说，跨境电商可以通过在海外社交媒体平台上的活动实现多重目标。这些目标包括粉丝的积累、用户信息的同步、流量入口的扩大和广告投放等。

【案例引入】

从 B 站开始慢慢走红的李子柒以一种远离城市喧嚣，守着一片傍山的院落，日出而作，日落而息，过着自给自足的生活状态深受粉丝喜爱。她在将视频放到了海外社媒后，成为首位在 youtube 上粉丝破千万的华人博主，用海外粉丝的话评价就是，"李子柒通过视频完美地完成了中国文化的输出"。

新华社更是不吝啬夸奖，"讲好中国故事，我们需要更多李子柒"。

李子柒的例子告诉我们海外社媒平台拥有非常庞大的交互用户，企业应了解各主流海外社媒平台，探索社交媒体推广的有效渠道。

【任务描述】

Mayouty 公司海外事业部小李根据公司规划，接下来要进行跨境社媒推广工作，需要了解跨境社媒营销的概念、各主流海外社交媒体的特点来甄选合适的品牌推广渠道。

【任务分析】

1. 什么是跨境社交媒体营销？
2. 跨境社交媒体营销渠道有哪些？
3. 主流海外社媒有哪些特点？

【相关知识】

一、跨境社交媒体营销认知

（一）社交媒体营销概念

社交媒体指的是互联网上基于用户关系的内容生产与交换平台，比如 Facebook、YouTube、Twitter、Instagram、TikTok 等。

营销指的是企业发现或发掘准消费者需求，让消费者了解该产品进而购买该产品的过程。

由此可知，社交媒体营销就是，企业或个人或机构利用各种社交媒体平台和工具来推广产品、服务或品牌的营销策略和活动。它是一种与目标受众建立和互动的营销方法，通过社交媒体的广泛传播和用户参与，实现品牌知名度的提升、用户群体的拓展、销售增长等商业目标。

社交媒体营销的核心在于与目标受众建立紧密的连接和互动。通过在社交媒体平台上发布有吸引力的内容，如文章、图像、视频和音频，吸引用户的关注和兴趣。同时，社交媒体营销还涉及与用户的双向沟通，通过回复用户评论、解答问题和提供支持等方式建立良好的品牌形象和客户关系。

（二）社交媒体营销的类型

1. 社交媒体广告

在社交媒体平台上购买广告位，通过付费的方式将品牌、产品或服务的广告内容展示给目标受众。社交媒体广告可以根据受众的兴趣、地理位置等进行定向投放，提高广告的精准度和效果。

2. 社交媒体内容营销

通过发布有趣、有价值的内容来吸引用户与企业互动。企业可以在社交媒体上分享品牌故事、产品信息、行业洞察等内容，以建立用户对品牌的认知和信任，提高用户参与和传播。

3. 社交媒体影响者营销

与具有一定影响力和粉丝基础的社交媒体用户（影响者或 KOL）合作，让他们代言、推荐或评价品牌、产品或服务。他们的声誉和影响力可以帮助企业扩大品牌曝光度和影响力，吸引更多的目标受众。

4. 社交媒体活动营销

通过在社交媒体平台上举办各种有趣的活动来吸引用户参与互动。例如，抽奖活动、问答互动、用户生成内容比赛等，既可以增加用户的参与度和品牌曝光，也可以激发用户的口碑传播。

5. 社交媒体客户服务

通过社交媒体平台提供客户支持和解答用户问题。用户可以通过社交媒体渠道与企业进行实时的沟通和互动，提高用户满意度和忠诚度。

6. 社交媒体合作营销

与其他相关品牌或机构合作，在社交媒体上共同开展营销活动。例如，通过互相促进和互利共赢的合作，可以扩大品牌的曝光度、增加目标受众，并分享资源和用户群体。

这些类型的社交媒体营销可以单独应用，也可以结合使用，根据企业的目标和策略选择适合的类型，并结合不同的社交媒体平台实施。

（三）社交媒体推广的特点

1. 双向互动

社交媒体营销与传统的广告宣传方式相比，更强调与目标受众之间的双向互动。企业可以通过回复评论、私信互动、在线问答等方式与用户进行实时的对话和互动。这种互动不仅可以提供即时的客户支持和解答疑惑，还可以增加用户的参与感和忠诚度。

2. 多样的内容形式

社交媒体平台提供了多种多样的内容形式，企业可以根据目标受众的兴趣和平台特点选择合适的形式进行内容发布。文字可以用于发布有趣的故事、行业洞察和产品介绍；图像和视频可以通过视觉方式吸引用户的注意力；音频则可以用于播客和音乐等领域。通过丰富多样的形式，企业可以更好地吸引用户参与互动。

3. 广泛的用户群体

社交媒体平台拥有庞大的用户群体，涵盖了各个年龄段、地理位置、兴趣爱好和社会背景的人群。这为企业提供了一个广阔的市场，可以覆盖潜在的消费者群体。企业可以通过定位和定制化的营销策略，将目标受众细分，并针对不同受众制定相应的内容和沟通方式。

4. 精准的定位和定制

社交媒体平台提供了强大的用户数据和分析工具，可以对目标受众进行精确的定位和定制化营销。企业可以根据用户的兴趣、行为和偏好，将广告内容推送给潜在的有兴趣的用户群体。这种精准的定位和定制化营销能够提高广告的效果和用户参与度，从而增加转化率和销售机会。

5. 实时反馈和数据分析

社交媒体营销可以获得实时的用户反馈和数据分析。通过社交媒体平台的数据分析工具，企业可以了解用户的互动行为、喜好和偏好。这些数据可以帮助企业评估营销活动的效果，了解用户对产品或服务的需求和反馈，从而进行及时的调整和优化。

6. 品牌建设和口碑传播

通过社交媒体平台，企业可以建立独特的品牌形象，与用户建立情感连接。通过发布有趣、有价值的内容，回答用户的问题，参与社交媒体上的讨论，企业可以提升品牌的知名度和声誉。而用户在社交媒体上的积极互动和口碑传播，也可以帮助企业扩大影响力，以吸引更多的潜在客户。

7. 可量化的效果评估

社交媒体营销通过数据分析和监测工具可以对营销活动的效果进行量化评估。企业可以追踪关键指标，如曝光量、点击率、参与度、转化率等，以及用户的转化路径和行为。这些数据可以帮助企业评估营销活动的成效，发现问题并进行优化和改进，从而提高营销效果和用户体验。

（四）社媒推广的优势

1. 社交媒体拥有的可观流量可以满足企业不同的营销策略

作为一种不断创新和发展的营销模式，越来越多的企业尝试在社交媒体上展开各种线上活动、产品植入、市场调研和病毒营销等，这些活动都能够在社交媒体平台上实现。社交媒体最大的特点就是可以充分展示人与人之间的互动，而这恰恰是一切营销的基础所在。

2. 社交媒体营销可以有效降低企业的营销成本并获得较高的回报率

许多企业每年投入高额广告费用，但回报率却很低。社交网络营销采用"多对多"的信息传递模式，具有更强的互动性，能够吸引更多的关注。随着网民网络行为的日益成熟，用户更愿意主动获取和分享信息。社交网络营销以用户为主要媒介，通过"众口相传"的方式传播，与传统广告形式相比，不用投入大量广告。用户的参与性、分享性和互动性容易加深对品牌和产品的认知，形成良好的印象。从媒体价值的角度来看，社交媒体营销能够实现良好的传播效果。

3. 通过定向广告投放实现目标用户的精准营销

社交媒体的用户注册数据相对真实，企业在开展社交网络营销时，可以通过场景、收入状况、自然属性等标签来筛选合适的用户，从而有针对性地与这些用户进行宣传和互动，实现精准营销。如果企业的营销经费有限，但希望获得较好的效果，可以只针对特定区域开展营销活动，或根据用户所在地域、性别、年龄、兴趣等标签进行广告投放，从而实现对目标用户的精准营销。

4. 社交媒体营销作为符合网络用户需求的营销方式能带来更多销售量

由于社区内容分享更像是朋友之间的分享，用户更容易接受信息。无论是朋友写的一篇日记、推荐的一个短视频、参加的一次活动，还是新结识的朋友，都能让人们第一时间了解和关注身边朋友的动态，并与他们分享感受。参与、分享和互动代表了网络用户的特点，也符合网络营销发展的新趋势。社交媒体营销模式的迅速发展恰好符合了网络用户的这一特点。没有任何一种媒体能够像社交媒体那样拉紧人与人之间的关系。通过搭配使用硬广告和软广告，不断激发用户的购买欲望，多样化的优惠形式如砍价、拼团等能够为产品销量带来可观的裂变效果。因此，符合网络用户需求的营销模式能在网络营销中为企业发挥更大的作用。

5. 社交媒体营销让企业的互动公关更及时，易于建立品牌好感度

用户在社交媒体上获取信息的同时也在分享信息，企业可以通过社交媒体第一时间了解用户的态度，并进行互动。此外，社交媒体作为第一发声渠道，在企业出现问题时可以及时进行公关，增强用户对企业的依赖，与用户建立信任的同时提升对品牌的好感度。

二、主流跨境社交媒体营销渠道解析

（一）Tiktok

1. Tiktok 简介

TikTok 由字节跳动公司推出，是海外版的抖音，也是一款风靡海外的短视频社交平台。TikTok 曾多次登上美国、印度、德国、法国、日本、印尼和俄罗斯等地 App Store 或 Google Play 总榜的首位。其覆盖全球 150 多个国家和地区，下载量超 30 亿次，用户数量还在不停增长。

TikTok 在过去几年中取得了巨大的发展。2017—2018 年，TikTok 以 723%的惊人下载量增长速度超过了 FaceBook、Twitter、Instagram 和 YouTube 这些传统社交视频类应用巨头。并且在 2018 年第一季度 TikTok 成功取代 YouTube，成为下载次数最多的免费 iOS 应用程序；同时，TikTok 在 2018 年 10 月也登顶了 Google Play 排行榜。在 2018 年 TikTok 一举成为全球下载量第四的 App（IOS 和 Android），同时在 19 个国家的应用下载排行榜中进入前十名（iOS 和 Android）。

2021 年的 9 月 27 日，TikTok 宣布月活用户超 10 亿，拉开了中国短视频出海的序幕；仅仅一年的时间，2022 年 9 月 TikTok 的日活用户近 10 亿，这说明全球短视频商业化变现的模式已逐渐成熟。

2. TikTok 的主要特点

相较于主要面向于国内的抖音，TikTok 则服务于全世界，视频内容也更偏向于自我展示和创意展示。国内用户想要注册 TikTok 需要一定的技术，另外由于国内外政策差异，TikTok 允许一键跳转到 YouTube 等外部平台，抖音只允许跳转到字节内部平台。

相对于亚马逊、eBay 等传统货架电商平台，TikTok Shop 主要是依靠短视频、直播形式传播的兴趣电商。主打冲动消费，以时尚、美妆、猎奇等产品为主，且对于卖家内容把控及内容创作能力要求更高。

与传统的 YouTube、Facebook、Ins、Twitter 等流量相对饱和的平台相比，TikTok 目前还处于平台发展早期，内容及商家相对稀缺，因此在流量和政策上会大力扶持优质内容创作者与商家，如推出创作者基金、流量扶持、运费补贴、返佣金等活动。

（二）Facebook

1. Facebook 简介

Facebook 的月活跃用户数量在 20 亿左右，而且总用户数量庞大。Facebook 不仅为日常生活中的社会互动提供了新的平台，而且对用户行为的记录具有数量可观、不断更新、客观明晰等特点。想想看，如果企业在这个平台进行社会化媒体营销、挖掘潜在客户，利润肯定增长，因此，有利于企业进行社会化媒体营销、挖掘潜在客户。

2. Facebook 的主要特点

（1）用户信息真实度高，传播可信度高。

Facebook 用户在注册过程中就对用户的身份信息等进行审核，大大提高了用户身份的真实性和可靠性。Facebook 上能够显示他们真实的头像、姓名、联系方式、兴趣爱好、工作情况等等。在 Facebook 上的帖子也更具有可信度，从传播者、受众双方角度考虑，传播内容也更具有可追溯性，大大提升了传播效果。

对于企业而言，在利用 Facebook 营销时，可以根据用户注册信息来获取用户的性别、年龄、地域、学历等基本信息，同时也可以快速了解用户的偏好、消费习惯以及朋友圈。这样在投放广告的过程中，能够更好地区分潜在客户、开展比较精准的广告投放活动。

（2）受众多元化，善用 KOL 影响力。

对于射频识别产品，不管是在产品知识的专业度还是产品用途上，受众的认知水平都会有或多或少的差异，尤其是中间商和终端商。他们往往对广告信息的关注点和需求点存在不同的诉求。对于中间商而言，他们更希望看到产品的独特卖点、技术参数、应用系统方案，而终端客户更在意产品的用途、使用方法以及价格等具体需求点。

但不管是中间商还是终端客户，都易受意见领袖的影响。主要表现在添加好友、广告信息群组的分享帖、参与互动三个方面。如果有人率先和小组的管理员成为好友，在添加小组内的其他成员时，便更容易成功。

当然，在群组内分享的帖子，一旦获得管理员的审核通过，也会有更多机会获得组内成员的关注。同样在参与互动方面，若是有行业大咖对帖子进行点赞、评论或分享，就会相应地带动帖子的互动率和延长关注时间。

（3）针对不同兴趣圈子发布内容。

由于 Facebook 是以个体为中心进行传播信息，用户通常根据自己的喜好选择帖子、分享、互动、添加好友等行为。其所形成的圈子往往具有群体特征，而不同的群体圈子都有其独特的关注点和消费习惯。

在同一个社交圈子的用户对于彼此所发的帖子，更容易点赞、评论和分享。那么，对于好友的广告帖，也会产生更高的信任和购买欲望。在进行广告信息推广前，要熟悉每一个小组的规则和关注点，发布与之格调相符的帖子，才能产生更高的关注度和广告效果。

（三）YouTube

1. YouTube 简介

YouTube 是仅次于 Google 的全球访问量第二大的网站，它将社交媒体丰富有趣的内容和 Google 的搜索流量结合起来，塑造出 YouTube 独特的吸引力，对于想要做产品的视频营销的个人卖家或外贸企业来说，YouTube 是最佳推广营销平台，在 YouTube 平台上传视频能够提高 139% 的品牌曝光度，同时也可增加用户购买欲，且对于 25～44 岁的用户的影响显著。

2. YouTube 的主要特点

（1）用户体验高。

视频营销有很强的感染力，内容丰富，创造性强，卖家使用 YouTube 视频营销，对产品的展示更直观，可以让用户对产品有更立体、更直观的感受，无论是产品的颜色、大小还是功能，都会直接展示在用户面前。

（2）自然流量大。

在谷歌 seo 的站外引流中，使用 YouTube 视频推广可以吸引非常可观的流量进入独立站，做 YouTube 视频营销有利于将 YouTube 的流量引入到我们自己的店铺中，能够给卖家带来高转化率。

（3）传播速度快。

在 YouTube 上，如果上传的视频开始有点击量，系统就会推送视频给点赞用户的好友，慢慢就会有很多用户点进视频，那么一个热门视频就会脱颖而出，而热门视频的传播的速度和影响力是非常大的。

另外还有 Instagram、Twitter、Pinterest 等海外比较流行的平台，由于篇幅限制，放在二维码中，有需要的可以扫描学习。

Instagram，Twitter，Pinterest 的相关介绍

【任务实施】

实训项目	跨境社交媒体营销渠道分析
实训目的	通过该实训掌握客户旅程的实施步骤以及制定客户服务策略
项目成员任务分工	
实训方式和步骤	（1）为自己的跨境电商团队进行人员框架搭建和分工 （2）结合任务描述任务，以项目小组为单位展开讨论 （3）针对所要求的任务写出相应的思考结果 （4）各项目小组可进行交流互评 （5）思考并总结，完成实训报告
实训问题	（1）什么是跨境社交媒体营销？ （2）跨境社交媒体营销渠道有哪些？ （3）主流海外社媒有哪些特点？ （4）基于海外社媒平台特点为自己团队选择合适的渠道
个人反思和总结	

任务三　跨境社交媒体营销策略分析

【任务介绍】

在新媒体时代，企业对品牌、产品的营销活动不再仅仅局限于单一的媒体渠道，往往需要进行全平台布局打造营销矩阵。本任务旨在让学生掌握跨境社媒平台营销的规则和投放策略。

【案例引入】

在 2022 年年末促销的激战中,SHEIN 通过低价甩卖在众多竞争对手中"杀"出一条血路。口口相传早已跟不上这波热度,让我们一起来看看 SHEIN 是如何通过海外社媒融入这场大促,扩流涨粉的(图 6-3-1)。

图 6-3-1　SHEIN 联动 KOL 优惠大放送

除了在官方电商平台上打出高达 80% 的巨大折扣之外,SHEIN 还在其海外社媒账号上投入额外优惠(图 6-3-2)。

图 6-3-2　SHEIN 的 Tiktok 首页

SHEIN 的 TikTok 与 Instagram 账号在本次黑五营销期间发挥重要作用,不仅其 TikTok 主页头像设计为黑五主题样式烘托了线上购物氛围,其 Instagram 主账号也一如既往以红人营销获取多方流量。在本次大促期间,SHEIN 主页持续与数百位北美红人互动,这些红人拥有专属折扣码,使用红人在其海外社媒发布的折扣码,用户可额外获得 15% 的折扣优惠(图 6-3-3 和图 6-3-4)。

SHEIN 海外社媒账号的运营手段不仅仅帮助他们扩大流量和增加粉丝,还在黑五促销期间巧妙地传递折扣信息,有效地推动了用户的购买行为。这个案例展示了海外社交媒体营销和运营对于中国品牌走向海外的核心战略的重要性。海外社交媒体平台的发展方式提供了提高可扩展性和降低成本的方法。

图 6-3-3　SHEIN 在 Instagram 的推文 1

图 6-3-4　SHEIN 在 Instagram 的推文 2

　　通过这个案例我们可以看出，多平台社交媒体营销对于品牌在海外市场的成功出海提供了有效的助力。掌握社交媒体营销的手段和平台，并制定正确的社交媒体投放策略，可以显著提高产品的知名度和流量，使你在跨境电商运营中取得成功。

　　通过有效利用海外社交媒体平台，品牌可以与海外用户建立联系并传递品牌价值和产品信息。这种多平台社交媒体营销的策略可以帮助品牌在海外市场建立声誉和认可度。此外，由于海外社交媒体平台具有较高的可扩展性，品牌可以通过在不同的平台上推广和宣传来覆盖更广泛的受众群体。同时，与传统的广告形式相比，海外社交媒体营销的成本相对较低，可以在有限的预算内实现更好的营销效果。

总而言之，这个案例强调了海外社交媒体营销在品牌出海过程中的重要性。通过了解和应用社交媒体营销的技巧和策略，品牌可以在海外市场获得更多的曝光和关注，增加知名度和流量，从而取得成功的跨境电商运营。

【任务描述】

Mayouty 在了解了主流海外社媒平台的特点后，将进一步研究各社交媒体的推广方法与策略，学会使用社媒平台营销功能的方法。

【任务分析】

1. 主流社媒平台营销功能有哪些？
2. 各社交媒体的推广方法是什么？
3. 根据企业需求，制定社媒推广策略。

【相关知识】

一、跨境社媒投放策略步骤

（一）社交媒体营销的步骤

1. 了解自己企业的品牌与产品定位，并分析目标受众

在社交网络上注册企业账号后，根据企业的行业领域和风格选择特定的账号属性，并尽量避免频繁更改。改变行业属性可能导致粉丝流失或用户体验变差。为了分析目标受众，可以通过多个广告测试不同类型的文案，以确定受众对哪种类型的文案更有反应。此外，利用谷歌分析工具（Google Analytics）分析网站的用户群体喜好和使用 Instagram Insights 等工具，建立完整的受众分析。例如，一家时尚女装企业的客户可能年龄为 18~50 岁，喜欢时尚信息，并对服装穿搭的文章感兴趣。

2. 选择适合的发布平台

目前流行的社交网站包括 Facebook、Twitter、VK、LinkedIn、YouTube、Instagram、Pinterest、Tumblr、Flickr 和 TikTok 等，不同平台针对不同目标对象、使用群体和侧重点。下面以 Facebook、Instagram 和 VK 为例进行简要分析。其中，VK 主要被俄罗斯用户使用，Instagram 的使用者年龄较年轻，而 Facebook 的用户年龄较大。根据数据统计网站 Statista 的数据，Facebook 上最活跃的用户年龄为 25~34 岁，而 Instagram 主要用户为 18~34 岁的人群。Instagram 和 Facebook 的用户有部分重叠，但 Instagram 的用户群更广泛、更年轻化。企业应根据自身品牌、产品特点和目标受众选择发布平台。

3. 建立良好的发布习惯

定期发布内容，并与受众进行沟通是关键。首先确定适合的发布时间，然后进行定期发布。企业可以使用一些主要的社交媒体工具来管理发布和跟踪，如 CoSchedule 和 Buffer。

CoSchedule Calendar 允许用户从一个主日历构建完整的发布日期和营销策略，与团队合作，以日历的形式清楚地了解文章的安排和发布状态。Buffer 是一个网络社交发布平台，可以管理社交网络账户，为用户提供快速安排文章和信息发布到 Twitter、Facebook 和 LinkedIn 等平台的功能。定期发布可以有效增加用户的黏性。如何让粉丝或追随者愿意分享您的帖文或产品呢？关键是发布有价值的内容，因为只发布文章很难获得显著效果。此外，适时使用付费广告来提升帖文曝光量也是一项重要的策略。

4. 管理社媒口碑

虽然你可能没有将社交媒体视为客户服务工具，但它确实是最好的工具之一。通过积极的社交媒体运营，可以管理品牌声誉，降低企业在网络上的负面评价或受到负面评价的影响。

5. 加强宣传力度

无论在哪个社交媒体平台上，仅仅发布帖文是不够的，除了发布内容之外，宣传也非常重要。另外，还要意识到在网络上没有所谓的"路过经过"，因此，宣传力度至关重要。

6. 确保建立优质着陆页

着陆页是指能促使客户完成相应转化行为（如订阅邮件、加入购物车、购买产品等）的特定网页，是转化率的关键。要注意，着陆页不是主页，而是更具体能够转化用户的页面。因此，在设计着陆页时，需要吸引用户并最大限度地促使他们完成转化行为。因此，在社交媒体营销中，定期发布内容、选择适合的平台、建立良好的发布习惯以及优化着陆页都是至关重要的要素，可以帮助品牌有效吸引目标受众并获得成功。

（二）如何制定社交媒体营销计划

1. 研究竞争对手

了解竞争对手在社交媒体上的表现和策略。分析他们的成功之处和不足之处，以获得启发并找到自己的差异化优势。这可以帮助您确定如何在竞争激烈的市场中脱颖而出，并制定出更有针对性的社交媒体策略。

以某健身器材销售品牌的一款智能跑步机为例，可以研究其他健身器材品牌在社交媒体上的表现。例如，某个竞争对手可能在 Instagram 上发布用户的健身故事和训练技巧，与粉丝互动。企业可以借鉴其策略，并根据自身产品特点，展示用户在智能跑步机上的运动成果和健身心得。

2. 制订内容计划

在制定内容战略的基础上，建立一个详细的内容计划。确定您将在不同平台上发布的内容类型、主题、格式和频率。考虑使用各种类型的内容，如教育性文章、视觉内容、用户生成内容、互动内容等，从而确保内容具有多样性和吸引力，同时与您的品牌形象和目标受众保持一致。

智能跑步机品牌方可以制订一个月度内容计划，包括每周发布健身教程、运动挑战、健康生活小贴士等。例如，每周一发布跑步机的使用指南和训练计划，每周三发布用户的成功故事和健身成果，每周五发布健康饮食建议和营养知识。这样可以为用户提供多样化且有价值的内容，增加他们对产品的兴趣和参与度。

3. 创造有吸引力的内容

社交媒体上的内容需要引起用户的注意并激发他们的兴趣。确保你的内容有独特性、有趣性和实用性。使用吸引人的标题、引人注目的图像和视频，以及与受众互动的方式，如问答、投票、竞赛等。此外，关注当前热门话题和趋势可以增加你的内容的可见性和分享性。

智能跑步机品牌方可根据目标受众和产品特点，选择适合的社交媒体平台。在这个例子中，Instagram 和 YouTube 可能是主要平台。用户可以在 Instagram 上发布精美的跑步机照片和短视频，吸引用户的目光并激发他们的购买欲望。另外，用户还可以在 YouTube 上创建健身教程和训练视频，为用户提供更详细的指导和展示产品的功能和特点。

4. 整合社交媒体广告

考虑将社交媒体广告纳入你的营销计划。社交媒体平台提供了广告投放工具和功能，可以帮助你扩大品牌影响力、增加曝光量和引导流量。根据你的目标和预算，选择适合你品牌的广告类型，如推广帖子、广告活动、品牌合作等。

企业可根据内容计划制定固定的发布时间，并保持与用户的互动。例如，在每周一早上发布新的训练计划，然后在当天晚上进行直播答疑，回答用户的问题和提供额外的指导。这样可以增加用户的参与感，并与他们建立起紧密联系。

5. 持续监测和分析

定期监测和分析社交媒体营销活动的数据和指标是关键。利用社交媒体平台提供的分析工具，了解你的帖子的表现、用户互动和参与度。同时，还可以使用其他分析工具如 Google Analytics 等，追踪社交媒体流量对你网站转化率的影响。根据数据分析的结果，调整你的策略和战术，以使营销效果最大化。

6. 建立社交媒体危机管理策略

社交媒体上的声誉和危机管理至关重要。制定危机管理策略，包括如何应对负面评论和投诉，如何处理危机情况，并建立起响应快速和专业的团队。另外，还要及时回应用户反馈的问题，维护良好的品牌形象和用户关系。

假设有用户在社交媒体上投诉跑步机的质量问题。企业可以迅速回应用户的投诉，表示关注和解决问题。例如，客服可以回复评论，并提供专业的客户服务联系方式，让用户与售后团队直接沟通并解决问题。这样可以保护品牌声誉，展示企业对用户满意度的重视。

7. 跟踪趋势和技术发展

社交媒体是一个不断发展和变化的领域。跟踪最新的社交媒体趋势和技术发展，保持更新的工具和策略，以及探索新的社交媒体平台和功能。与受众保持紧密联系，并及时调整你的计划以适应变化的环境。

社交媒体营销计划需要灵活性和适应性。根据不同的情况和反馈不断调整和改进品牌运营策略，以确保社交媒体活动与品牌推广目标一致，并获得最佳结果。

二、主流平台营销策略分析

（一）TikTok

TikTok 的营销策略分为社交媒体运营、广告投放、网红营销。

1. 社交媒体运营

将品牌官媒进驻到 TikTok 上面，建立品牌主页，以此作为一个新的媒体渠道来宣传。找准账号定位，熟悉海外目标用户的爱好，以主号和多小号同时进行的策略，保持账号的矩阵垂直度。

2. 广告投放

TikTok 的广告类型分为开屏广告、信息流广告、原生广告推荐、付费广告 CPM 等。主要客户类型为游戏客户和电商客户为主的年轻客群。可以充分利用 TikTok 的标签挑战赛，按类别去组织内容，帮助用户分享和搜索内容。选取用户喜欢的标签挑战，或者发起自己品牌的挑战赛，从而扩大自身传播力度。

3. 网红营销

与网红合作，可以扩大公众的参与度，加强品牌与公众的联系，提高产品在潜在受众市场中的曝光度。同时，还可以将网红推广与优质原创内容相结合，合理运用滤镜和背景音乐，触发与用户的共情度，提高购买欲望。

4. 话题标签挑战

话题标签挑战是较受欢迎的推广活动，可以收集受众并有机地传播品牌信息。话题标签挑战活动大多是非赞助的，但只要内容正确，就能够使营销策略在用户和消费者中流行起来。有影响力的人更容易完成话题标签挑战任务，因为他们的覆盖面更广。

5. 用户参与

TikTok 营销策略里易于访问和吸引人的广告方式就是用户参与。使用之前，你要理解这个概念，我们可以看看海底捞的广告作品。这家餐厅在菜单上增加了 DIY 选项，用户可以根据食材选择制作食物的方式，并发布视频。这个活动鼓励了 15 000 多名用户将自己的体验拍摄下来，并将其上传，他们在 TikTok 上分享了 2 000 个视频，点击量超过 5 000 万次。

6. 品牌接管广告

这是 TikTok 广告较纯粹的形式之一，其中图像、短视频剪辑和 GIF 可以成为品牌着陆页的前身。由于此类别是专有的，因此每天只有一个品牌可以使用该特定类别。覆盖率可以用展示次数、点击率和覆盖率来衡量。品牌接管广告之所以有效，是因为 TikTok 的营销工具简单、用户友好，对特定产品或服务的品牌推广效果显著。

7. In-feed 原生广告

如果你喜欢全屏模式下的 Instagram 故事，并且觉得它们对广告推广有帮助，那么 TikTok In-feed 原生广告就是适合你的工具。你可以选择在广告上添加网站链接和立即购买按钮，让用户直接登录页面。这些都是可跳过的广告，而且有多个选项用于设计整体广告。广告的投放情况可以通过点击率、展示次数、总浏览量、视频观看时间和收到的参与度跟踪、分析。

8. Hashtag 挑战广告

在这种类型的广告中，用户将看到一个特定的横幅广告，该广告会把用户带到具有特色挑战的说明和规则页面。可以通过包括横幅视图、点击次数、用户生成内容的数量、视图数量、参与度和趋势位置在内的各种数据衡量广告投放情况。这个工具针对特定的消费者，并且有更多的转化机会。TikTok 营销策略的一个经典例子是#inmydenim challenge，即任何打开应用程序的用户都会被重定向到带有横幅广告的挑战页面。

（二）Facebook

投放示例

Facebook 已经成为各大企业强大的营销工具，并提供不同的营销方式，包括 Facebook business page 和 Facebook 广告，帮助企业通过有效的经济方式在目标受众中建立知名度，与客户建立联系，从而促进销售。

Facebook 有两种主要的营销策略，即自然社交网络和付费社交网络。自然社交网络是一种长期的免费社交增长策略，包括建立商业页面、生成帖子、通过评论和聊天与关注者互动。付费社交网络是通过 Facebook 管理和优化广告活动快速接触目标受众的短期策略。

如果使用自然社交网络营销，首先需要登录 Facebook 账号，单击屏幕右上角的下拉选项，选择 Create a page 创建商业页面，然后开始不断生成内容或帖子，通过与现有客户共享页面或加入 Facebook 群来扩大关注群体。

如果想在 Facebook 上做广告，可以先导航 Facebook 商业页面，单击屏幕右上角的下拉箭头，选择 Manage ads，单击 Create 按钮创建广告活动。这个过程会引导你选择广告类型、营销目标、目标受众和广告文案。

许多卖家使用自然和付费的社交策略来使用 Facebook。由于自然社交网络可以与活跃的追随者建立和互动，付费社交网络可以唤起用户的意识，提升产品或服务的水平。

1. 五大营销渠道

（1）Facebook business page。

（2）Facebook 广告。

（3）在 Instagram 上运行的 Facebook 广告。

（4）Facebook group。

（5）Facebook Marketplace 上列出产品和联合营销。

2. 自然社交网络

自然社交是一种长期的免费社交增长策略，包括建立公共主页、发布帖子、通过评论和聊天与关注者互动等，目的是通过提高账号的曝光量，吸引更多的粉丝关注，以及在跟粉丝的互动中给独立站引流。

3. 付费社交网络

付费推广包括通过 Facebook Ads Manager 管理和优化广告活动，这是一种快速接触目标受众的短期策略。自然社交可以建立品牌并使其与活跃的粉丝互动，而付费推广可以唤起用户意识并宣传产品、服务和促销活动等，因此，我们可以采取自然社交和付费推广相结合的营销策略。

4. 如何进行 Facebook 营销

（1）建立 Facebook 商业页面。

Facebook 营销的第一步是创建商业页面。它不仅可以作为企业的个人资料，还可以用来在 Facebook 上创建付费广告。要创建商业页面，首先登录到个人账户，然后从页面顶部水平菜单的右侧单击"Create"。接下来，在下拉菜单中单击"Page"，按照提示完成业务页面设置。接下来，输入页面名称和业务类别，单击"Continue"并上传头像和封面照片。然后导航至你的商业页面左侧的"About"选项卡，并完成所有填写部分，如输入网站 URL、编写业务摘要、添加工作时间和任何其他相关信息。完成业务页面的所有部分后，单击页面右侧的"+ Add a Button"按钮，添加CTA（行动号召）按钮。然后，从选项列表中选择要添加的CTA类型，并按照提示完成该过程。添加或删除标签，请单击右上角菜单中"Settings"。从左侧菜单中找到"Templates and Tabs"，在模板和标签页中向下滚动到"Tabs"部分，查看页面当前包含的所有标签。通过单击标签右边的"Settings"按钮来更新或删除已有的标签。如果要添加新标签，则应滚动到页面底部，单击"Add a tab"按钮。

（2）创建Facebook内容策略。

创建Facebook商业页面之后，需要创建Facebook内容策略。虽然每个内容策略都针对其需求、目标和目标受众，但它还需要概述并计划你将如何使用Facebook来营销，你可以通过创建客户资料来确定目标受众以及选择Facebook营销目标。以下是Facebook的五种常见策略和目标。

①扩大受众：Facebook的主要战略是提高品牌知名度。企业可以通过自然社交和付费社交网络吸引目标受众。由于Facebook已经拥有数10亿用户，因此这是接触潜在客户的良好平台。

②保持关注：通过为客户提供另一个接触点，他们能够与现有受众建立联系并保持关注。这对于正在寻找战略来推动重复销售并建立品牌忠诚度的企业来说是有益的。

③生成潜在客户：企业可以使用带有CTA按钮的Facebook商业页面，Facebook Messenger、Facebook群组和付费广告来生成潜在客户，这些付费广告可以将用户引导到你的商业页面或用于转换访客并生成潜在客户的登录页面。接下来，企业可以通过一些营销策略来培养这些潜在客户。

④推动再营销：Facebook广告为企业提供了利用再营销活动的机会。这些活动针对的是了解企业的用户，如访问过企业网站的用户。它为企业提供了一种市场营销方式，以吸引潜在客户。

⑤加强品牌建设：企业可以利用Facebook作为加强品牌建设的平台，如通过使用一致的品牌信息和品牌身份，而这又将进一步建立品牌意识和驱动品牌忠诚度。

（3）使用Facebook群组。

Facebook群组类似于俱乐部，用户可以根据兴趣选择加入。Facebook群组让企业有机会加入现有的群组，并通过积极参与或创建自己的群组来提高品牌知名度。Facebook群组服务于几乎任何类型的业务或组织，无论是本地的还是国际的。

（4）尝试投放Facebook广告。

Facebook广告是一种有效且低成本的数字广告形式。广告客户根据用户互动（如广告点击和转化率）付费，平均每次点击成本为1.86美元。要创建Facebook广告，请登录Facebook，创建Facebook Ads Manager账户然后转到你的账户，从首页单击"+"或"Create New"广告活动按钮以开始新的广告活动创建过程，然后逐步进行操作完成所有步骤。以下是你可以在Facebook投放广告的9个位置。

①Facebook和Instagram Newsfeed。

②Facebook Right-Column Ads（右侧栏广告）。

③Facebook In-Stream Videos（视频插播广告）。

④Facebook Search Results（搜索结果）。

⑤Sponsored Facebook Messenger Messages（付费信息）。

⑥Facebook Instant Articles（即时文章）。

⑦Facebook Marketplace。

⑧Facebook & Instagram Stories（"阅后即焚"的视频广告）。

⑨Facebook Audience Network（与 Loogle Display Network 相似）。

（5）在 Facebook 上保持活跃并吸引受众。

最后一步是在 Facebook 上保持活跃。Facebook 并不是一种"一劳永逸"的社交媒体渠道，而是需要企业在社交网络上保持活跃，只有这样，才能继续扩大受众群体并保持受众的参与度。

（6）以下是企业在 Facebook 上保持活跃的主要方式。

经常发布内容：生成内容是在 Facebook 上保持活跃状态的好方法。建议可以每周三天或每天的任何时间在其 feed 上发布内容。一般来说，企业和受众规模越大，发布的频率就越高，但仍需要考虑其行业和受众。

参与 Facebook 群组：在 Facebook 上保持活跃和吸引用户的一个简单方法是参与 Facebook 群组。一定要选择一个与行业相关的群组。例如，瑜伽垫品牌可以加入瑜伽群组。但需要记住，群组是一种与目标受众互动的方式，而不是推销的场所。

使用 Facebook Messenger：企业可以使用 Facebook Messenger（Facebook 的实时聊天功能）与页面访问者联系。许多人甚至使用 Facebook Messenger 作为客户服务工具。企业可以设置自动回复消息来显示给那些访问页面的人。

发布故事：在 Facebook 上发布故事是一种与用户互动的有趣方式。它以一种有趣、个性化的方式向受众展示当下正在发生的事情，从而建立其联系。企业通常使用故事在后台分享照片和视频、业务更新或趋势等。

5. Facebook 的营销技巧

（1）Facebook 营销内容质量胜于数量。

你是否知道每 60 秒就有 317 000 个状态更新和 54 000 个共享链接上传到 Facebook？而这只是更新和链接！每分钟都有一大堆内容被用户上传到 Facebook。要从这些内容中脱颖而出，你应该把注意力放在内容质量而不是数量上，数量其实并不能增加点击量。

事实上，在新的 newfeed 更新中，Facebook 更注重高质量内容。细分到更小利基市场的内容可以提高广告与潜在购物者的相关性，从而增加与潜在客户的互动机会。

（2）Facebook 网页推广小技巧。

打算做一个广告来推广你的 Facebook 网页？当你创建这些广告活动时，Facebook 将根据你的页面设置来自动调整文本和产品描述。不过，为了提高对每个细分市场的客户响应率，你可以通过单击 Advanced options（高级选项）来定制标题，并使用文本框对标题进行调整。

（3）整合 Facebook 营销策略。

无论你创建的是 PPC（点击付费）广告还是 Facebook 的网页内容，你的目的应该都是一样的：为潜在客户提供高度相关的内容。

当然，你的目标可能会有所不同，PPC 广告会将流量导向你的商店，而网页上的帖子则负责让你的粉丝获取他们想要的信息，不过你要确保你创造的每一个内容都是有趣的、高质量的。这就是为什么整合有机和付费的 Facebook 战略是如此重要，这能确保你提供的内容与你的品牌形象相一致。

潜在客户很可能会通过有机和付费的社交帖子接触你的品牌。因此，信息传递中的任何冲突都会导致信息混乱，最终对营销上的努力和 ROI 造成损害。

提示：当你计划 Facebook 网页内容时，记住 80/20 法则。你要确保只有 20% 的内容属于"硬推销"，而剩下的 80% 则是有趣、鼓舞人心、有教育意义、高价值的文章和其他非销售内容。

（4）Facebook 营销视频直播。

你应该知道视频内容对 Facebook 营销的重要性，那么你要如何获得好的视频内容呢？你可以使用 Facebook 旗下的视频直播平台 Facebook Live。

据视频网站 Livestream 统计，82% 的品牌观众喜欢直播视频，而不是其他形式的社交媒体帖子。如果你还在等待拍摄"高质量视频"，你将错过巨额的潜在点击量。事实上，有效的视频并不需要通过专业的手法进行拍摄。

（5）试试@ 你的 Facebook 粉丝。

如何最大化你的有机点击量？当你和粉丝分享 UGC（用户生成内容）、合作伙伴、出版物或 Facebook 网页时，你可以试着@ 自己的粉丝。

（6）不要低估 Facebook 的 Instant Replies（立即回复）。

并不是所有人都有足够的预算来参与人工智能和机器人技术的发展，但是你可以选择使用 Facebook 的 Instant Replies 功能。

如今，许多消费者倾向于直接通过 Facebook 与品牌商沟通，而不是电子邮件。Instant Replies 能够创造更个性化的购物体验，不过人们往往期望得到即时回应而不是自动回复。Instant Replies 能让你在你阅读客户信息之前就与其产生互动。

（7）用 Facebook 广告讲故事。

即使是一个付费的 Facebook 广告活动，讲故事也可以帮助你获得更多关注，并与目标受众建立更紧密的联系，从而提高广告点击量。

你可以在产品正式发布前创建预告片，让人们提前投资你的产品；当然，你也可以在视频或文章中，讲述一个对你的品牌很重要的故事。

例如，2010 年建立的 Facebook 账号 Human of New York（纽约人），创作者 Brandon 就用讲故事的方式使这个账号拥有了 1800 万粉丝。

（8）在 Facebook 上分享 UGC 和推荐帖。

当你要围绕品牌建立社区时，没什么比 UGC 和推荐帖更好的了。这不仅是把粉丝和潜在顾客容纳进来的好方法，而且将 UGC 纳入你的 Facebook 营销内容有助于增强娱乐性、增加客户信任度，最终提高销量。

根据广告周刊 Adweek 的数据，当消费者在决定是否要购买一款产品时，93% 的人都倾向于参考用户生成内容。此外，还有很多研究显示 UGC 会提高 Facebook 的相关分数和 ROI。那么如何将 UGC 融入你的 Facebook 营销策略呢？这就像手动分享内容一样简单。无论你决定如何在 Facebook 广告中使用 UGC，关键在于多收集 UGC 帖子。

（9）让你的 Facebook 图片广告更吸引人。

UGC 能脱颖而出，不仅仅是因为其值得推荐，更是因为 UGC 的图片比平常广告更独特。提示：在用头图吸引住潜在客户注意力时，你需要保持广告文字简洁明了、切题，那样才不会失去潜在顾客的注意力。

（10）Facebook 营销要聚焦你的潜在客户。

这里有一个词很重要——细分。你需要细分目标受众，然后在利基市场创建针对性较强的广告。你不应该关注总点击量，而要重视有效点击量的比例。一旦你确定了目标受众，想想潜在客户的兴趣所在，他们的具体地理位置，他们在看什么，他们在关注哪些人，什么时候是目标受众活跃期，然后创造出专为他们设计的高度针对性广告。

你可以使用 Facebook Pixel 工具追踪 Facebook 动态产品广告、使用聊天软件 Messenger 以及再营销广告的数据，这样你就可以把握每一个小众市场。

（11）Facebook 营销要利用封面图片。

你可以用新产品、促销或季节性内容定期更新封面照片。这将确保当潜在粉丝和购物者浏览你的 Facebook 页面时，最新也是最受欢迎的内容会首先出现在他们眼前，引起他们的注意力。你可以使用图像处理工具 Canva，它能快速帮你创建漂亮的介绍图片。

提示：你可以使用 Facebook 封面和促销帖向你的 Facebook 粉丝推广专属内容和促销。如果品牌方提供了 VIP 服务和内部消息，他们便会对该品牌产生偏爱。

（12）实时优化 Facebook 营销活动。

正如大多数 PPC 广告一样，为了充分利用预算，你会想要监控营销活动，并实时调整，以确保你花的每分钱都能得到最高的点击率。

需要注意的是，在通常情况下，一个广告活动需要一两天时间，才能获得足够的数据来判断其广告效果。对于那些效果差的广告，考虑下你是不是做错了以下几点。

①Facebook 广告的目标错误和广告展示位置不相关。

②着陆页和 Facebook 上的广告不一致。

③没有正确扩大你的 Facebook 广告规模。

6. Facebook 营销示例

（1）Kohl。

Kohl（科尔）百货公司根据粉丝在 Facebook 上的投票数量将会给不同的学校捐赠出总数达 1 000 万美元的善款。这是一个非常棒的推广活动，因为获得最多投票的 20 所学校会各接受 50 万美元的捐赠。科尔百货公司主页的粉丝数量因此猛增至 100 万，而每一个获得捐赠学校也得到了多达 10 万票的投票。科尔公司的这个以社交网络为中心的营销活动获得了巨大的成功。同时，其也在利用社会化媒体策略提高企业的社会责任感的方面也做出了出色工作和努力。

（2）Target。

2022 年的 2 月，著名的 Target 百货公司将 100 万美元捐赠对象的选择权交给了他们社交媒体上的粉丝。该公司使用了一个新的应用程式"Super Love Sender"来实时的告知其粉丝哪一家慈善机构处于票数领先的地位。St. Jude 儿童研究医院成为这场慈善活动的最终赢家。总的来说，这个营销活动是十分成功的，因为它在 Target 百货公司的 Facebook 页面上引起了相当大的轰动。

（3）福特探险家（Ford Explorer）。

从 2010 年开始，就可以看出福特汽车公司宣传推广技巧上的转变。其不仅仅开始将社会化媒体融入他们的营销活动，也不断用创新的理念突破了传统营销的界限。在刚刚过去的这个夏天，他们利用一个 Facebook 的活动揭开了新一代 2011 福特探险家的详细信息和数据。这是有史以来第一次汽车公司使用一个网站而不是用车展来推出他们的新款车型。为了让支持者的人数超过一定的数量，福特公司甚至采用了随机抽选一位 Facebook 粉丝来赠送新款探险家。

（4）Jack in the Box。

著名的快餐连锁店 Jack in the Box 举办的 10 月富裕粉丝大抽奖中，每当 Facebook 主页增加一个新的粉丝，那个令人有点"毛骨悚然"的吉祥物"Jack"就会在一个虚拟的存钱罐里存入 5 美元分，以 2 000 美元为起存点。当一个月后，将奖金发放给中奖的粉丝的时候，存钱罐里的金额达到了 11 500 美元。不用说，在社交网络上免费派钱是最有效也是最容易获得新粉丝的方法。这个营销活动不仅十分的有创意，也成功地让快餐连锁店的支持人数爆增。

（5）Bing 和 Farmville。

在春天即将来到时候，微软的 Facebook 主页为其搜索引擎 Bing 开展了一个让近 50 万新粉丝获益的营销活动。Bing 给所有单击"喜欢"按钮的新粉丝发放了 FarmVille 的货币。Bing 的营销活动为页面带来了巨大的流量也让粉丝人数迅速增长，但是自身主页上的用户参与度却成了问题。对此，微软回应说，发布著名的 Zynga 公司的新游戏的相关内容会让微软的页面持续成为热点也能不断地增加新的关注者。

（6）Papa Johns 比萨。

我们的年终列表上第一个来自比萨产业的 Facebook 营销活动来自 Papa Johns。其利用 Facebook 这个平台宣传了他们的"Papa 特色比萨"竞赛。这个竞赛在吸引了大量目光的同时，也给 Papa Johns 带来了很多粉丝。这个竞赛让粉丝们充分利用了他们的味蕾和创意给公司发明新口味的比萨。获胜者还可以因此获得一部分的利润。所以，这个竞赛活动让公司 Facebook 主页上的人数大量增加也不足为奇了。

（7）西南航空公司。

如果列出一整张最佳营销活动的单子，但是不提到任何使用了 Facebook 最流行的应用"地点"的公司，似乎有些说不过去。西南航空公司与许愿基金会就利用这个功能合作了一个绝佳的慈善项目。每当粉丝使用"地点"应用分享一个他们所在的地理位置，航空公司就会给基金会捐赠 1 美元。这次以慈善为中心的推广项目因为取得了巨大的成功。超过 100 万的用户在这次活动中成了西南航空公司的粉丝。

另外还有 YouTube、Instagram、Twitter 和 Pinterest 的相关社媒平台营销策略及营销示例，由于篇幅有限，请扫描相关二维码学习。

YouTube 的营销策略分析

Youtube 的营销示例

Instagram 的营销策略分析

Instagram 营销示例

Twitter 的 | **Twitter 营销** | **Pinterest 的营销**
营销策略分析 | **实例** | **策略分析**

三、搭建社交媒体营销矩阵

（一）社交媒体营销矩阵

社交媒体营销矩阵是一个综合性的框架或模型，用于规划、组织和执行社交媒体营销活动。它涉及品牌在不同社交媒体平台上的存在和互动，旨在实现品牌目标、扩大品牌知名度、提高用户参与度和促进销售增长。

社交媒体营销矩阵通常包含以下要素。

（1）平台选择：确定适合品牌的社交媒体平台，考虑受众特征、行为和偏好，选择与品牌目标相符的平台。

（2）目标受众：明确目标受众的特征、兴趣和需求，以便定位和定制社交媒体活动，与受众建立联系。

（3）内容策略：制定有吸引力、有价值的内容策略，以传达品牌故事、核心价值观，并满足目标受众的需求。

（4）发布计划：制定社交媒体内容发布的时间表和频率，以确保持续的品牌存在和参与度，根据平台特点和受众行为进行优化。

（5）互动和参与：与受众进行互动，回复评论、提问、分享用户生成内容等，以建立关系和增加参与度。

（6）监测和分析：使用社交媒体分析工具追踪和评估活动绩效，了解受众反应、内容表现和关键指标，根据数据做出调整和优化。

（二）为何需要搭建营销矩阵

统一策略：营销矩阵可以帮助品牌确立统一的营销策略和目标。明确定义目标受众、关键信息和内容策略后，品牌可以确保所有的社交媒体活动都是一致的，并与整体战略保持一致。

（1）提高效率：通过搭建营销矩阵，品牌可以更好地规划和组织社交媒体内容的创作和发布。内容日历可以帮助品牌合理安排时间和资源，确保内容的按时发布，并提高工作效率。

（2）优化目标受众：营销矩阵使品牌能够更好地了解目标受众的需求和兴趣。通过分析数据和受众反馈，品牌可以优化内容策略和渠道选择，更精确地满足目标受众的期望，提高营销效果。

（3）提升一致性：通过营销矩阵，品牌可以确保在不同的社交媒体平台上传递一致的品牌形象和信息。这有助于建立品牌的认知度和信誉度，增强品牌的影响力。

（4）监测和评估：搭建营销矩阵可以帮助品牌更好地监测和评估社交媒体营销绩效。通过设定关键指标和使用分析工具，品牌可以了解哪些策略和内容表现良好，哪些需要改进，从而优化营销活动并获得更好的结果。

总之，搭建营销矩阵有助于品牌在社交媒体上进行有针对性、有计划的营销活动，提高效率、优化目标受众、提升一致性，并通过监测和评估不断优化营销策略，以实现更好的品牌推广效果。

（三）如何搭建有效营销矩阵

下面以一家户外运动品牌"NatureVibes"为例来分析。

1. 个性化定制

NatureVibes 意识到他们的目标受众是喜欢户外活动的年轻人群，包括徒步旅行者、露营爱好者和自然摄影师。因此，他们为每个受众群体定制了不同类型的内容。对于徒步旅行者，该品牌会分享有关最佳远足路线和装备推荐的指南。对于露营爱好者，该品牌会提供露营技巧和野外生存知识。对于自然摄影师，该品牌会分享美丽风景照片和摄影技巧。

2. 多样化内容形式

NatureVibes 在社交媒体上不仅分享文字帖子，还通过图片和视频展示令人惊叹的户外风景和户外活动。其还定期发布自己制作的户外体验视频，展示他们产品的实际使用效果和顾客的反馈。

3. 故事叙述

NatureVibes 通过讲述真实的品牌故事来吸引受众。他们分享创始人创建品牌的初衷和激情，讲述品牌背后的故事和使命。这些故事引发了许多粉丝的共鸣，增强了品牌的认知和忠诚度。

4. 强调品牌独特性

NatureVibes 强调他们的产品是环保、可持续和高质量的，与竞争对手有所区别。他们在内容中突出品牌的独特价值观，并通过展示他们的环保措施和社会责任活动来证明自己的承诺。

5. UGC

NatureVibes 鼓励用户分享他们使用产品的照片和故事，并使用特定的品牌标签。这些 UGC 被重新分享在品牌的社交媒体页面上，提高了用户参与度和品牌认可度。

6. 社交广告和推广

NatureVibes 使用社交媒体平台的广告工具，针对户外活动爱好者定向推送广告。其在特定的季节或节日推出促销活动，并通过广告推广吸引更多的受众。

7. 紧密合作与合作伙伴关系

NatureVibes 与户外活动博主和摄影师建立了合作伙伴关系，互相合作推广对方的内容，并共同举办户外活动。这种合作有助于扩大品牌的影响力，并吸引更多的目标受众。

8. 矩阵示例

（1）Instagram。

①发布精美的户外风景照片和产品照片，展示品牌的美感和产品特色。

②利用 Instagram Stories 功能分享短期促销活动、产品更新和限时优惠，创造紧迫感。

③与户外摄影师和博主合作，互相转发内容并共同推广。

④鼓励用户使用特定的品牌标签分享他们在户外使用 NatureVibes 产品的照片，提高用户参与度。

（2）YouTube。

①制作高质量的户外体验视频，展示 NatureVibes 产品的功能和性能。

②提供户外技巧、装备评测和目的地推荐的视频内容，吸引了户外爱好者的关注。

③与户外领域的 YouTuber 合作，进行合作视频或赞助，扩大品牌的曝光度。

④鼓励用户在评论区留下他们使用 NatureVibes 产品的反馈和体验分享。

（3）Facebook。

①分享品牌故事、产品更新和活动信息，与受众建立情感连接。

②利用 Facebook 广告工具，针对特定的兴趣和地理位置推送广告，增加品牌曝光度和销售机会。

③创建 Facebook 群组，与目标受众进行互动和交流，分享户外经历和建议。

（4）Twitter。

①发布短而有趣的推文，包括户外技巧、活动通知和产品推荐。

②使用相关主题标签，吸引对户外活动感兴趣的用户。

③参与与户外运动相关的话题讨论，建立品牌专业性和权威性。

④转发用户生成内容，展示用户对 NatureVibes 产品的支持和喜爱。

通过分析以上实例可以看出，NatureVibes 在搭建有效的内容营销矩阵方面采取了多种策略。他们通过个性化定制、多样化内容形式、故事叙述、强调品牌独特性、用户生成内容、社交广告和推广以及紧密合作与合作伙伴关系等手段，成功地与目标受众建立了联系，并增强了品牌的知名度和影响力。这个例子展示了如何利用不同的营销策略来构建一个综合而又有针对性的内容营销矩阵。通过结合不同的社交媒体平台，NatureVibes 可以在不同渠道中展示品牌形象、吸引目标受众并与他们建立互动。由于每个平台都有其独特的功能和用户群体，通过有针对性的内容策略和营销活动，NatureVibes 可以最大限度地利用这些平台的优势，构建一个多元化而又统一的内容营销矩阵。

【拓展知识】

年轻人偏爱的 Snapchat

【任务实施】

实训项目	跨境社交媒体营销策略分析
实训目的	通过该实训掌握跨境社媒平台营销的规则和投放策略
项目成员 任务分工	
实训方式和步骤	（1）为自己的跨境电商团队进行人员框架搭建和分工 （2）结合任务描述任务，以项目小组为单位展开讨论 （3）针对所要求的任务写出相应的思考结果 （4）各项目小组可进行交流互评 （5）思考并总结，完成实训报告
实训问题	（1）主流社媒平台营销功能有哪些 （2）各社交媒体的推广方法是什么 （3）形成营销矩阵，并制定社交媒体推广策略
个人反思 和总结	

项目评价

评价内容		分值	评价		
项目内容	目标观测点		学生 自评	小组 互评	教师 评价
项目七　跨境电商社交媒体营销 / 跨境客户旅程分析	了解客户旅程分析的定义和作用	5			
	掌握客户旅程地图的绘制方法	20			
跨境社交媒体营销渠道分析	了解跨境社交媒体的基本知识和优势	5			
	掌握跨境社交媒体营销渠道的选择和使用	10			
跨境社交媒体营销投放策略	了解跨境社媒营销的步骤	10			
	能够制订科技社媒营销计划	10			
	掌握搭建内容营销矩阵的技巧	20			
整体效果	能够掌握客户旅程地图的绘制，并了解跨境社媒渠道的基础上进行跨境社交媒体渠道的策划和内容矩阵的搭建。	20			
总评	目标达成总体情况	100			

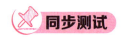 **综合实训**

步骤 1：寻找 5 个品牌企业，收集其在海外社交媒体上的推广渠道及文案，并完成下表的填写。

5 个品牌企业在海外社交媒体上的推广渠道及文案

品牌	渠道 1 及文案	渠道 2 及文案	渠道 3 及文案	×××
白猫	Instagram	×××		
×××				

步骤 2：深入研究上述营销文案，整理其文案特色及相关标签。

步骤 3：结合调研情况，为自己团队的主打产品设计营销矩阵方案，并进行投放。

同步测试

课后习题及答案

一、单选题

1. 社交媒体营销的目标是（　　　）。

A. 增加品牌知名度　　　　　　　　　B. 提高搜索引擎排名

C. 增加销售量　　　　　　　　　　　D. 扩大产品线

2. （　　　）社交媒体平台最适合面向年轻用户的品牌？

A. Facebook　　　　B. LinkedIn　　　　C. Instagram　　　　D. Twitter

3. 以下（　　　）是社交媒体营销的重要指标？

A. 搜索引擎排名　　　B. 点击率　　　　C. 品牌知名度　　　D. 销售成本

4. （　　　）是社交媒体监测？

A. 分析社交媒体平台的用户行为

B. 跟踪社交媒体广告的转化率

C. 监控竞争对手在社交媒体上的活动

D. 测量品牌在社交媒体上的声誉

5. 哪个社交媒体平台最适合进行 B2B 营销？（　　　）

A. Facebook　　　　B. Instagram　　　　C. LinkedIn　　　　D. Twitter

6. 在社交媒体广告中，（　　　）的形式具有最高的点击率。

A. 图像广告　　　　B. 文字广告　　　　C. 视频广告　　　　D. GIF 广告

7. 社交媒体营销的优势之一是（　　　）。

A. 低成本　　　　B. 长期效果　　　　C. 快速结果　　　　D. 精确的定位

8. 以下哪个社交媒体平台是主要面向专业人士和企业的？（　　　）

A. Facebook   B. Instagram   C. LinkedIn   D. Twitter

9. 哪种社交媒体内容类型最适合与用户互动？（　　　）

A. 文字帖子   B. 图像帖子   C. 视频帖子   D. 链接帖子

10. 在社交媒体营销中，KPI 是用来（　　　）的。

A. 衡量广告花费   B. 追踪用户互动

C. 分析竞争对手   D. 管理内容发布计划

二、多选题

1. 社交媒体营销的挑战包括（　　　）。

A. 竞争激烈   B. 用户忠诚度低

C. 广告费用高昂   D. 测量营销效果困难

2. 社交媒体广告的优势包括（　　　）。

A. 广告定位精准   B. 广告投放成本低

C. 广告效果可即时反馈   D. 广告容易忽视

3. 社交媒体平台的选择因素包括（　　　）。

A. 目标受众特征   B. 平台用户数量

C. 平台广告投放方式   D. 平台收费模式

4. 以下哪些是社交媒体广告的常见形式？（　　　）

A. 横幅广告   B. 视频广告   C. 弹出广告   D. 推文广告

5. 在以下社交媒体营销中，哪些策略可以提高用户互动的兴趣？（　　　）

A. 定期发布有趣的内容   B. 回复用户评论和提问

C. 使用互动式投票和调查   D. 发送大量广告推送

三、简答题

1. 什么是社交媒体影响力？

2. 请列举三种可以提高社交媒体参与度的策略。

3. 请简要描述社交媒体广告的目标定位。

项目七
其他跨境营销推广

 项目背景

近几年，跨境电商开启了全网营销的新时代，跨境独立站的发展带动了站外营销的崛起，但主流平台的营销依旧占据半壁江山。B2C 主流平台包括速卖通、亚马逊、eBay、Wish、Tiktok 等，B2B 有阿里巴巴国际站等平台，掌握主流平台的营销方式能帮助企业更好地获取流量，提高转化率。除此之外，运用好邮件营销、Whats App 和当下智能营销手段等，都能帮助跨境电商企业更好地开拓国际市场。

【知识目标】

1. 了解跨境平台站内营销推广的基本方式和推广技巧；
2. 了解 EDM 营销推广的基本方法；
3. 了解智能营销系统在跨境营销推广中的应用方式。

【能力目标】

1. 能够开展主流跨境第三方平台的站内营销推广；
2. 能利用 EDM 进行企业海外营销推广；
3. 能基于智能营销系统制定跨境营销推广方案。

【素质目标】

1. 树立正确的跨境营销价值观；
2. 培养学生具有家国情怀，爱岗敬业的精神；
3. 培养学生具有"敢为人先"的开拓精神。

【思维导图】

【润心育德】

大平台背书为企业发展出海助力

2006 年，相较于同期美国、日本、德国等地动辄上百万台的市场容量，当年全国自动售货机保有量仅有 6.2 万台。面对这种形势，作为中国最早一批涉足自助售货服务的"局内人"，湖南中谷科技股份有限公司（以下简称"中谷"）意识到，跳出原来的经营模式，寻求新的发展契机和更广阔的市场机会已成必然。自此十余年间，中谷从全面升级技术实力、聚焦核心产品研发，到开通阿里巴巴国际站开拓海外市场、深耕品牌营销，始终围绕"做世界一流的售货机，做世界一流的售货机企业"这一品牌理念做深做实，成功地把"中谷"（TCN）系列产品广泛应用于全球 50 多个国家和地区，实现年销售额达 6 亿元。接下来，开通阿里巴巴国际站，借助大平台的影响力把自己展现给全球买家。未来，中谷希望依托强大的技术研发和全产业链集成管理平台的建设，继续以做"世界一流的售货机，世界一流的售货机企业"为品牌目标，通过不懈的专业追求，励志成长为自动售货终端领域产品品质、品牌美誉、技术保障、价值服务同步输出的代表性企业。"把品牌推到海外去，成为行业里的驰名商标，展现给全球的客户，并得到大家的认可和热爱将是我感到最骄傲和自豪的事情！"负责人任柳由衷地期待。

本项目要求学生通过掌握当下主流平台站内营销、邮件营销、WhatsApp、智能营销等手段助力跨境企业品牌出海；培养学生弘扬爱国奋斗精神、传承精益求精的大国工匠精神，为将来从事跨境电商营销工作树立良好的跨境营销价值观。

任务一　跨境主流平台站内营销推广

【任务介绍】

通过学习本任务，学生对主流跨境电商平台的站内营销推广有了初步的认知，以阿里巴巴国际站、速卖通、亚马逊为例，掌握了主流平台站内常用营销推广的操作步骤和优化技巧。

【案例引入】

Anker 目前采用了亚马逊+独立站双轨模式，使独立站既可沉淀流量，又能打造品牌。据 Similarweb 数据，Anker 独立站的流量主要来自直接搜索（41.06%）、电子邮件（0.26%）、社交媒体（6.77%）、自然搜索（29.65%）、付费搜索（16.76%）和展示广告（1.16%）。但是这也需要长期的发展和品牌建设，不能一蹴而就。在刚刚进入海外市场时，Anker 还是依靠主流平台营销推广占据半壁江山。

作为面向全球市场的企业，Anker 选择在亚马逊平台上进行销售，以此来扩大自己的影响力和用户量。在这个过程中，它采取了一系列有针对性的运营策略。

1. 关注评论并积极回复

Anker 非常重视顾客评论，认为这是提高产品质量和用户满意度的关键。因此，在亚马逊上销售时，他们会时刻关注顾客留下的评论，并尽可能快地回复每一个问题和反馈。通过这样做，他们不仅能够提高用户体验，还能获得更多有价值的反馈信息。

2. 定期推出优惠活动

Anker 会定期在亚马逊平台上推出各种优惠活动，如"双十一""618"等大型促销活动。这不仅可以增加产品销量，还能吸引更多的潜在客户。此外，其还会推出一些限时特价活动，在亚马逊平台上提高曝光率。

3. 优化产品描述和图片

在亚马逊平台上销售时，Anker 非常注重产品描述和图片的质量。其会对每个产品进行精细的拍摄和描述，并注意使用关键词来提高搜索排名。通过这种方式，他们能够让更多的用户了解到自己的产品，并提高购买意愿。

4. 建立品牌形象

作为一个新兴公司，Anker 非常注重自己的品牌形象建设。其会在亚马逊上发布一些与品牌相关的内容，例如介绍企业文化、生产工艺等。这样做之后，其能够提高用户对自己品牌的认知度并增强用户黏性。

5. 总结

Anker 在亚马逊平台上的运营经验证明了一个企业只要有针对性地制定运营策略，并不断完善和调整自己的方案，就能够取得成功。随着电子设备市场竞争日益激烈，Anker 将继续以创新、品质和服务为核心，不断提高自己在亚马逊平台上的销售业绩。

【任务描述】

为了提高公司的知名度和销售额，小李被委派负责跨境主流平台的站内营销设计和营销活动推广，以增加站内用户的转化率和购买意愿。崔经理指出站内营销的重点应该放在市场需求和用户反馈方面，为公司带来更多的销售机会和品牌认可度。

【任务分析】

1. 跨境主流平台的营销活动都有哪些？

2. 平台站内常用营销推广的操作步骤有哪些？

3. 平台站内营销推广的优化技巧都有哪些？

【相关知识】

一、阿里巴巴国际站内营销推广

阿里巴巴国际站是全国领先的 B2B 企业电子商务网站，主要业务是帮助中小企业拓展国际贸易的出口营销推广服务平台，商家通过该平台向海外买家展示、推广供应商的企业和产品，进而获得贸易上和订单，是目前出口企业拓展国际贸易的首选网络平台之一。站内产品推广的重点是外贸直通车系和品牌推广系。外贸直通车是根据关键词展示在国际站对应展位的付费推广方式；展位推广，即橱窗展示位，将自主打产品设置为橱窗产品后，将在搜索结果页中优先显示，同时在企业网站首页的推广专区中重点展现。

（一）外贸直通车

P4P（Pay For Performance，外贸直通车）是阿里巴巴会员企业通过自助设置多维度关键词，免费展示产品信息，并通过大量曝光产品来吸引潜在买家，按照点击量付费的全新网络推广方式。

1. P4P 展示的优势

P4P 展示有流量大、免费、全面覆盖、精准推广等优势。Aleax 是网站流量查询平台。站点阿里巴巴下属子站点的流量占比如下，其中 offer. ali-baba. com 占了 61.54% 的流量，也就是 P4P 所占的流量，超过阿里巴巴主站的一半，可见流量之大。

通过 P4P 的定义可以知道 P4P 产品的特点是免费展示，点击扣费。阿里巴巴平台的流量逻辑是"曝光→点击→反馈"，当产品获得大量曝光后，在一般情况点击下与其成正比，进而才会有反馈，这一系列就会形成数据积累，单个产品的数据积累好了，久而久之整个平台权重就提升了，权重提升后对 P4P 出价产生影响，而价格的变动又会对流量有新的作用。在进行了一轮又一轮的数据积累后，最终得到的结果就是整个平台效果的提升。

2. 直通车排名规则

P4P 产品的排名到底是由哪些因素决定的？直通车的排序是按照"关键词的出价×推广评分"进行的。

（1）推广评分概念。

推广评分，即产品星级，是指关键词和产品的相关程度以及产品的信息质量，是影响产品展现区域以及排名的重要因素之一，单单一个产品拿出来是没有评分可言的，只有与不用的关键词匹配之后才会有评分的概念。点开关键词对应的推广产品数的数字便可看到关键词对不同的产品有不同的推广评分，这里的产品是按照与这个关键词关联之后的推广评分由高到低进行排列的，其中：推广评分为 5 星表示很好，建议维持，表示能通过比较有竞争力的竞价排到前五名。推广评分为 4 星表示点击率较好，建议维持，也能通过竞价排到前五名，推广评分为 3 星表示相关性较好，建议进一步优化产品的信息质量和点击率，也能通过出价排到前五名；推广评分为 2 星表示产品的关键词与产品的匹配相关性较差，无法进入主搜；

推广评分为 1 星表示产品与关键词的相关性较差，无法进入主搜，需要针对产品的信息进行优化，包括类目与关键词的匹配；推广评分为 0 星表示产品与关键词不相关，无法进入推广环节，需要为这样的词添加相关产品，或者将它们删除。

（2）推广评分提升方法。

影响推广评分的因素主要有三个，分别是产品信息质量、产品与关键词的匹配度、买家喜好度。

首先，一定要保证产品信息质量，主要可以采取两种方法。

①使用后台系统推荐的产品类目。

②参考同行排名考前产品的类目直接搜索自己的产品关键词，点击排名靠前的产品，就可以看到该产品的类目，可以参考这些类目。

其次，产品与关键词的匹配度和产品匹配，主要从产品名称和产品关键词两方面入手。

①产品名称是第一匹配要素，1 星词和 2 星词放在产品名称处，而且后置，但是千万不要堆砌，这样能够快速将词升级为 3、4、5 星词；产品标题中含多个不同的名称，买家用这些不同的名称搜索都能搜索到该产品吗？其实这是个误区，产品名称罗列和堆砌不但不会提升您产品的曝光可能，反而会降低你的产品与买家搜索词匹配的精度，从而影响搜索结果，影响排序，所以一定要记住不要堆砌关键词，只要把最匹配的放上去即可。

②产品关键词：产品关键词的作用是对产品名称的矫正，让搜索引擎对产品名称能够更好抓取匹配，也就是说这些产品贯家产是给搜索引擎看的。一个产品的多种叫法可以在关键词中体现，如"手机"的关键词可以是 cellphone 或 mobile phone 等。一般使用方法就是填好主关键词，第二和第三关键词是产品名称的其他叫法，只要与产品名称不冲突都可以作为产品关键词。（"冲突"的含义：冲突指不是同一产品，如 Tractors part 和 Tractors。）

最后，买家喜好度：买家喜好度主要是由点击量呈现，而影响点击量的因素主要有三个，即产品名称、产品图片、及时回复率。这三个方面是买家在搜索产品的时候最直观的感受，所以做好这三个方面会对点击量起到一个比较好的提升。

【操作示范】

外贸直通车 P4P 基本操作流程

（二）橱窗推广

橱窗是阿里巴巴国际站的一个产品陈列板块。将自己的主打产品设置为橱窗产品后，这些橱窗产品将在搜索结果页中优先显示，同时将在企业网站首页的推广专区中重点展现。

橱窗产品就是企业的主营产品，能比其他的产品得到更多曝光的机会。在排名系统里面，橱窗产品是优先排名的，但是因为竞争，只有信息质量高、客户喜好度高的产品才会排在前面。在橱窗布局上，一定要为每个橱窗设置不同的关键词，而每个橱窗产品都要覆盖最多的关键词。

橱窗产品在一定程度上可定义为店铺主推产品。阿里巴巴国际站赋予橱窗产品搜索优先排名，即在同等的匹配条件下，橱窗产品排在非橱窗产品前面，且店家可以随时对其进行更换，从而掌握产品推广的主动权。

1. 如何有效利用橱窗产品

设置橱窗产品很简单，在店铺后台页面找到相应板块根据步骤操作即可。那么，如何有效利用橱窗产品呢？

首先，保持橱窗的100%利用。根据数据反映，橱窗产品的整体曝光量是非橱窗产品的8倍。有效利用橱窗产品，能让产品获得更多的曝光机会，从而更好地展开推广。这些只需要在后台将产品设置为橱窗产品，并用满橱窗位置就可以。

其次，及时更新、关注橱窗产品动态。市场是时常变动的，实时关注橱窗产品排名，才能及时更新和优化，让产品获得更多、更长时间的曝光。我们可以在后台进行更新，但一个个查看相对比较费时费力，可以借助一些小工具。此外，还要经常优化产品，从而提高橱窗产品质量。

橱窗产品虽然比一般产品具有推广优势，但是不做好产品描述，会对产品曝光有致命影响。例如，有些人刚做外贸，连关键词长度要求都不知道，一味求多求全，反而会使关键词因太长而失效，使橱窗产品也得不到任何曝光。

橱窗产品曝光也受以下四方面影响：产品标题、简要描述、关键词设置和详细描述。如果在产品优化方面没什么经验，可以参考竞争对手的页面。用自己的关键词在阿里巴巴国际站首页搜索，排名靠前、非外贸直通车的产品描述均可作参考。

橱窗产品进行更新时也要注意以下方面：①根据市场、季节变动，结合热销产品，实时更新橱窗产品；②建议每类产品至少设置一款橱窗产品，让曝光的产品品类不那么单一，能争取更多排名优势；③产品名称尽量从不同维度设置，如产品的用途、材质等；④橱窗产品之间的关键词尽量不要重复，尽量用同义词错开，如表7-1-1所示；⑤不要把参加关键词搜索排名推广的产品，设置为橱窗产品。这些产品只会显示在固定的排名上，不会参与正常的橱窗产品排序，会浪费橱窗产品资源。

橱窗产品的关键词示例如表7-1-1所示。

表7-1-1 橱窗产品的关键词示例

产品	关键词
A款毛绒玩具熊	Stuffed Toys、Soft Toys
B款毛绒玩具熊	Plush Toys、Stuffed Bears

橱窗产品没有关键词搜索排名推广的效果来得直接有效，但是做好它确实能够提升产品的自然流量。

2. 设置橱窗产品的技巧

（1）如何挑选橱窗产品。

橱窗作为公司的亮点，具有商业付费因素，能优化产品排名。为了能最大化发挥橱窗的作用，挑选好橱窗产品是关键。我们一般会选择以下几类产品作为橱窗产品：①主打产品；

②热销产品；③新品；④结合季节和展会推出的产品。

（2）如何发布高质量的橱窗产品。

产品发布与产品类目、关键词、图片、简要描述、详情描述这几个维度密切相关，要想排名好，可以按照以下三步来操作。

第 1 步：选择正确的类目。

方法 1：在后台发布产品时，让系统自行匹配类目。

方法 2：在阿里巴巴国际站首页输入该关键词，参考查看自然排名前十的产品类目。

第 2 步：选择合适的关键词。

关键词来源：①"首页搜索下拉框"；②RFQ（报价请求）、"关键词指数""引流关键词"、访客详情、询盘等。以关键词指数为例，从关键词指数可以看出每个关键词的搜索热度。我们需要根据搜索热度来选择需不需要将产品推广到橱窗中。

（1）选取热度相对较高且精准的中度词，进行产品数据的积累，把产品排到前台。

（2）用低热度的属性词和高热度的核心关键词组合。

在这个过程中，时间也是需要被关注的，可能在做完后 1~2 周内都没有什么效果。但坚持将方法付诸实施，是可以看到成效的。

第 3 步：组合优质的产品标题。

产品名称（标题）是买家搜索的第一匹配要素，买家输入关键词进行搜索的时候，是通过产品的名称进行直接匹配的。从这里可以看出一个好标题的重要性，那么我们该如何组合优质的标题呢？可以从以下几点着手。

（1）保持产品名称和关键词的相关性－核心词后置，修饰词放前面。

（2）产品名称中加"for"和"with"突出产品的属性和用途－核心词要放在 with/for 前面。

（3）产品名称长度要适当。

（4）产品名称罗列和堆砌问题——不要把多个关键词在名称中重复累加。

（5）产品名称中的特殊符号——慎用特殊符号（如"｜""/"等）。

3. 橱窗产品优化技巧

发布橱窗产品之后，需要制作表格，从第二天开始查排名。第一周每天关注排名，从第二周开始每天关注"数据管家—我的产品—橱窗产品"的效果，同时每周进行一次常规维护（修改或增加产品信息）。然后，结合效果进行调整。以下是常规橱窗产品常见的问题及其解决方案。

（1）曝光量不高。

可能的原因：①关键词热度太高，竞争太激烈；②已有其他竞争对手的橱窗产品排在前面。

解决方案：修改产品信息、完善信息质量；针对原因②的建议换关键词。

（2）点击量不高。

可能的原因：买家喜好度低（受 FOB 报价、最小起订量、主图、标题等因素的影响）。

解决方案：调查行业情况，对最小起订量和运输方式进行适应性调整；优化主图、标题等。

二、速卖通站内营销推广

（一）速卖通平台自主营销工具

跨境电商平台最看重的是店铺流量、店铺出单率。速卖通平台拥有自己的四大店铺营销利器：单品折扣、店铺 Code，互动活动和满减活动。速卖通后台有店铺营销活动入口，通过设置店铺营销活动可以提高店铺整体流量。

1. 单品折扣

单品折扣是指在规定时间内对特定或全店产品进行打折销售，用于店铺自主营销。单品的打折信息将在搜索，详情，购物车等买家路径中展示，从而提高买家购买转化，快速出单。这种方式适用于打造爆款，可以辅助清仓。

【操作示范】

速卖通单品折扣创建流程

特别提醒：单品折扣活动一旦创建，商品便被锁定，无法编辑，只能下架。也可以选择退出该活动，退出活动后可以编辑。所以在创建活动前，应编辑好活动商品信息。

2. 店铺 Code

店铺 Code 分为可传播（通用型）和不可传播（专享型）。可传播（通用型）是指客户进入店铺之后可以领取的优惠券。不可传播（专享型）是指店铺向指定客户发放的优惠券。

3. 满减活动

满减活动在提高客单价、提升店铺权重方面有重要的作用。另外，满减活动和优惠券一样，可以与店铺的其他折扣活动叠加使用。

填写活动基本信息时特别注意：时间填写不能跨月，而且需要提前 48 小时创建活动。填写促销规则：要求填写"满××美元立减××美元"。特别注意：折扣和满立减的优惠是可以叠加的，设置时一定要考虑折上折后的利润问题。

4. 互动活动

店铺互动活动中，卖家可设置"翻牌子""打泡泡""收藏有礼"三种互动游戏活动，其中活动时间、买家互动次数和奖品都可自行设置，设置后选中放入粉丝趴帖子中，便可快速吸引流量到店。

（1）翻牌子。

这是一种九宫格互动活动，有 8 张牌对应 8 个不同的奖励，买家可以通过点击不同的牌获取不同的奖品，其中的奖励由卖家自行设置（可以有空奖），每个买家每次只能点击一张牌。

（2）打泡泡。

这是一种买家发射箭击破泡泡的互动活动，每个游戏有 18 个泡泡，其中的奖励由卖家自行设置（可以有空奖），买家在一局游戏中只能参与一次互动。

（3）关注店铺收藏有礼。

这是一种卖家自行设置的互动活动，买家在收藏店铺之后，可以获得相应的奖励，奖励由卖家自行设置。

目前关注店铺有礼仅支持手机端，买家在 PC 端上关注店铺暂不可获得奖励。买家取消关注店铺超过 24 小时后再关注，才会再次获得奖励。

（二）速卖通平台活动

根据活动类型与报名入口的不同，平台活动又可分为平台促销活动与频道活动。促销活动根据活动力度与周期，主要分为表 7-1-2 中的几种类型。

图 7-1-2　速卖通平台活动定义

营销活动定级	活动定义
S	全球速卖通战略级别营销活动，年度全球狂欢节；含周年庆"618""828""双十一""黑五"
A+	面向 Global 招商覆盖多行业的月度重点营销活动，或国家的年度地区重要营销活动；如 38 春上新、礼物季、冬季清仓、Trend spotting 等
A	Globa 打造的 IP 专题促销，或国家月度特色主题活动，及高爆发行业活动；如品类节，超品日
B	Global、行业、国家的重点与潜力项目促销；如玩具总动员、家电清凉周
C	日常主题性导购类活动、频道类活动（秒杀、金币、试用、砍价、Flash Deals、Super Deals、俄团、品牌闪购等）

1. 频道活动

（1）Super Deals 频道。

"Super Deals 频道"是指速卖通平台向商家提供的旨在通过营销技术服务帮助商家提供打造爆品、帮助消费者体验优质商品营销中心；Super Deals 频道的活动包括单品团。"单品团"是指商家以单个商品报名参加 Super Deals 频道活动，平台审核通过后在 Super Deals 频道展示该商品的活动。

（2）俄罗斯团购频道。

"俄罗斯团购频道"（Flash Deals）是指速卖通平台向商家提供的、面向俄语系消费者的、旨在帮助俄语系消费者体验优质商品和店铺的速卖通平台爆品营销中心。"爆品团"是指商家以单个商品报名参加俄罗斯团购频道活动，平台审核通过后在俄罗斯团购频道展示该各商品的活动。"爆品团"是指商家以单个商品报名参加俄罗斯团购频道活动，平台审核通过后在俄罗斯团购频道展示该各商品的活动。但是俄罗斯团购对商品折扣会要求较高，活动折扣为产品实际日常售卖价格的 1 折。

（3）团购。

团购活动仅在手机端展现，消费者进入团购频道，选择商品，可选择发起团或者加入正在进行的团；部分商品仅可通过发起团来参加活动，以系统展为准；当消费者人数在规定时间内（前台展示倒计时）达到规定要求，便可成功成团，而成功后，该团的所有团员将能够以优惠价格（"团购价"）购买产品。

（4）试用频道。

"试用频道"是指速卖通平台向商家提供的旨在帮助商家店铺快速积累销量和粉丝、塑造买家心智的优质货品体验中心。商家通过试用频道以1美分或报名时在相关规则中声明的其他币种，向买家销售或以其他方式向买家赠予通过审核的报名商品，通过平台审核的报名商品在活动预热结束之后不得退出。

（5）俄罗斯低价频道。

俄罗斯低价频道一般是在俄语区国家生效，是俄站平台低价潜力爆品中心，流量聚焦低价格带（0~10美元）商品，帮助提升单量。招商商品价格要求0~10美元，若报名的商品SKU价格超过活动限制的最高价则无法提交报名。

2. 成功报名速卖通平台活动的技巧

活动报名的整个流程还是非常容易操作的，提交报名商品，速卖通小二审品通过之后，就会按照相应的展示时间来展示。但速卖通的平台活动全部是人工审核的。那么，怎样才能报名成功，让自己的产品参与速卖通平台的活动呢？

（1）确定审品时间，在审品时间之前完成报名。

一般活动中有具体的审品时间，为每周周五。在没有具体时间的情况下，建议商家尽量在招商开始时间一个星期内完成报名，方便速卖通小二审核。

（2）看清楚活动要求。

活动要求主要包括价格、对应产品、新品、国家、销量、好评度等。

（3）切勿提价打折。

提价打折的概念是成交价低于刊登上架的价格。企业将产品上架时一般会把折扣核算进去，成交价一般是折后价，然后利用打折促销的噱头来赢取更多销量，方便我们报平台活动。但此类方式均属提价打折。

那我们会遇到一个问题，如果以原价刊登，不打折促销，流量就不明显，很难有销量。这里建议加入联盟营销或直通车推广，未提价打折的商品在审品的时候是相当有优势的，速卖通小二会优先考虑。当然，我们可以为了提高整体店铺流量而使某些产品迎合平台活动要求的折扣，承担一定幅度的亏损，前提是要把握好店铺整体利润。

（4）做好产品优化工作。

主图和详细描述十分重要。速卖通平台活动的类型一般分为团购、秒杀、上新、应季几大类型。在操作时，我们可以看到平台活动要求的折扣都是相当高的，若想经常参加平台活动，产品要有一定的价格优势。同时，我们可以通过细节优化（如添加有对应国语言的图片）等去提高自己报名成功的概率。

总结：Super Deals、俄罗斯团购、金币频道、团购、试用频道、俄罗斯秒购团、俄罗斯低价频道等团购和秒杀类型的平台活动带来的流量是非常大的，这几个是参加活动的首选报名项目。

（三）速卖通直通车推广

直通车是速卖通平台通过点击付费的一种店铺引流方式。在众多的店铺引流方式中，直通车能使店铺产品曝光量在短时间内得到大幅提升。当然，曝光量也与产品和关键词出价密切相关。

直通车分为重点推广和快捷推广。多款产品一起推广的方式为快捷推广，单款产品推广为重点推广。通过建立推广计划来添加要推广的产品，调整关键词出价，就可以得出推广产品的推广数据，帮助卖家测款和打造爆款。

其中，直通车的综合排名由关键词质量评分与出价的乘积决定，关键词质量与产品的属性、标题关键词、详细描述有关。关键词与产品本身的相关度越高，出价越高，产品排名越靠前。其操作方法如下：

速卖通直通车后台操作包括创建推广计划、添加关键词、出价和调整等。

推广计划包括重点推广计划和快捷推广计划。快捷推广计划用于为多款产品引流；重推广计划用来进行爆款打造和单款引流。

（1）选定推广计划类型，选择要推广的产品，为其添加关键词。

（2）调价及新增关键词。

（3）数据反馈与不断地调整优化（出价和关键词）。

速卖通直通车的关键词和出价是其核心要素。关键词决定了系统能否覆盖你的店铺产品，而出价决定了你的产品能否排到买家搜索列表的前页。

（四）速卖通联盟营销

速卖通联盟营销是一种"按效果付费"的推广模式，它是国内最大的海外网络联盟体系之一。加入速卖通联盟营销的卖家可以得到海量海外网站曝光机会并享有联盟专区定制化推广流量。速卖通联盟卖家只需为联盟网站带来的成交订单支付联盟佣金，不成交不付费，是性价比极高的推广方式。它是站外推广的手段，汇集了互联网上更多站外流量，产品展示、点击、推广免费，成交后才付费，并且可以随时调整佣金比例，灵活控制成本。

依托专业服务团队及上万卖家的服务经验，速卖通联盟取得了健康持续地发展。因此，速卖通联盟营销具有以下优势。

（1）海量的曝光（数十亿次的网络曝光，PC与移动设备全一面覆盖）。

（2）全球覆盖（速卖通覆盖全球上百个国家，拥有数十亿海外买家）。

（3）精准投放（精准进行地域匹配与购物习惯匹配）。

三、亚马逊站内营销推广

（一）亚马逊站内广告推广

亚马逊站内广告是亚马逊平台推出用于卖家推广产品的极其重要一款付费引流工具。在亚马逊搜索框输入关键词并显示结果后，排在前列搜索结果有一部分是赞助商链接——这些链接就属于广告范畴，此类内容上一般会有"Sponsored"或"Ad"字样，主要有三种类型。

1. 商品推广广告

采用点击付费（CPC）模式的广告，用于在亚马逊上推广单个商品。类似于 Google Adwords 的以关键字和 ASIN 为目标的广告，使广告商能够在亚马逊搜索页面和产品详细信息页面商宣传单个产品，是亚马逊上最受欢迎的广告。

2. 品牌推广广告

允许品牌在亚马逊搜索结果（首/尾/左部/中）的广告中宣传自定义标题、品牌 Logo 和最多 3 个产品，并跳转到品牌店铺首页或是特定着陆页。

3. 展示型推广广告

是一种新的自助广告解决方案，可帮助广告商在整个购物旅程中接触相关受众，广告展示位置在亚马逊内外都有展示。

创建亚马逊站内广告的流程如下：

（1）在卖家中心的导航菜单"Advertising"下拉菜单"Campain Manager"中，打开对应页面后，单击"Creat a Campain"按钮即可选择打算推广的"Listing"（详情页）进行广告创建，注意该 Listing 需拥有 Buy Box（黄金购物车）。

（2）选择"Listing"，创建时按提示要求，填写广告名称，以及每天的广告预算和广告时间，以完成广告计划的基本设置。Listing 中的关键词可以由系统自动生成，也可以手动设置。

（3）针对不同的关键词，可以设置不同的点击价格。

每个 Campain 下面可以设置多个 Ad Group，而每个 Ad Group 可以设置多个广告关键词。

（二）亚马逊店铺营销工具

1. Coupon

Coupon 是亚马逊促销工具中的一种。通过给特定产品提供价格优惠，以折扣或捆绑销售的方式为产品带来流量，增加产品的曝光率和点击率。

设置 Coupon 的流程为：

（1）登录卖家后台，选择广告–优惠券。

（2）建立新的优惠券：查看可用优惠券的商品列表。

（3）通过 Asin（亚马逊标准识别号）或者 SKU，将我们需要设置优惠券的产品添加进去。选择优惠券类型，制定预算，设置具体的持续时间、领取次数等。

（4）选择需要参与的商品

（5）设置优惠券的类型，如折扣力度，日期等；为优惠券设定预算。

（6）设定优惠券的名称及定位；完成优惠券设置并发布。

2. Prime 会员折扣

Prime 会员是类似于 VIP 的会员制度，缴纳一定的会员费可享受亚马逊购物的增值服务。据网络数据显示亚马逊美国有超过 1 亿的付费 Prime 会员，并且会员消费水平是非会员 2 倍以上。Prime 会员折扣就是针对这部分人群推出的打折优惠。设置亚马逊 Prime 会员折扣的流程为：

（1）打开 Prime 专享折扣页面，单击"创建 Prime 商品价格"，在广告下拉框中找到"Prime 专享折扣"。

（2）创建折扣。

（3）设置折扣信息。输入折扣详情：输入名称-输入折扣日期-保存并添加产品。

（4）输入产品折扣信息：SKU-折扣类型（包含满减、折扣、固定价格）-Prime 折扣-最低价格-提交商品。

（5）待结束填写并检查后，点击相应按钮便可提交商品。

（三）亚马逊平台活动

亚马逊是全球最大的跨境电商平台之一，为卖家提供了许多促销活动，并以此来吸引买家，从而增加产品销额。以下是亚马逊跨境电商平台常见的促销活动。

1. 亚马逊会员日

亚马逊会员日（Prime Day）是亚马逊跨境电商平台的一项重要促销活动，通常会在每年 7 月举行。在会员日期间，亚马逊会推出大量限时特价商品，只有 Prime 会员才能享受折扣。

2. 亚马逊周秒杀

亚马逊周秒杀（Bestdeal）通常在每周的特定时间内提供折扣优惠的商品。这些商品数量有限，时间有限，所以称为"周秒杀"。这种促销活动旨在吸引更多的消费者，并帮助卖家提高销售业绩。

3. 亚马逊限时秒杀

亚马逊限时秒杀（Lighting deal）通常在特定时间内提供折扣优惠的商品。这些商品的数量有限，时间有限，所以称为"限时秒杀"平台，在亚马逊平台上，限时秒杀的商品通常会在首页或促销页面上展示，消费者可以通过筛选功能或关键词搜索功能找到自己想要的商品。

4. 亚马逊黑色星期五

亚马逊黑色星期五（Black Friday）是亚马逊在每年 11 月举办的一项大型促销活动，通常持续数天。这个促销活动以"黑色星期五"为名，因为它通常在感恩节后的星期五开始，是美国的一个传统购物日。

5. 亚马逊网络星期一

亚马逊网络星期一（Cyber Monday）是亚马逊在每年的 7 月份举办的一项大型促销活动，通常持续数天。卖家想要参加亚马逊的网络星期一活动，可以联系销售开发经理或参考亚马逊的卖家中心，了解具体的参加规则和流程。

6. 亚马逊返校季

亚马逊返校季（Back to school）促销活动通常会在夏季结束后开始，为学生和家长提供各种商品的优惠折扣和特价商品。这个促销活动通常会持续数周，其间会推出各种特别优惠，包括限时秒杀、特价商品、优惠券等。

【拓展知识】

亚马逊站内营销广告制作

亚马逊站内流量来源网站本身，包含主站点和其他活动页面，在投放广告时应该根据实际情况去推广。现在就来介绍一下亚马逊站内广告应该怎么做。

1. Listing 详情页面

listing 优化是前期必做的步骤，只有 listing 优化好了，才有一个优秀的产品页面呈现给卖家，从而激发卖家购买欲望，listing 的优化内容比较多，如标题、图片、五点、产品描述、关键词等等，关键词和描述这两个内容对流量有直接的影响。

2. 变体

在发布产品的时候，有一些类目可以多变体，比如服装，我们在搜索的过程中，如果产品有变体的话，系统会显示该 listing 有更多的选项，当买家搜索到你的 Listing 时，也许他对你展示出来的颜色款式并不感兴趣，但如果能够从 Listing 中看到有更多其他选项的提示，客户就会多了一个选择。

3. 站内广告

站内广告是我们在做亚马逊时候首先想到的一种推广手段，分两种，自动广告和手动广告，两种广告的展示位置不同，带来的转化也有所区别，如果你的某个产品想投放广告，不妨将两种类型的广告同时投放，相互参考后再进行深度优化，从而让广告达到更好的效果。

4. 促销

首先我们要了解，促销的作用是什么？主要是让进入店铺里的客户购买更多，从而拉升客单价，但基于亚马逊顾客的购买习惯，亚马逊站内促销设置对拉升客单价的作用并不是特别明显。当一个产品设置了促销折扣之后，在搜索结果页面，会有一行关于折扣比例的提示，如此一来，和没有设置促销的竞争对手对比，Listing 就具有了更吸引人的要素。因此，卖家可以根据自己产品的实际情况和利润情况，适当的设置一些促销活动，既能起到一定的引流作用，又可以在某种程度上提高店铺的转化率。

5. 秒杀

秒杀是平台的一个活动，有着非常大的流量，对于卖家来说，如果参加了这个秒杀活动后还有利润的话，不妨好好利用它来导流和拉升销量。很多大卖家在一个 Listing 打造之初，为了拉升 Listing 的流量和排名，甚至不惜亏本也要报名秒杀活动，他们的逻辑很简单，但从秒杀中的利润层面上看，是亏损的，但因为秒杀活动中销量比较大，Listing 可以瞬间提升很高的排名，甚至成为爆款，成为 Best Seller，后期带来的利润同样不容小觑。

6. 产品留评

如果一个 Listing 的留评（Review）太差，该 Listing 的销量就会大幅下降，直至没有销量，相信很多卖家都曾经经历过一个差的 Review 导致销量拦腰斩断甚至销量缩水至十分之一的情况，所以，重视产品 Review 也是运营中的重要工作。

7. 物流时效

断货不仅会影响发货问题，还会影响 listing 的排名，甚至会面临下架的风险，所以我们一定要合理安排发货，避免由于断货导致流量下跌，权重下降。

资料来源：雨果网：https://www.cifnews.com/article/135433

【任务实施】

根据平台的活动安排，为公司店铺制定合适的营销活动方案。

实训项目	跨境电商站内营销推广
实训目的	掌握跨境电商平台的站内营销推广方法
项目成员 任务分工	
实训方式和步骤	（1）模拟任务描述中的场景，项目团队组建跨境电商公司，给自己的团队进行命名，成为小组名称 （2）结合任务描述任务，以项目小组为单位展开讨论 （3）针对所要求的任务写出相应的思考结果 （4）各项目小组可进行交流互评 （5）思考并总结，完成实训报告
实训问题	（1）各平台活动都有哪些，具体操作步骤如何 （2）各平台自主营销活动都有哪些，如何设置 （3）除了个性化推荐和促销活动，还有哪些站内营销策略可以用于提升用户参与度和购买转化率
个人反思和总结	

任务二 跨境邮件营销推广

【任务介绍】

根据 Salesforce Connected Shopper 报告中的数据显示，79%的用户希望通过电子邮件收到产品推荐，所以电子邮件是你与目标受众联系的好方式，同时还能帮助你避免过度销售。通过学习本任务，学生可以了解邮件营销相关概念与理论，掌握邮件营销常用推广手段及应用技巧，能够运用邮件营销展开公司跨境营销推广。

【案例引入】

作为跨境电商贸易网站的鼻祖，亚马逊算是"电子邮件营销"领域的开山之作。亚马逊在早期营销的时候，非常喜欢用后台的数据作为分析和支撑，并且向买家发送电子邮件营销，而且通过这种方式，收获的转化率要比其他平台高很多。

例如，在某个跨境电商卖家电子邮件营销案例中，当跨境电商用户心血来潮，在亚马逊上浏览"Point and Shoot"，就会收到的亚马逊的电子邮件提醒。

邮件内容1：主要包括这位买家访问的产品类别，当中最畅销、购买人数最多的产品型号。这封电子邮件中显示了佳能相机的型号，可以确定他们正在浏览这个品牌的相机，甚至他们在购物车中添加了一部佳能相机。

邮件内容2：除了推荐畅销产品外，还会包含垂直类别产品中的另一潜在品类推荐。这么一来，就可以顺带展示柯达相机。亚马逊不光是单纯地推荐了平台上最受欢迎的相机产品，而是因为亚马逊数据库已经获悉：大多数人在浏览以后购买了柯达相机的其中一款。因此，亚马逊认为这个也会感兴趣。

邮件内容 3：还包含了一些已购买的产品，目的是让我们购买相机或者产生复购行为。

跨境电商卖家可以通过这种邮件模式，对买家的浏览、消费行为进行分类和分析。这是推荐算法和个性化购物体验的双重结合，也可以对客户进行精准营销。

【任务描述】

在公司品牌出海过程中，除了搜索引擎营销以及社媒营销之外，崔经理还告诉小李，对于跨境电商卖家来说，电子邮件其实是一种非常高效、覆盖面广泛的营销渠道，目前公司对于电子邮件的关注度不是很高，作为新手卖家不应该把重点全放在搜索引擎营销和 CPC 广告等站内广告上。崔经理交代小李接下来要根据公司实际情况开展相应的跨境邮件营销推广。

【任务分析】

1. 跨境邮件营销的推广步骤有哪些？
2. 跨境邮件营销的推广技巧有哪些？
3. 该如何布局和优化邮件营销推广？

【相关知识】

一、电子邮件营销概述

电子邮件营销（Email Direct Marketing，EDM），是利用电子邮件与受众客户进行商业交流的一种直销方式，同时也广泛地应用于网络营销领域。现在的 EDM 与早年不同，是获得用户许可或订阅之后，向用户发送邮件，而非无方向地发广告邮件，也称许可式营销。

从外贸开发来看，EDM 是当前外贸业务中最有效的营销方式之一。通常在欧美文化中，邮件在交流中占据了很重要的地位，手机 App 的广泛运用，更让使用邮件像使用聊天软件那样便捷。如果邮件内容（文案）好，国外用户更加不会对广告邮件产生太大的抵触心理。根据相关资料显示，世界 500 强企业中有 75% 的企业通过邮件进行营销，可见邮件营销适应了国外文化得天独厚的环境；59% 的用户表示营销邮件会影响他们的购买决定；电子邮件营销在获取新客户方面比 Facebook 或 Twitter 等社交媒体平台有效 40 倍；电子邮件在所有营销渠道中转化率最高（66%）。再加上现在数字营销系统的助力，EDM 在内容智能化、投放精准化、客户管理等方面都得到了全面升级。

二、电子邮件营销推广流程

电子邮件营销虽然具有低成本高回报，操作简单灵活高效的特点，但是想要做好邮件网络营销实现预期的营销目标也并不容易。只有将电子邮件营销作为一项系统的营销工程，严格按照电子邮件营销流程实施，才能取得良好的邮件营销效果。通常，电子邮件营销流程可简单分为策划、执行、分析和优化 4 部分，如图 7-2-1 所示。

1. 确定目标用户，准备营销物料

电子邮件营销作为整个网络营销系统中的一部分，它是服务于企业的整体营销战略的，

因此在开展电子邮件营销前首先要确定电子邮件营销目的，找准目标用户，制定合理的营销目标。在制定营销目标时需要推广人员对产品核心卖点以及目标用户的需求进行分析，并将二者有机结合策划、设计、制作广告文案以及着陆页。

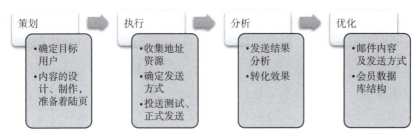

图 7-2-1　电子邮件营销流程

2. 收集邮箱地址，选好时间投放邮件

围绕营销目标，制作好电子邮件内容后，便进入推广执行环节，而这一环节的主要工作任务可分为以下三个方面。

（1）地址邮件资源收集。

收集目标用户的邮箱地址资源是电子邮件营销中最为重要的一个环节，也是邮件营销工作中耗时最长的工作。获取邮箱地址有通过展会、独立站用户注册信息、在线订阅、问卷调查、爬虫软件、购买地址库等多种方式，推广人员需要通过各个渠道收集大量用户的电子邮件地址作为邮件发送资源。因此收集的用户信息是否精准会对邮件营销效果产生重要影响，推广人员在邮件发送前一定要准备好目标用户的邮箱地址资源。

（2）确定邮件发送方式。

上文中讲述了常见的三种邮件投递方式，而不同邮件投递方式之间的发送数量以及发送方式也不相同，得到的营销效果自然也不相同。所以，在发送邮件之前，企业需要根据发送邮件的实际情况选择并确定合适的邮件发送方式。

（3）投送测试，选择合适时间发送邮件。

选择完邮件的发送方式，就可以发送邮件了。但在邮件正式发送前，还需要考虑邮件发送时间的问题。选择不同的邮件发送时间也会对邮件营销效果产生一定的影响，因为用户每周和每日的邮件打开时间及邮件阅读时间都相对比较集中。星期一上午 8—9 点的邮件阅读率和点击率相比其他工作日要高一些，因为大部分用户都习惯于在星期一刚上班的早上查看本周或上周的工作事项和任务安排。换句话说，推广人员需要深入了解目标用户的生活习性，从用户角度出发选择邮件发送时间。

注意：在正式投放邮件之前，必须要对发送的邮件进行小范围测试，保证邮件营销活动能有最佳的邮箱列表、创意设计组合。测试时，一般要发三封以上主题相同，但标题和内容呈现方式不同的邮件，如将一封邮件发给 500 个邮箱，一共发出 1 500 封邮件。这就是为了测试不同标题的打开率，以及不同内容呈现形式吸引用户的点击率哪个更高，哪个最终的转化效果最好。

3. 分析邮件发送结果

电子邮件投送完后，推广人员还需要对本次邮件投放结果进行数据统计分析（图 7-2-2），一般来说，衡量电子邮件营销效果的指标分别为有效率、阅读率、点击率三项。

图 7-2-2 电子邮件统计分析

（1）有效率或成功率。

有效率也称邮件发送成功率，是用来衡量邮件成功送达用户邮箱的指标，证明邮件发送地址是存在的。它的计算公式为：有效率=成功发送数量/发送总量。其中，发送总量是指电子邮件数据库的数量，成功发送数量是指成功到达邮件地址的数量，即电子邮件数据库的有效量。

（2）阅读率。

阅读率直接影响着邮件营销活动效果，它表明了被用户打开并阅读了的邮件数量。阅读率是用来评估用户对邮件标题的兴趣程度的重要指标。它的计算公式为：阅读率=打开量/成功发送数量。打开量指的是有效地址的用户接收到电子邮件后，打开邮件的数量。

（3）点击率

点击率是用来评估用户对邮件内容的兴趣程度。如果电子邮件的阅读率较高，但点击率却较低，就需要调整电子邮件的内容。它的计算公式为点击率=点击量/打开量。其中，点击量是指用户打开电子邮件后，触发的单击的数量，如果电子邮件中存在多个链接，最好单独统计。这样便可以评估出用户对邮件中不同内容的兴趣度，用以调整和优化电子邮件的内容。

4. 调整优化

通过对邮件发送结果的数据进行统计分析可以发现在本次邮件营销活动中存在的不足和问题之处；同时，还可以通过认真分析用户反馈的有效信息内容，可以作为调整优化邮件内容以及邮件发送方式的重要依据，根据邮件发送情况不断完善会员数据库结构。

三、电子邮件营销推广技巧

通过创新邮件推广内容，可以很好地提升邮件的质量。优秀的邮件推广内容创作过程如下：

1. 邮件图片创作技巧

一幅优质的图片寓意无穷，影响力自然无法估量，但是如何才能摆脱不恰当的图片应用，让图片真正发挥其积极价值呢？

（1）相关图片。

有些营销人员喜欢在电子邮件内容中放一些流行的图片，如明星照片、最热门的卡通形象等，博取用户的眼球；但是与产品和品牌不是紧密相关的图片，需要用户理解它们背后的意义，这可能会导致营销的真实目的无法实现。所以，选择邮件图片应以支撑产品为基点。

（2）重要图片放在邮件页面的左上角。

在电子邮件中，最重要的图片应放置于邮件页面的左上角位置。有关视线追踪的数据显示如图7-2-3所示，用户阅读网页内容时视线移动形成的轨迹像一个"F"形状，说明了用户阅读网页时视线是快速地移动，而不是逐字阅读。用户视线首先水平移动查看的是网页顶部区域的内容，然后稍微向下移动，继续向右查看网页的内容，但查看的区域比第一次少，最后视线仅在内容区域的左侧移动。

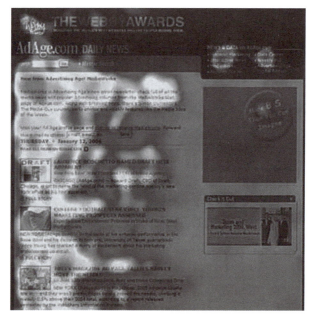

图 7-2-3 视觉热图

（3）掌握视觉运动方向。

在阅读中，用户的眼睛将随着主要视觉运动方向进行转移。在进行内容位置设计时需要确保用户的朝向方位与期望他们关注的下一个内容区域保持一致，以便更好地管理并引导用户的注意力。

（4）使图片脱颖而出。

不要在电子邮件中漫无目的地使用一张图片，如果使用图片，就要使它发挥出有效价值。应区别于大家一贯使用图片的做法，可以打破规则，改变图片形状、颜色等元素，让图片看起来独具特色。

（5）没有图片也有真相。

有些邮件客户端和用户屏蔽了自动显示图片功能，订阅者可能会接收到无法正常显示图片的电子邮件，因此，要确保邮件在无法展示图片的情况下仍然包含所有必要的信息。

2. 电子邮件文本创作技巧

邮件是与用户建立和保持长久关系的重要渠道，文本内容是邮件最基本和重要的组成部分，也是影响用户的关键元素，因此文本内容需要注意以下几点。

（1）带有吸引力和鼓动性的语言。

文本的创作方法和技巧有很多，带有吸引力和鼓动性的语言是其中一个方法。当然能同时满足用户和企业需求的文本才能算成功的文本，如果文本成功地抓住了用户的眼球，但是并没有刺激用户像企业期望的那样采取行动，对于文本的内容还需要再斟酌。

（2）保持简单的电子邮件文本。

电子邮件中的营销活动应让用户可以一目了然地看到最简单和最相关的内容，而不是仅堆砌各种华丽辞藻和繁复设计。

（3）正确对待社交媒体按钮。

不要盲目相信社交分享的功能，要根据数据评估邮件中插入的社交分享按钮是否达到预期效果；否则，需要创建特殊的电子邮件活动来鼓励和提升社交分享。

四、电子邮件布局优化技巧

一封有效的电子邮件该如何布局呢？为了创建特殊的邮件内容，需要对电子邮件的整体布局及各个元素的安排进行更加细致的优化。

1. 设计邮件整体布局

设计邮件的整体布局可以让用户可以快速、轻松地扫视邮件标题、图片、呼吁行动和其他重要元素，从而了解邮件全盘概要。

2. 创建吸引用户注意力的开头

在电子邮件营销中，争夺用户的注意非常激烈。用户可能不会阅读全部邮件内容，但是至少会看到电子邮件开头或每节开始的一部分。因此，可以利用创意图片、提问、巧妙语言等方式创建一个引人注目的开头，这能带来意想不到的效果。

3. 说服用户

在引起用户的关注之后，要确保用户理解和明白参与邮件互动的重要性，而让用户参与行动的关键在于在邮件布局中突出展示邮件能给用户带来的益处和价值。

4. 突出重点和目的

许多营销人员希望在一封邮件中传递所有的内容信息，也有营销人员希望尝试在邮件中实现多重目的，但结果是用户抓不住重点或产生厌烦。在邮件布局中，应突出重点内容和保持目的的鲜明性，可以让用户更快地完成阅读。

5. 分割布局

一般而言，市场营销人员在一封邮件中需要同时推广多个产品，在这种情况下，可以把电子邮件布局分割成更小的块，每一块的布局参照整体布局，要求开头具有吸引力、内容主体具有说服力、结尾具有行动号召力。

电子邮件不仅是一种简单的沟通渠道，同时也为营销人员和用户之间创造了互动的机会。运用创造性的邮件内容，能够让营销活动更好地到达目标用户和吸引他们积极参与。通过对图片、文本和布局等基础元素采用特殊技巧编排，创建让人印象深刻且可带来积极效果的电子邮件内容，邮件营销将取得更好的效果。

【拓展知识】

塑造一封高质量开发信的三个技巧

【干货分享】

邮件营销促进电商销售的十大策略

【任务实施】

请根据公司实际情况，针对公司的老客户、新客户、潜在客户策划一次电子邮件营销推广。（B2C 主题可选新品上市、促销特价活动、节日问候等内容，B2B 可选择展现公司实力、推送产品目录等）

实训项目	跨境电商邮件营销推广
实训目的	掌握邮件营销制作推广技巧
项目成员 任务分工	
实训方式和步骤	（1）模拟任务描述中的场景，项目团队组建跨境电商公司，给自己的团队进行命名，成为小组名称 （2）结合任务描述任务，以项目小组为单位展开讨论 （3）针对所要求的任务写出相应的思考结果 （4）各项目小组可进行交流互评 （5）思考并总结，完成实训报告
实训问题	（1）公司本次邮件营销的目的及预期 （2）本次邮件营销内容应如何创作 （3）本次邮件营销的推送实践应如何设置
个人反思和总结	

任务三　跨境智能营销推广

【任务介绍】

人工智能技术赋予营销产业新的发展契机，它极大地改变了数字媒体与消费者互动的方式，使得企业对消费者行为的洞察更加便利和深入。通过本任务学习了解智能营销的含义、特征及应用，了解智能营销影响下消费者体验及企业跨境营销策略的发展趋势，能运用智能营销手段帮助跨境卖家降本增效，实现商业价值提升，加快数字化转型。

【案例引入】

小公司大品牌的跨境营销之路

Waymore（威贸）是电子和智能产品市场中较为知名工厂之一，在电子产品方面拥有20多年的经验和知识，在欧洲、美洲、东亚和非洲等市场的生产和销售方面均有布局。该公司提供 OEM 和 ODM 服务以满足客户的要求，不断开发创新的产品和服务是我们的使命。

从2020年开始，市场行情突变，靠展会、邮件的发展模式已经很难接到订单，因此开始考虑通过线上开店推广模式开拓国际市场。但由于启动资金少，并且招不到合适的人参与跨境电商营销建设，Waymore 公司仅仅只能有一个人专门负责这块业务，一直拖着时间没有正式启动跨境线上运营项目。

2021年，公司使用了 Xorder 跨境电商智慧营销系统。从品牌传播的角度看，由于社媒平台聚集了大量用户，由于人脉、兴趣、思想汇聚，这种营销的传播力和影响力是指数级的，社媒平台发布的任何一条信息，就有可能瞬时触及成千上万的人，企业可借助社媒营销实现多渠道品牌曝光，以提升知名度与美誉度，还要推动客户转化。如果公司结合当下热点，还容易形成病毒式传播，快速引爆主推产品，提升销售相反地，企业付出的成本却很有限，因此，Xorder 的社交奇兵这款自动化社媒营销工具是非常适合 Waymore 的，因为它可以自动化地运营 Facebook、Twitter、LinkedIn 等主流平台，扩大社交圈，积累粉丝，并在线上回复客户的疑问，沉淀忠诚的用户流量。

当然，仅仅是网站+社交引流是不够的，基于 Xorder 数字营销系统，数字化营销广告等成为引流的重要利器，广告的精准化投放，快速扩大了引流来源，并突出品牌二字。同时，借助阿里巴巴国际站和 Xorder 的合作，Waymore 可以将国际站的产品 1：1 同步至独立站，5分钟就能上线开展全球销售，相当便捷。Xorder 独立站上借助信保数据，认证，品牌形象等多维度展现，通过支付担保手段共同推动，让买家快速建立起信任，促进订单交易的快速转化。多渠道引流，积累信保订单数据，让公司在阿里国际站的店铺排名也不断提升。Waymore 相关负责人对公司的第一年跨境电商发展非常满意，并对未来充满信心："数字化布局开拓海外市场，让我们真正实现了足不出户，营销全球"。

B2B 独立站+软件智能管理一体化，让企业瞬间数字化升级，跨境营销战斗力满级，1个人可以抵10个人运营团队，公司只需专注产品的开发和创新。同时，公司全面推进自动化、自动化交易、自动化营销，效率优于人工操作的多渠道联动营销，全渠道用户数据链接变得更简单，更高效。

这个案例说明，数字贸易背景下不能仅仅依靠简单的营销方式，选择一款合适的智能营销系统可以帮助外贸企业数智化转型，通过数字驱动全面高效开拓海外市场。

【任务描述】

基于公司独立站+多平台运营一起进行，崔经理认为公司需要选择一款好的智能营销系统帮助团队提高效率，让小李对智能营销系统进行了解，希望能够借助智能营销系统制定一套营销推广策略，从而全面、高效地开拓海外市场。

【任务分析】

1. 智能营销的含义、特征及应用情况是什么样的？
2. 智能营销影响下的消费者体验是怎样的？
3. 基于人工智能的自动化营销有哪些优势？

【相关知识】

"现代营销学之父"菲利普·科特勒曾提出，营销1.0时代以产品为中心，营销2.0时代以消费者为中心，3.0时代以价值观为中心，当下的广告营销正在走向"营销4.0"时代——以价值观、连接、大数据、社区和新一代分析技术为基础，将企业与消费者的线上线下活动相结合，并融入品牌建设的实体与风格，通过人与人连接和机器与机器连接的互补以达到增强顾客参与度，实现顾客自我价值的目的。

一、智能营销的含义、特征及应用

智能营销是以大数据和人工智能为基础，智能分析和预测营销活动中隐藏的模式和发展趋势，提升企业营销的效率和效果，最终使企业与用户之间实现价值共创的一种营销模式。

由于大数据的驱动，物联网、社交媒体和移动设备带来了似乎无穷无尽的数据流，这些数据大多是非结构化的，包括搜索、浏览、分享等行为及其产生的文本、图片等各种形式的信息，而这些都可以被监测和采集，由人工智能技术进行分析和帮助决策，从而使营销者更好地掌握行业用户人群画像、核心业务表现等情况。

人工智能技术则是智能营销运作的核心要素，其在营销领域的应用有以下几方面。

1. 自然语言处理

运用智能算法分析和处理自然语言，在营销分析中的用例包括主题提取、情感分析、内容个性化定制等。例如，大数据和人工智能平台软件厂商"国双科技"在数字营销业务中运用自然语言处理的方法，训练多类别细粒度情感分析模型达成优化，更精细地得出情感属性结果，运用这一方法可以从某一场景的一句话中精细提炼出情感偏好，从而更准确地反映对产品、服务的满意程度。

2. 机器学习

使计算机能够从经验中学习，来自动寻找新的和更好的解决方案。一个机器学习算法获得的数据和经验越多，它就会变得越好，从而实现更精准的营销。例如，第三方广告技术公司"秒针系统"推出基于 AI 的内容洞察与智能创作平台"秒出",可以通过人工智能算法聚合大量内容数据,训练机器提炼热门内容的特性并学习创作,自动生成文案。据秒出消息,该系统经过一年的机器学习,创作能力已接近专业创作者水平。

3. 图像生成

从现有数据集生成新图像。例如,智能营销云平台"珍岛集团"推出了智能图像生成服务,采用机器视觉及深度学习算法模型,能够实现一键抠图、智能配色及批量尺寸拓展等功能,生成更高质量的营销图片素材。

二、智能营销影响下的消费者体验

Puntoni 等(2021)提出了四种使用人工智能的消费者体验类型——数据捕获、分类、委托和社交:"数据捕获"是将个人数据赋予人工智能;"分类"指接受人工智能的个性化预测;"委托"是人工智能代表消费者执行某些任务的生产过程;"社交"则指与人工智能伙伴的互动交流。从而实现精准营销流程(图 7-3-1)精准营销流程。

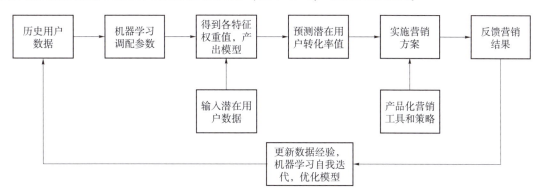

图 7-3-1 精准营销流程

1. 数据捕获

消费者把个人数据提供给服务方,以获得定制服务,这往往能将消费者的偏好与可选对象相匹配,从而帮助消费者进行决策。例如,安装在智能手机上的购物软件常常要求获取读写手机存储、定位、访问日历等权限,以推送更符合消费者喜好的商品。一方面,人工智能技术通过整合消费者的个人数据,使消费者的选择更容易、更有效,从而提升消费者的满意度;但另一方面,它们也会破坏消费者的自主意识,而自主意识的缺失可能会损害消费者的幸福感。

2. 分类

利用了人工智能的预测能力,来向消费者提供超定制的产品。例如,视频网站基于用户地观看历史、时间、设备、位置等信息为用户推荐视频,Netflix 甚至会使用人工智能来选择视频帧缩略图,来增加订阅者点击特定节目的可能性。这种"分类"既可能让消费者产生共鸣,也可能使消费者感到被误解。

3. 委托

人工智能代替消费者执行他们本来可以自己执行的任务。例如,智能语音助手会根据消费者的喜好,在购物软件上查找最匹配的商品并加入购物车;而消费者自行购买时,可能会遇到成百上千个选项,需要花费更多的时间挑选。这类功能可以节省消费者的时间和精力,提升购买效率。

4. 社交

人工智能与人互动的能力对消费者产生了"社交"体验。人工智能可以通过"对话"的方式为消费者提供与公司的联系。通过实证研究发现，在促成客户购买方面，未披露身份的聊天机器人与熟练员工的效率相同，比缺乏经验的员工的效率高出四倍。

三、跨境自动化营销

基于人工智能的营销自动化是指通过营销软件，将邮件、社交媒体和网页上的多次重复操作转为自动化完成，提升客户营销的效率和精准度，尤其是在渠道多元化的当下，全渠道的品牌产品传播是数字化营销的必然选择，而人手不足，不懂海外运营的传统企业更适合采用营销自动化解决方案，这不仅是中国的外贸企业面临的问题，也是海外众多传统企业面临的课题。

1. 营销自动化的工作流程

（1）不同节点的触达。

其可以预先设置好自动化流程，会在重要的时间节点自动发送预设内容给客户：当客户订阅品牌消息时，发送欢迎订阅的信息，也可以向其提供专属优惠券；发送生日祝福，提供生日专属福利，提高客户对品牌的忠诚度和体验。

（2）发送个性化的营销信息。

其可以通过 CDP 中的客户数据进行客户细分，可向不同细分组的客户发送有针对性的信息。比如，对有宠家庭发送包含宠物内容的营销内容，以促进他们购买。

（3）提醒信息。

其可以通过自动化设置在客户加入购物车未下单的一定时间发送提醒信息，信息中可以包含付款链接，温馨提示等，提高转化率。

（4）客户满意度调查。

其可以设置完成服务后某个时间向客户发送调查问卷，了解客户的满意程度并收集反馈意见，帮助企业更加了解客户需求和痛点，对症下药，从而提高客户体验。

2. 营销自动化的优势

（1）提高市场营销团队的工作效率，使其事半功倍。

其可以通过自动化流程处理重复性的工作内容，自动梳理销售线索，解放营销人员去处理一些更为复杂和更高级别的工作，在节省基础工作时间的同时，也可以降低人工开展工作时的出错率。

（2）有利于品牌了解客户，制定有针对性的营销战略。

其可以通过不同节点的客户数据反馈，品牌可以了解目标客户对所开展的活动的表现，评估活动效果，有针对性地进行活动改进，制定更受客户欢迎的营销计划，提供更有用的内容，提高客户对品牌的关注度和忠诚度。

（3）提高客户体验，拉动销售额的增长。

自动化营销工具中的客户数据管理平台 CDP 能够实现多渠道消费者数据，将来自不同渠道、不同场景的客户数据进行采集、整合，基于全方位的用户画像开展个性化的营销活动，为消费者提供其恰好需要的商品或服务，从而提高消费者的满意度，促进转化。

【拓展知识】

早在 1999 年，自动化营销的概念就步入人们视野，其中 Elogua 邮件营销在当时取得了巨大成功，但直到 2010 年后，营销自动化才迎来爆发。截至 2022 年，每周至少使用 2-3 次营销自动化工具的企业占比由 42.2% 上涨至 65.3%。营销自动化工具已成为企业日常运营的核心业务数据。

Hubspot 是国外最流行的自动化营销模式。摒弃"推"式营销，Hubspot 靠"拉"引来用户。HubSpot 两位创始人 Brian Halligan 和 Dharmesh Shah，在 MIT 任教时相识，当时营销市场还是传统的"推"式营销，将邮件一股脑推送给用户，效率低下，容易引起用户反感。HubSpot 将传统的"推"式营销方式，改为以用户为中心，通过优质内容有针对性"拉"取用户。首创集客营销（Inbound Marketing），这一新的营销模式，将邮件、社交媒体、网站集成于一体，而且操作简单。流程分为四步。

第一步是引流：通过生产优质内容，社媒传播，数字广告等方式，使用户在使用搜索或社交网络时，主动了解企业，并转化为网站访问用户。

第二步是转化：企业网页的访问用户，部分有购买意愿，通过填写表单或绑定社交账号等方式，留下相应联系方式，成为企业潜在客户。

第三步是成交：向潜在客户发邮件、沟通，持续追踪，最终达成交易，将用户转化为已购买客户。

第四步是持续口碑营销：客户在达成交易后，持续提供包括客服在内的后续服务，使客户满意，最终形成口碑效应。

在未来战略中，打造 Marketing、Sales 双引擎驱动的模式。纯 Marketing 驱动模式，随着收入增长已面临瓶颈。因此，Hubspot 提出了新的战略，将从专注于 Marketing 模式转为 Marketing 与 Sales 并重，还要打通 CRM，为客户提供一体化解决方案。

【拓展案例】

B2B 独立站和阿里联动，惜诺斩获百万级订单

公司简介：杭州惜诺服饰有限公司于 2016 年 1 月 18 日成立，主要经营丝巾、围巾、领带、商标吊牌辅料等商品，自投放市场以来颇受消费者青睐，畅销全国 20 多个省市，同时出口产品远销美国、欧洲、韩国、新加坡、越南等国家。

项目背景：受全球疫情影响，传统贸易受到严重冲击，海外买家采购模式更加依赖于线上化。而平台流量成本过大，客户也缺少忠诚度，复购率非常低，因此希望布局独立站。公司领导非常重视品牌化发展，希望在线上拥有更多的议价权，不希望与其他企业打价格战。

解决方案：为了解决引流和多平台运营管理的复杂问题，公司选择 Xorder 智能营销系统开通专属独立站，与阿里平台联动，主推 B2 小 B 模式，对于资金利用率，交易风险都是可控，利润率也非常高。并尝试在 Google、Facebook 等多个平台上常态化运营，TikTok 视频也有布局，重视社媒多渠道营销，让更多人看到公司的产品、网站店铺，建立品牌影响力，成为企业的忠实粉丝客户。而通过 Xorder 系统则可以实现多平台统一集中智能运营管理，通过

自动化营销，让营销变得更加智能、高效和简单。

企业认为"社交奇兵"模块能够简单快速的深化企业品牌影响，能够帮助我们与买家之间，建立起长期稳定的沟通与互信，最后社交化平台运营确实为我们带来粉丝积累和流量来源。该公司的营销投入逐年增长，2021年，50万的营销费带来了3 000万的销售额。目前，惜诺78%的订单来自独立站，每月新增客户数达到60多个，并有两次斩获百万级订单。

现在，数字新外贸是大势所趋。谈及长期战略和短期规划，公司对数字新外贸发展充满信心："惜诺一直积极地拥抱变化，对B端社交营销、红人直播、线上展会等数字化场景，也正在认真学习和尝试。2021年可以预见将会迎来传统采购旺季，相信我们一定能通过数据驱动、粉丝运营和多平台流量引流等取得更好的成绩，在惜诺独立站上再创业绩高峰。"

【行业前沿】

跨境卖家AI"新宠"来了！几元就能完成一个营销视频

随着技术层面的不断创新突破，人工智能在跨境电商领域持续渗透。AI智能聊天大火，AI文生图早已不是新鲜事，而在AIGC加持下，替代高门槛且复杂的传统营销视频创作的AIGC文生视频同样崭露头角，逐渐成为跨境卖家"新宠"，AI处处是惊喜，不少卖家已经不禁在期待：人工智能在跨境电商领域的下一个爆发点是什么？可以肯定的是，人工智能持续爆火背后受益的群体不在少数，其带来的颠覆和创新不光让跨境卖家们轻松降本增效，也带动了AIGC相关概念股股价暴涨，其中被人们视为"中国版Adobe"的创意软件A股上市公司万兴科技（300624）近两个月，市值翻倍突破百亿元。不久前，万兴科技面向出海营销领域，全球首发了AIGC"真人"短视频出海营销神器"万兴播爆"引起了出海营销卖家的广泛关注。

人工智能涉猎视频领域，几元成本就可以完成一个营销视频。

智能聊天机器人已经可以媲美真人了，AI视频的营销能力可以不逊于真人营销吗？

答案是肯定的。

短视频营销是B2C跨境电商销售的重要方式，中国跨境电商出口业态保持高速增长，带动跨境营销市场需求。据弗若斯特沙利文统计，中国出海营销服务行业市场规模2022年达到274亿美元，预计2025年将达511亿美元。该行业近五年的年复合增长率为27%。

但在蓬勃发展的同时，短视频营销也面临不少挑战。

传统的实拍模式，需要大量人工进行视频创作，存在外籍演员难找、多语言难适配、制作周期长、成本居高不下等明显痛点。随着Google、Facebook、TikTok短视频竞争的白热化，跨境卖家短视频制作投入不断攀升。

万兴播爆业务负责人Dour表示："对于跨境电商出海卖家而言，视频营销一般需要专属的模特形象，找一个海外的模特每天就需要200~1 000美元不等，所以拍一个视频的模特成本很高，而且这还不算剪辑拍摄的成本。如此一来，只有一些中大型公司才有实力进行营销投入，微型以及小型卖家往往很难接受这样高昂的价格和成本，只好作罢，再加上视频技术门槛走高，导致众多非专业视频创作者的创作能力大大受限，卖家之间的差距日益拉大。"

人工智能技术正在变得越来越强大，人工智能对视频领域的涉猎，使得卖家无需与费用高昂的第三方合作，无需聘请演员、租用工作室和购买专业设备，也无需真人出镜、任何拍摄和录制，让"几块钱成本就可以完成一个营销视频"成为现实。

在 Dour 看来，AI 视频软件的应用价值非常大，AIGC 的发展大大革新创作流程，大幅颠覆和简化视频制作工作链路，在万兴播爆等 AI 工具的加持下，卖家只需要输入相关文字，几分钟左右便可轻松创作爆款国际化短视频，"视频制作像编辑文档一样简单，一个人就可以完成一个团队所干的活，不光能降本增效，也能带来效益层面的增收。"

当前，全球各大科技企业都在积极拥抱 AIGC，不断推出相关的技术、平台和应用，万兴科技就是其中一家典型代表。万兴科技持续深耕数字创意软件领域，在出海营销领域有着长达 20 年的经验，是中国最大的创意类软件出海企业，致力于将"中国智造"的数字创意软件产品推向全球，全球用户超过 15 亿，业务覆盖全球 200 多个国家和地区。

当前，万兴科技面向 AIGC，已针对前沿科技组建百人技术团队，并压强式投入文字生成视频、文字生成图像、视频 AR、虚拟人等新技术，持续进行图片、视频领域 AI 技术等研发和探索，目前已于多个产品内落地虚拟人、文生图、AI 智能抠像、AI 智能降噪、AI 音乐重组、AI 换脸等功能，并逐步从泛娱乐、泛知识向泛营销领域等多场景渗透。

资料来源：亿恩网公众号

【任务实施】

调研市场上跨境智能营销系统的一站式出海解决方案，根据公司实际情况选择一款合适的智能营销系统并说明理由。

实训项目	跨境智能营销出海方案
实训目的	掌握智能营销的概念，了解智能营销在当下跨境电商出海解决方案中的应用情况
项目成员 任务分工	
实训方式和步骤	（1）模拟任务描述中的场景，项目团队组建跨境电商公司，给自己的团队进行命名，成为小组名称 （2）结合任务描述任务，以项目小组为单位展开讨论 （3）针对所要求的任务写出相应的思考结果 （4）各项目小组可进行交流互评 （5）思考并总结，完成实训报告
实训问题	（1）智能营销系统的应用如何 （2）智能营销的哪些功能能提升营销效果 （3）智能营销系统一站式全域出海的策略
个人反思和总结	

综合实训

对本项目所学的营销推广方法进行总结并完成表 7-3-1 的填写。

表 7-3-1 营销推广方法及其相关内容

营销推广方法	营销方式	优点	缺点	适合的企业及运用的阶段
阿里巴巴国际站				
速卖通				
亚马逊				
EDM				
智能营销推广				

思考：跨境营销发展未来的趋势如何？

 项目评价

评价内容		分值	评价		
项目内容	目标观测点		学生自评	小组互评	教师评价
项目七 其他主流跨境营销推广	跨境主流平台站内营销 → 掌握三个主流平台站内营销的基本方法和推广技巧	20			
	跨境邮件营销推广 → 能开展跨境平台站内营销推广活动	20			
	跨境智能营销推广 → 了解邮件营销的一般推广步骤及推广技巧	15			
	能制作高质量的邮件推广内容及掌握基本优化技巧	15			
	了解智能营销基本含义、特征及行业应用	10			
	能选择合适的智能营销系统赋能跨境出海策略	10			
	整体效果 → 掌握主流跨境推广的基本方法，结合公司实际选择并制定相应跨境出海策略	20			
总评	目标	100			

同步测试

课后习题参考答案

一、单选题

1. 用户阅读网页内容时视线移动形成的轨迹呈现（ ）形状。

A. T　　　　　　　B. L　　　　　　　C. F　　　　　　　D. H

2. 阿里巴巴国际站外贸直通车 P4P 推广按 （   ） 付费。

A. 数量　　　　　　B. 时间　　　　　　C. 点击　　　　　　D. 方式

3. 以下不属于速卖通平台自主营销工具的是 （   ）。

A. 满减活动　　　　B. Super Deals　　　C. 店铺优惠券　　　D. 单品折扣

4. Prime 会员折扣是 （   ） 平台的。

A. 阿里巴巴国际站　B. 速卖通　　　　　C. 亚马逊　　　　　D. Shopify

5. 以下哪个不属于平台营销活动？

A. 翻牌子　　　　　B. Flash Deals　　　C. 品牌闪购　　　　D. Black Friday

二、多选题

1. 衡量电子邮件营销效果的指标分别为 （   ）。

A. 有效率　　　　　B. 阅读率　　　　　C. 点击率　　　　　D. 转化率

2. 我们一般会选择以下几类产品作为橱窗产品推广 （   ）。

A. 主打产品　　　　　　　　　　　　　B. 热销产品

C. 结合季节和展会推出的产品　　　　　D. 新品

3. 阿里巴巴国际站橱窗产品点击量不高的原因可能有 （   ）。

A. FOB 报价影响　　　　　　　　　　　B. 主图

C. 最小起订量　　　　　　　　　　　　D. 关键词热度不够

4. 亚马逊站内营销推广主要有三种类型分别为 （   ）。

A. 商品推广　　　　B. Lighting Deal　　C. 品牌推广　　　　D. 展示型推广

5. 以下哪个活动不是在亚马逊平台上进行的？（   ）

A. Back to school　B. Cyber Monday　　C. Flash Deals　　　D. Super Deals

三、判断题

1. 获得用户许可或订阅之后，向用户发送邮件，而非无方向地发广告邮件，称为许可式营销。　　　　　　　　　　　　　　　　　　　　　　　　　　　　（   ）

2. 国际站中产品推广评分为 3 星，表示产品与关键词不相关，无法进入推广，需要添加相关产品或删除关键词。　　　　　　　　　　　　　　　　　　　　　　　（   ）

3. 速卖通店铺 Code 不可传播（专享型），只能向指定客户发放的优惠券。　（   ）

4. 速卖通平台活动尽量在招商开始一个星期内完成报名，方便后台技术人员审核。
　　　　　　　　　　　　　　　　　　　　　　　　　　　　　　　　　　（   ）

5. Coupon 是一种通过给特定产品提供价格优惠，增加产品的曝光率和点击率的营销工具。
　　　　　　　　　　　　　　　　　　　　　　　　　　　　　　　　　　（   ）

四、简答题

1. EDM 营销推广一般流程是什么？

2. 应如何发布高质量的橱窗产品？

3. 成功报名参加速卖通平台活动的技巧有哪些？

4. 智能营销的概念是什么？

5. 营销自动化有哪些优势？

项目八

跨境营销效果评估

 项目背景

　　跨境企业进行网络营销活动后，一项必不可少的工作就是进行营销效果评价，通过分析营销活动后的相关数据，来评估营销活动的综合效果及营销目标的实现程度，以确定营销方案的有效性。本项目将介绍跨境网络营销效果相关数据分析指标及基础分析方法、读者可对跨境网络营销数据分析有较为全面的基础认知；同时，还要指导营销人员进行客户分层工作，从而进行有效的客户管理及再营销活动。

【知识目标】

　　1. 了解跨境网络营销效果评估数据指标；

　　2. 了解跨境网络营销效果评估方法；

　　3. 了解跨境再营销的定义及方法。

【能力目标】

　　1. 能进行跨境营销效果评估；

　　2. 能进行跨境再营销工作。

【素质目标】

　　1. 培养诚实守信的商业道德；

　　2. 培养精益求精的工作态度。

【思维导图】

【润心育德】

2022年11月9日，国家主席习近平向2022年世界互联网大会乌镇峰会致贺信。

习近平指出，当今时代，数字技术作为世界科技革命和产业变革的先导力量，日益融入经济社会发展各领域全过程，深刻改变着生产方式、生活方式和社会治理方式。面对数字化带来的机遇和挑战，国际社会应加强对话交流、深化务实合作，携手构建更加公平合理、开放包容、安全稳定、富有生机活力的网络空间。

习近平强调，中国愿同世界各国一道，携手走出一条数字资源共建共享、数字经济活力迸发、数字治理精准高效、数字文化繁荣发展、数字安全保障有力、数字合作互利共赢的全球数字发展道路，加快构建网络空间命运共同体，为世界和平发展和人类文明进步贡献智慧和力量。

本项目要求学生通过掌握跨境营销效果分析及跨境再营销方法；培养学生大国自信、文化自信、团结协作的职业品质、爱岗敬业的劳动态度和精益求精的工匠精神，为今后从事跨境电商营销岗位工作和其他跨境电商岗位工作奠定扎实的基础。

任务一　跨境电商营销指标与数据分析

【任务介绍】

本任务的叙述要点是跨境电商营销指标，在跨境电商数据化运营中，了解跨境电商营销指标是关键的一环，在数据收集的过程中，需要有选择地挑选相应的指标进行分析。本任务主要通过案例引入跨境电商营销指标并对其进行详细的介绍，让同学们了解指标的主次排序，并对这些指标进行初步分析。

【案例引入】

西秀服饰涉足跨境电商由来已久，其从2016年开始已经进场，并且通过自身的影响力，陆续在各个跨境电商平台开花结果，其中不乏全球速卖通等热门跨境电商平台。在巅峰时期，西秀服饰的速卖通活跃数可以超过 4 000。另外，西秀服饰的面向市场并不狭窄，主要面向收入较高的国家。

为提高品牌知名度，进一步突破地理及平台的限制，让更多客户可以了解自己，西秀服饰进行了多平台的跨境网络营销活动。

【任务描述】

Mayouty 公司跨境海外事业部经过一段时间的跨境推荐，崔经理让小李了解一下产品或品牌进行营销活动后的效果，以验证营销方案的有效性。于是，小李准备去学习一些关于跨境营销效果评估指标和方法的知识。

【任务分析】

1. 确定跨境营销推广的评估指标有哪些？
2. 跨境营销推广的评估方法有哪些？
3. 请针对任务数据进行分析并优化。

【相关知识】

一、网络营销效果评估概述

（一）网络营销效果评估概念

网络营销效果评估是指通过系统地收集、分析和解释数据，以评估和衡量营销活动在网络平台上的实际效果和成效。它旨在提供对营销策略和战略决策的量化和可视化支持，从而帮助企业了解其在网络渠道上的营销活动是否达到预期目标，并对其影响力和回报率进行评估。

（二）营销效果评估在营销决策中的重要性

网络营销效果评估在营销策略决策中扮演着重要的角色。它能够提供数据驱动的洞察力，使营销人员能够了解他们的在线营销活动在实际中的表现如何。通过评估网络营销效果，营销决策者能够更好地了解消费者对品牌和产品的反应，确定哪些策略和战术是有效的，以及如何优化和调整营销策略，以做出更好的业绩。

（三）营销效果评估与整体营销的关系

网络营销效果评估与整体营销目标之间存在紧密的关系。其评估过程需要对整体营销目标进行明确的定义和规划，以便确定适当的评估指标和方法。与整体营销目标的对比和对齐后，营销人员便可以确定网络营销活动在实现目标方面做出的贡献。此外，网络营销效果评估还可以帮助营销人员确定哪些方面需要改进和调整，以更好地与整体营销目标保持一致，并实现长期的商业成功。

因此，网络营销效果评估是一个关键过程，通过收集和分析数据，评估营销活动的实际效果和回报，并与整体营销目标进行比较，以支持营销策略的决策制定和持续优化。它为企业提供了客观、可量化的指标，帮助他们更好地理解和管理其在线营销活动，并实现更高效和有效的营销效果。

二、营销效果评估的目的和意义

（一）评估营销活动的绩效

网络营销效果评估提供了一个客观、可量化的方法来评估营销活动的绩效。通过收集和分析相关的数据指标，企业可以了解营销活动的实际效果和成果，包括曝光量、点击率、转化率、社交媒体互动等。这有助于评估各项营销策略和战术的有效性，确定哪些活动是成功的，哪些活动是需要改进或调整的。

（二）确定营销策略的优化方向

网络营销效果评估为企业提供了改进和优化营销策略的指导。通过分析评估结果，企业可以发现潜在的问题和瓶颈，了解哪些策略或渠道表现不佳，并采取相应的调整措施。例如，如果某个广告系列的点击率较低，企业便可以通过优化广告文案、改进目标受众定位或调整投放渠道来提升效果。

（三）支持决策制定和资源分配

网络营销效果评估为决策者提供了数据驱动的决策支持。通过评估营销活动的效果和回报，企业可以更明智地分配资源和预算，优化营销投资的效益。网络营销效果评估可以帮助企业确定哪些渠道和策略具有更高的回报率，让决策者能够做出明智的决策，将资源投入最有潜力的领域，获得更好的营销结果。

（四）了解目标受众和市场反应

网络营销效果评估提供了对目标受众和市场反应的洞察。通过分析数据，企业可以了解消费者对品牌和产品的反应，了解他们的行为和偏好，从而更好地满足他们的需求。而这种了解有助于企业更精准地定位目标受众，调整营销信息和策略，提供更有针对性的营销活动，提升用户体验和忠诚度。

（五）优化 ROI

网络营销效果评估可以帮助企业优化 ROI，以确保营销投资的回报达到最大化。通过评估活动的效果和成本，企业可以计算出实际的投资回报率，并确定哪些活动和渠道对于实现最佳 ROI 是最有效的。这有助于企业合理分配资源，减少浪费，从而提高整体的投资效率。

总之，网络营销效果评估的目的和意义在于提供数据驱动的决策支持，优化营销策略和资源分配，了解目标受众和市场反应，以及实现投资回报的最大化。它帮助企业更好地理解和管理其在线营销活动，提升业绩和效果，实现长期的商业成功。

三、营销效果评估的关键指标和指标体系

网络营销效果评估的关键指标和指标体系可以根据具体的营销目标和策略来确定，以下

是一些常用的关键指标和指标体系。

（一）跨境电商指标体系

1. 网站运营指标

在电子商务网站的运营中，管理者需要及时了解网站的运营状况，因此，针对网站的登录量、浏览量、交易量等各类数据进行分析，已经成了每个网站运营者和网络营销工程师每天必做的功课。统计和分析网站的运营指标可以帮助管理者准确地抓住用户动向和网站的实际状况。根据跨境电商网站类型的不同和要了解的问题的差异，可以用许多不同的指标来衡量网站的运营状况。通常，网站运营指标有流量指标、商品类目指标和供应链指标。

（1）流量数量指标：流量数量指标分为页面浏览量（Page View，PV）、访问人数（Unique Visitor，UV）和访问次数（Visits）。

（2）流量质量指标：流量质量指标分为跳出率、页面/网站停留时间和 PV 与 UV 比。

（3）流量转化指标：转化次数、转化率。

（4）商品类目指标：包括商品类目结构占比、商品类目销售额占比、类目销售库存量单位集中度以及相应的库存周转率等，不同的产品类目占比又可细分为商品大类目占比情况以及商品在大小、颜色、型号等各个类别上的占比情况等。

（5）供应链指标：包括电商网站商品库存和商品发送等方面，而商品的生产以及原材料库存运输等不在考虑范畴之内。

2. 经营环境指标

经营环境指标分为外部竞争环境指标和内部购物环境指标。

（1）外部竞争环境指标：包括市场占有率、市场增长率、网站排名和访问比重等。

（2）内部购物环境指标：内部购物环境指标包括运营指标和功能性指标，用以反映网站的运营状况和实现的功能。运营指标同样包含了页面浏览量（PV）、访问人数（UV）和访问次数等流量指标，也包含了从访问到加入购物车的转化率，从访问到下单的转化率，从下单到支付的转化率和订单数量以及金额等。功能性指标包含了支付方式、配送方式、商品数目和最短流程等方面的指标。

3. 销售业绩指标

销售业绩指标直接与公司的财务收入挂钩，因此这一指标在所有数据分析指标体系中起提纲挈领的作用，其他数据指标的细化落地都可以以该指标为依据。销售业绩指标可以分解为网站销售业绩指标和订单销售业绩指标，其实两者并没有太大的区别，网站销售业绩指标侧重于网站订单的转化率方面，订单销售业绩指标则侧重于具体的毛利率、订单有效率、重复购买率、退换货率等方面。当然，还有很多其他的指标，如总销售额、品牌类目销售额、总订单量、有效订单量等。

（1）网站销售业绩指标：包括下单次数、加入购物车次数、在线支付次数、从访问到加入购物车的转化率、从下单到在线支付的转化率。

（2）订单销售业绩指标：包括毛利率、订单有效率、重复购买率、退换货率、总销售额、品牌类目销售额、总订单量、有效订单量等。

4. 营销活动指标

衡量一场营销活动做得是否成功，通常会从活动效果（收益和影响力）、活动成本以及活动黏合度（通常以用户关注度、活动用户数以及客单价等来衡量）等方面考虑。

营销活动指标分为：市场运营活动指标、广告投放指标和对外合作指标。市场运营活动指标和广告投放指标主要考虑新增访客数、订单数量、下单转化率、单次访问成本以及 ROI 等指标。对外合作指标则根据具体合作对象而定，合作的对象可以是其他网站、媒体和机构。

5. 客户价值指标

客户的价值通常由三部分组成：历史价值（过去的消费）、潜在价值（主要从客户行为方面考虑，以 RFM 模型为主要衡量依据）、附加值（主要从客户忠诚度、口碑推广等方面考虑）。

这里的客户价值指标分为：总体客户价值指标以及新客户价值指标、老客户价值指标，这些指标主要从客户的贡献和获取成本两方面来衡量，如用访问人数、访客获取成本以及从访问到下单的转化率来衡量总体客户价值指标，而对老顾客价值进行衡量时，除了考虑上述因素外，更多的是以 RFM 模型为衡量依据。

RFM 模型的主要指标：R（Recency）表示客户的最近一次消费时间，F（Frequency）表示客户在最近一段时间内的消费次数，M（Monetary）表示客户在最近一段时间内的消费金额。一般，CRM 模型着重于对客户贡献度的分析，RFM 模型则强调以客户的行为来区分客户。RFM 模型非常适用于生产多种商品的企业，而且其中的商品单价相对不高。RFM 模型可以用来提高客户的交易次数。

RFM 模型的其他指标：

①积极访问者比（Heavy User Share）；
②最近一次消费时间（Recency）；
③忠实访问者比（Committed Visitor Share）；
④消费频率（Frequency）；
⑤忠实访问者指数（Committed Visitor Index）；
⑥消费金额（Monetary）；
⑦忠实访问者量（Committed Visitor Volume）；
⑧访问者参与指数（Visitor Engagement Index）。

（二）网络营销评估关键指标

曝光量（Impressions）：指广告或营销内容在网络上被展示给用户的次数。曝光量可以衡量广告或内容的覆盖范围和影响力。

点击率（Click-through Rate，CTR）：表示用户点击广告或营销内容的比例，通常以百分比形式呈现。较高的点击率表明广告或内容吸引了用户的兴趣。

转化率（Conversion Rate）：指用户从点击广告或营销内容到完成预期行动（如购买、注册、订阅等）的比例。转化率衡量了广告或内容的效果，是否能够促使用户采取进一步的行动。

社交媒体互动指标：包括点赞、分享、评论、转发等用户在社交媒体上对营销内容的互动行为。这些指标反映了用户对内容的兴趣和参与程度。

点击成本（Cost per Click，CPC）：广告主为每次点击支付的费用。点击成本可以帮助企业评估广告投放的效果和成本效益。

平均页面停留时间（Average Time on Page）：用户在访问网页或营销内容时平均停留的时间。较长的平均页面停留时间表明用户对内容感兴趣并愿意花更多的时间与之交互。

反弹率（Bounce Rate）：表示用户只访问了一个页面后就离开的比例。较低的反弹率表明用户对网站或内容感兴趣，并继续浏览其他页面。

营销成本（Cost of Marketing）：指为实施营销活动所投入的费用，包括广告费用、创意制作费用、员工薪资等。营销成本与营销效果的关系可以帮助评估投资回报率。

网络营销效果评估的关键指标和指标体系在帮助营销团队了解和衡量其营销活动的效果方面起着至关重要的作用。下面将进一步扩展一些常见的关键指标和指标体系。

投资回报率（Return on Investment，RIO）：是指用于衡量营销活动所获得的收益与投资之间的比例关系。通过计算投资产生的净利润与投资金额的比值，可以评估营销活动的盈利能力和效果。

客户获取成本（Customer Acquisition Cost，CAC）：是指获得一个新客户所需要的成本。通过将营销活动的成本除以获得的新客户数量，可以评估获取新客户的效率和成本效益。

LTV（Customer Lifetime Value）：是指客户的生命周期价值，即一个客户在其与品牌建立长期关系期间对品牌的总价值。通过评估客户的重复购买、平均订单价值和购买频率等因素，可以确定每个客户的LTV，并进一步指导营销策略。

受众参与度（Engagement）：衡量了用户与营销内容的互动程度，包括点赞、评论、分享等。高受众参与度表明用户对内容感兴趣，并与品牌进行积极互动，有助于提高品牌知名度和用户忠诚度。

受众洞察（Audience Insights）：通过分析用户的属性、兴趣、行为等数据来获得关于目标受众的深入洞察。了解受众的特点和需求，可以优化营销活动的定位和内容，提高目标受众的响应和参与度。

网站流量和转化率（Website Traffic and Conversion Rate）：通过网站分析工具来追踪网站的访问量、页面浏览量以及转化率。了解用户访问和转化的行为，可以优化网站的设计和内容，提高用户体验和转化率。

品牌知名度（Brand Awareness）：通过调查、社交媒体关注度、搜索引擎排名等指标来评估品牌在目标受众中的知名度和认知度。提高品牌知名度有助于吸引更多的潜在客户并建立品牌的信任度。

除以上指标外，还可以根据具体情况考虑其他指标，如社交媒体粉丝增长、邮件订阅率、搜索引擎排名、关键词排名等。选择关键指标和指标体系时应根据营销目标、目标受众和所使用的营销渠道进行综合考虑。在评估过程中，可以利用网站分析工具、社交媒体分析工具、广告平台的数据报告等来收集和分析数据，以便准确评估网络营销活动的效果和效益。

四、网络营销效果评估方法

（一）定性评估方法

网络营销效果的定性评估方法主要通过调查、访谈和观察等方式，以收集消费者的主观意见、感受和观点，从而获取对营销活动的深入理解。以下是一些常见的定性评估方法。

1. 受访者调查和访谈

通过向受访者提出开放性或半结构化的问题，了解他们对品牌、产品或营销活动的看法、态度和感受。这种方法可以获得消费者的直接反馈，帮助识别营销活动的优点和缺点，以及改进的机会。调查和访谈可以通过在线问卷、面对面访谈或电话访谈等形式进行。

（1）优点。

可以获取详细的意见、反馈和观点，深入了解用户的体验和需求；可以探索新的洞察和问题。

（2）缺点。

其样本数量有限，不能代表整个受众群体；结果可能受访谈者主观偏见的影响。

（3）适用场景。

用于深入了解用户需求和反馈，发现用户痛点，探索新的市场机会。

2. 焦点小组讨论

组织一小组具有代表性的目标受众参与讨论，以深入了解他们对品牌、产品或营销活动的看法和感受。焦点小组讨论可以促进参与者之间的互动和意见交流，从而获得更多的洞察和反馈。这种方法可以帮助揭示潜在的消费者需求和偏好，以及改进营销策略的建议。

（1）优点。

可以在小组环境中收集多样的观点和意见，促进成员之间的互动和思想交流；可以发现共性问题和趋势。

（2）缺点。

其样本数量有限，不能代表整个受众群体；结果可能受小组动态和引导者影响。

（3）适用场景。

用于深入探讨特定主题或产品的用户意见和反馈，发现群体共性和潜在问题。

3. 观察和参与

通过观察和参与消费者在网络环境中的行为和互动，了解他们对品牌和营销活动的反应。这可以通过监测社交媒体平台上的用户评论和互动，观察消费者在网站上的浏览行为和转化路径，或者参与线上论坛和社区等方式进行。观察和参与可以帮助发现消费者对产品或营销活动的实际使用情况和体验，发现用户体验中存在的问题和机会。

（1）优点。

①深入了解研究对象。

通过观察和参与，研究者可以获得对研究对象的深入了解，掌握其行为、态度、动机和文化背景等方面的细节信息。

②现实性和真实性。

观察与参与法可以在真实的社交环境中进行，因此所获得的数据和观察结果更具有现实性和真实性，能够反映出实际情况。

③理解背后的含义。

观察和参与可以帮助研究者理解行为背后的含义和动机，揭示出潜在的因果关系和模式，有助于深入解读研究对象的行为和决策。

（2）缺点。

①主观性和偏见。

观察与参与法容易受到观察者自身的主观观点和偏见的影响，可能导致数据的主观性和不可靠性。

②时间和资源消耗。

观察与参与法需要花费大量的时间和资源，需要长期参与到研究对象的社交环境中，这对于大规模研究可能不太实际。

③隐私和伦理问题。

观察与参与法涉及研究者与研究对象之间的互动情况，需要处理隐私和伦理问题，确保研究的合法性和道德性。

（3）适用场景。

文化研究：观察与参与法适用于研究特定文化群体的行为、价值观和社交规范，通过深入参与了解和感知文化的细节。

①市场研究。

观察与参与法可以用于研究消费者在购物环境中的行为和态度，观察他们的购买决策过程和互动行为，洞察消费者对产品和品牌的感受。

②用户体验研究。

观察与参与法可以帮助研究者深入了解用户在产品或服务使用过程中的体验和需求，从而改进产品设计和用户界面。

需要注意的是，观察与参与法在实际应用中需要考虑研究者的角色和身份，遵守伦理原则，并克服主观偏见的影响，以确保研究结果的可靠性和有效性。

4. 文本分析

通过对消费者在社交媒体、在线评价或用户评论等平台上发布的文本数据进行分析，了解他们对品牌和营销活动的观点和情感。文本分析可以使用自然语言处理和情感分析等技术，识别关键词、情感极性和主题等信息，从而评估营销活动产生的影响和用户的反应。

（1）优点。

可以大规模收集和分析用户在社交媒体平台上的意见、反馈和行为；实时性较强，可以追踪热门话题和趋势。

（2）缺点。

结果可能受数据的噪声和主观性的影响；需要专业的工具和技能进行数据收集和分析。

（3）适用场景。

用于了解用户在社交媒体平台上的态度和情感，追踪品牌声誉和市场反应，发现用户需求和趋势。

（二）营销效果的定量评估方法

网络营销效果的定量评估方法通过收集和分析数值化的数据来量化营销活动的影响和结果。这些方法可以提供可衡量的指标和统计数据，帮助评估营销活动的效果和效益。以下是一些常见的定量评估方法。

1. 网络分析和统计

通过使用网络分析工具和统计方法，可以收集和分析网站流量、访问量、页面浏览量、用户留存率、跳出率等数据指标。这些指标可以帮助评估网站的到访者数量和行为特征，了解营销活动对网站流量和用户参与度的影响。

商家可以使用网站分析工具（如 Google Analytics）来跟踪和测量网站的访问量、独立访客数量、页面浏览量、访问时长等指标。这些数据可以提供关于网站的整体受访者数量和行为特征的信息。

商家可以通过分析用户在网站上的行为，如点击链接、填写表单、购买产品等，可以了解用户的转化路径、转化率和关键行为指标。这有助于确定哪些营销活动或网站功能对用户的参与和转化起到关键作用。

（1）优点。

①提供全面的数据视角。

网络分析和统计方法可以分析和测量网络中的各种关系和指标，例如连接强度、中心性指标、网络密度等，从而提供全面的数据视角。

②发现潜在模式和趋势。

通过网络分析和统计方法，可以揭示网络中的潜在模式、趋势和群体结构，有助于了解社交关系和信息传播的动态。

③支持决策和战略规划。

网络分析和统计方法提供了数据驱动的决策依据，可以帮助组织制定更有效的营销策略和社交媒体战略。

（2）缺点。

①数据获取和准确性。

网络分析和统计方法依赖于可靠的数据来源，而在社交媒体环境中，数据获取和数据质量可能存在一定的挑战，需要仔细考虑和处理。

②技术和复杂性。

进行网络分析和统计需要一定的技术和专业知识，包括数据收集、数据处理、网络图分析等方面的技能，对于非专业人士来说可能具有一定的复杂性。

③静态分析。

网络分析和统计方法通常是基于静态数据进行分析，无法实时监测和反馈社交媒体中的动态变化。

（3）适用场景。

①社交网络分析。

适用于研究社交媒体平台上用户之间的互动关系、信息传播和影响力传播。

②口碑营销分析。

适用于分析用户之间的口碑传播和影响力，了解产品或品牌在社交媒体上的口碑效应。

③用户行为分析。

适用于研究用户在社交媒体平台上的行为模式和偏好，为精准营销提供数据支持。

2. 数据分析和挖掘

通过对收集到的大量数据进行分析和挖掘，可以揭示潜在的模式、趋势和关联关系。数据分析方法包括描述性统计、回归分析、聚类分析、关联规则挖掘等。这些方法可以帮助发现消费者行为模式、关键转化路径、目标受众特征等，从而为优化营销策略提供依据。

描述性统计分析指使用常见的统计方法，如均值、中位数、标准差等，对收集到的数据进行总结和描述，以了解数据的分布和变化情况。

回归分析通过建立数学模型来分析不同变量之间的关系，并预测其中一个变量对其他变量的影响。例如，进行回归分析可以帮助确定不同营销活动对销售额的影响，并量化其效果。

聚类分析通过将数据样本划分为不同的群组或类别来发现数据中的潜在模式和相似性。聚类分析可以用于识别具有相似特征的目标受众，并实行定向营销策略。

（1）优点。

①深入挖掘数据。

数据分析和挖掘方法可以从大量的数据中提取有用的信息和模式，发现隐藏的关联和趋势，为决策提供依据。

②发现新的见解。

通过数据分析和挖掘，可以发现新的见解和洞察，帮助了解受众行为、市场趋势和产品需求等方面。

③可视化和可解释性。

数据分析和挖掘结果可以通过可视化方式展示，使得复杂的数据和模式更易于理解和解释。

（2）缺点。

①数据清洗和预处理。

数据分析和挖掘需要对原始数据进行清洗和预处理，包括去除异常值、缺失值处理等，这个过程可能较为烦琐，也很耗时。

②数据隐私和安全。

在进行数据分析和挖掘时，需要注意保护用户数据的隐私和安全，遵守相关的法律法规和伦理规范。

③需要专业知识和技能。

进行数据分析和挖掘需要一定的统计学和数据科学知识，对于非专业人士来说可能具有一定的门槛。

（3）适用场景。

①受众细分和个性化营销。

对进行数据分析和挖掘可以识别用户特征和行为模式，实现更精准的受众细分和个性化营销。

②市场趋势和竞争分析。

对市场数据和竞争对手数据进行分析，可以了解市场趋势、竞争态势和机会点，指导营销策略制定。

③响应和效果分析。

分析用户的行为和反馈数据可以评估营销活动的响应和效果，优化营销策略。

3. 市场调研和调查问卷

设计和实施市场调研和调查问卷可以收集消费者的意见、偏好和反馈。调研和问卷可以涵盖产品使用满意度、品牌认知度、购买意向、营销活动效果评价等方面。这些数据可以通过统计分析和数据可视化来进行解读和比较，从而获得关于营销效果的定量指标。

设计问卷调查是根据研究目的设计调查问卷，涵盖与营销效果相关的问题，如产品满意度、品牌认知度、购买意向等。例如，可以使用在线调查工具（如 Survey Monkey）来收集和分析数据。

统计分析是对调查数据进行统计分析，如频率分布、平均值、相关性分析等，以获得洞察力和比较不同受众群体之间的差异。

（1）优点。

①获取直接反馈。

市场调研和调查问卷可以直接获取用户的反馈和意见，了解他们的需求、偏好和满意度，提供有针对性的改进和优化建议。

②大样本覆盖。

通过调查问卷可以覆盖大量的受众，获取更全面和代表性的数据，有助于提高调研的可靠性和有效性。

③灵活性和可定制性。

市场调研和调查问卷可以根据需求进行设计和定制，灵活选择问题类型、回答方式和调查对象等，满足具体的研究目标。

（2）缺点。

①问卷设计和分析难度。

设计有效的调查问卷需要考虑问题的准确性、合理性和逻辑性；同时，在数据分析阶段需要掌握统计分析技能。

②信息主观性。

受访者的回答可能存在主观性和个体差异，因此需要在分析过程中谨慎处理和解释调查数据。

③调查疲劳和响应偏差。

调查问卷可能面临受访者疲劳、回答偏好等问题，需要合理地设计问卷和采取样本调整等措施。

（3）适用场景。

①用户需求调研。

通过市场调研和调查问卷可以了解用户的需求、偏好和购买动机，为产品开发和定位提供指导。

②满意度和品牌形象评估。

通过调查问卷可以评估用户对产品和品牌的满意度，了解品牌形象的建立和维护情况。

③市场调研和竞争分析。

通过调查问卷可以收集市场数据和竞争对手信息，了解市场趋势和竞争态势。

4. 销售数据分析

分析销售数据和订单记录可以了解销售额、销售量、订单转化率等指标。这些数据可以与营销活动的时间和内容进行关联，评估营销活动对销售绩效的影响。销售数据分析还可以用于识别最受欢迎的产品或服务，了解不同细分市场的表现情况。

销售额和销售量分析指通过分析销售记录和订单数据，了解不同产品或服务的销售额、销售量、平均订单价值等指标。这有助于评估营销活动对销售绩效的影响，并发现销售增长的机会。

市场细分分析指根据销售数据和消费者属性信息对市场进行细分，以确定不同市场细分的销售情况和潜在机会。这有助于确定针对特定市场细分的营销策略的有效性。

（1）优点。

①直接反映销售业绩。

销售数据是企业销售活动的直接反映，可以准确了解销售额、销售量、销售渠道等关键指标。

②提供精细化洞察。

通过销售数据分析可以深入了解产品销售的时段、地域、渠道、客户等方面的特征，为精细化营销和销售策略提供依据。

③支持销售预测和需求规划。

通过对销售数据的分析，可以进行销售预测和需求规划，提前做好产品供应和库存管理。

（2）缺点。

①数据完整性和质量。

销售数据的完整性和质量对于分析的准确性至关重要，需要保证数据的收集、整理和存储过程的可靠性。

②无法解释原因和因果关系。

销售数据只能反映销售业绩，无法提供详细的原因和因果关系分析，需要结合其他数据和信息进行综合分析。

③无法涵盖全部营销活动。

销售数据只能反映销售结果，对于其他营销活动的影响和效果评估有一定的局限性。

（3）适用场景。

①销售业绩分析。

通过销售数据分析可以了解产品销售业绩的趋势、增长率、销售渠道的效果等，为销售策略和决策提供参考。

②客户购买行为分析。

通过销售数据分析可以了解客户的购买行为模式、购买偏好、购买周期等，为客户关系管理和营销策略制定提供依据。

③销售预测和需求规划。

通过销售数据分析可以进行销售预测和需求规划，为企业的生产和供应链管理提供参考。

5. ROI 分析

ROI 是衡量营销活动效果的重要指标之一，表示投资回报与投资成本之间的关系。通过计算投资回报率，可以评估营销活动对企业利润的贡献。进行 ROI 分析时可以考虑营销活动的成本、收入、转化率等因素，从而帮助确定投资的有效性和效益。

（1）优点。

①量化投资回报。

ROI 分析可以量化营销活动的投资回报，帮助企业评估不同营销渠道和活动的效益，并进行资源优化和投资决策。

②确定关键成功因素。

通过 ROI 分析可以确定影响营销效果的关键因素，了解哪些活动和渠道对企业的收益产生最大的影响。

③对比和决策依据。

ROI 分析可以比较不同营销活动的效果，帮助企业选择最具效益的营销策略和决策。

（2）缺点。

①数据收集和计算难度。

进行 ROI 分析需要收集和整理相关数据，并进行计算和归因分析，这可能需要耗费较大的时间和精力。

②涉及多个因素的影响。

ROI 分析受到多个因素的影响，包括成本、收入、时间、市场环境等，需要对这些因素进行综合考虑与分析。

③难以精确测量全部效果。

ROI 分析无法精确测量和归因所有的营销效果，因为一些效果难以直接与营销活动联系起来，例如品牌价值的提升等。

（3）适用场景。

①营销活动效果评估。

通过 ROI 分析可以评估各种营销活动的投资回报，确定最具效益的活动和渠道，优化营销资源的配置。

②营销决策和预算规划。

通过 ROI 分析可以为营销决策和预算规划提供依据，帮助企业确定投资方向、资源分配和目标设定。

③跨渠道和跨平台效果比较。

通过 ROI 分析可以比较不同渠道和平台上的营销效果，了解各渠道的贡献和综合效益。

这些定量评估方法可以提供量化的数据和指标，帮助营销团队了解营销活动的效果、影响和回报。结合定性评估方法，可以全面评估网络营销的效果，并为优化营销策略提供有力的支持。

跨境电商数据
分析工具

五、营销效果评估步骤

（一）数据收集和处理

在网络营销效果评估中，数据的收集和处理是至关重要的一步。以下是几个关键角度：

1. 确定关键指标

根据营销目标和策略，确定需要收集和监测的关键指标。这可以包括网站流量、点击率、转化率、社交媒体互动等。

2. 数据来源

数据来源包括网站分析工具、社交媒体分析工具、广告平台等。确保数据来源可靠、准确，并拥有足够的覆盖范围。

3. 数据收集

使用合适的工具和技术收集数据。这可以包括在网站上添加跟踪代码、设置自定义事件和转化目标，以及使用 API 接口获取社交媒体数据。

4. 数据清洗和整理

对收集到的数据进行清洗和整理，排除错误数据、重复数据和异常值。确保数据的准确性和一致性，使其适合进行后续的分析和解读。

（二）分析和解读评估结果

在收集和处理数据之后，进行分析和解读评估结果是关键的一步。以下是几个关键角度。

1. 数据可视化

使用图表、图形和可视化工具将数据呈现出来，使其更易于理解和解读。这可以包括柱状图、折线图、饼图等。

2. 比较和趋势分析

比较不同时间段的数据，观察其中的趋势和变化。识别关键时期和活动对数据的影响，并找出相关性和因果关系。

3. 分段分析

将数据按不同维度进行分段分析，例如按地理位置、用户特征、渠道等。这可以帮助企业了解不同细分市场和受众群体的差异表现。

4. 统计分析

应用统计方法和技术，例如回归分析、相关分析、假设检验等，深入挖掘数据背后的洞察和关联。

（三）提出改进和优化建议

基于评估结果，提出改进和优化建议是确保网络营销活动持续改进的关键。以下是几个关键角度。

1. 强调优点和机会

根据评估结果，识别网络营销活动的优点和潜在机会。这可以包括改进广告文案、调整目标受众、优化用户体验等。

2. 确定问题和挑战

识别网络营销活动中存在的问题和挑战，并提出针对性的解决方案。这可以包括改进目标设置、调整投放渠道、优化网站性能等。

3. 制定优化策略

基于评估结果和市场趋势，制定具体的优化策略和行动计划。确保策略与营销目标一致，并具备可行性和可量化的效果。

（四）　实施跟踪和监控

实施跟踪和监控是确保改进措施的有效性和持续优化的关键。以下是几个关键角度。

1. 设定关键指标和目标

根据改进策略，设定明确的关键指标和目标，用于跟踪和评估改进的效果。

2. 建立实时监控系统

建立实时监控系统，用于定期收集和分析关键指标数据。这可以包括设置自动报告和警报，以便及时发现问题和机会。

3. 定期评估和反馈

定期评估改进措施的效果，并及时将其反馈给相关团队和利益相关者。这可以包括定期会议、报告和分享会等形式。

4. 持续优化和调整

基于跟踪和监控结果，持续优化和调整网络营销活动。灵活应对市场变化和用户需求，不断改进和提升效果。

通过综合考虑数据收集和处理、分析和解读评估结果、提出改进和优化建议以及实施跟踪和监控等实践角度，可以有效评估网络营销的效果，并不断改进和优化营销策略。

（五）　以阿里巴巴国际站店铺为例进行营销效果评估步骤分解

1. 数据收集和处理

收集网站流量数据：使用网站分析工具（如 Google Analytics）追踪网站访问量、访客来源、页面浏览量等数据。

收集销售数据：记录销售订单、销售额、产品类别等数据。

收集营销渠道数据：追踪不同营销渠道（如社交媒体、电子邮件、广告）的转化率、点击量等数据。

2. 分析和解读评估结果

（1）统计分析：比较不同时间段的网站流量和销售数据，观察其变化趋势。

（2）渠道分析：分析不同营销渠道的转化率、点击量和销售额，评估每个渠道的效果。

（3）受众分析：根据数据，了解访客的地理位置、兴趣偏好等信息，找出目标受众群体。

3. 评估营销策略

比较不同营销策略的效果：针对不同渠道和营销活动进行对比分析，评估其带来的销售增长和客户参与度。

（1）分析转化率：了解转化率的变化和趋势，评估是否需要优化营销页面或调整营销策略。

（2）评估 ROI：根据销售数据和营销成本，计算每个营销渠道的 ROI，确定哪些渠道带来了最佳的投资回报。

4. 提出改进和优化建议

（1）根据评估结果确定优化营销策略的方向，如加大某些渠道的投入、优化产品描述、改善网站用户体验等。

（2）根据受众分析和数据分析，调整目标受众群体和定位，制定更精准的营销计划。

（3）考虑与合作伙伴的合作，如与阿里巴巴平台合作或参加平台举办的推广活动。

5. 实施跟踪和监控

（1）建立实时监控系统：定期收集和分析关键指标数据，设置自动报告和警报，及时发现问题和发展机会。

（2）持续优化：根据数据分析的结果，不断调整营销策略，持续跟踪营销活动的效果，并进行优化和改进。

阿里巴巴国际站
店铺网络营销效果
评估示例

经过以上步骤的网络营销效果评估，阿里巴巴国际站店铺可以了解其营销活动的效果，并采取相应的措施来优化和改进营销策略，以实现销售增长和业务发展。

【任务实施】

实训项目	跨境电商营销指标与数据分析
实训目的	通过该实训了解跨境电商营销指标，并学会对这些指标进行初步分析
项目成员 任务分工	
实训方式和步骤	（1）为自己的跨境电商团队进行人员框架搭建和分工 （2）结合任务描述任务，以项目小组为单位展开讨论 （3）针对所要求的任务写出相应的思考结果 （4）各项目小组可进行交流互评 （5）思考并总结，完成实训报告
实训问题	（1）确定跨境营销推广的评估指标有哪些 （2）跨境营销推广的评估方法有哪些 （3）请针对任务数据进行分析并优化
个人反思 和总结	

任务二　跨境再营销

【任务介绍】

商家可以通过邮件、社交媒体、Google 搜索等渠道通过一些营销行为，将产品第二次甚至多次展现到客户的面前，使顾客产生购买的欲望。

【案例引入】

独立站运营专员小王发现有不少客户把产品加入购物车里却迟迟没有下单，发现这个问题后，他试着对这部分顾客推送一些优惠活动，取得了一定成效。有所收获后，××进一步开启了再营销广告功能，因为在北美，通过独立站下单的买家每年正在以接近40%的速度增长，他们看到从产品页面第一眼就下单的概率平均只有0.1%，而开启再营销广告功能后，客户下单概率能够提升到30%。××的成功提示我们，再营销是非常重要的一项集客工作。

【任务描述】

Mayouty公司跨境海外事业部小李发现产品的转化率停滞不前，崔经理了解到这个事情后，提醒小李可以从跨境再营销方面入手，先了解跨境再营销，再通过营销手段提升转化率。小李接下来要准备对跨境再营销的相关知识进行学习。

【任务分析】

1. 跨境再营销的含义和原理是什么？
2. 如何明确跨境再营销的对象？
3. 跨境再营销的渠道和方法有哪些？
4. 跨境再营销的策略有哪些？

【相关知识】

一、再营销的概念和原理

（一）再营销的概念

再营销也被称为重新定位营销或重复营销，是一种网络营销策略，旨在通过跟踪用户的在线行为并以个性化的方式重新定位营销信息，以达到增加转化率和提高客户忠诚度的目的。再营销利用先前与用户互动的数据，针对性地展示定制的广告和信息，以引导他们回到网站并进行进一步的交互或购买。

（二）再营销的原理

1. 数据收集和用户追踪
再营销依赖于有效的数据收集和用户追踪机制。通过使用跟踪代码和Cookie技术，可以记录用户在网站上的行为，例如浏览的产品页面、添加到购物车的商品等。

2. 个性化定制广告
基于收集到的用户数据，再营销可以定制广告内容，使其与用户的兴趣和需求相匹配。这可以包括显示之前浏览过的产品、提供特别优惠或折扣等。

3. 多渠道展示和接触频率管理
再营销不仅限于单一渠道，还可以利用多种媒体和平台完成，如网站、社交媒体、搜索引擎等来展示定制广告。此外，再营销还需要管理接触频率，以避免过度曝光和广告疲劳。

4. 触发条件和策略

再营销的广告展示可以基于触发条件进行控制，例如用户离开网站后一段时间、放弃购物车等。通过设置合适的触发条件和制定策略，可以有效地引导用户回到网站并完成转化。

（三）再营销的对象

1. 潜在客户

潜在客户是指对你的产品或服务表现出兴趣，但尚未进行购买的人群。通过再营销，可以针对这些潜在客户展示相关的广告，以提醒他们并鼓励他们回到我们的网站或应用进行购买。

2. 现有客户

现有客户是已经进行过购买的人群。通过再营销，可以向这些客户展示与他们过去购买行为相关的广告，促使他们进行再次购买或购买其他相关产品。

3. 购物车遗留客户

购物车遗留客户指的是将商品添加到购物车但未完成购买的客户。通过再营销，可以发送提醒邮件或展示相关广告，激发他们完成购买行为。

4. 反弹用户

反弹用户是指访问你的网站或应用程序后在很短时间内离开的客户。通过再营销，可以通过广告或推送消息重新吸引他们回到网站或应用中，并促使他们进行购买。

5. 重要客户

重要客户是指对你的业务贡献较大的高价值客户。通过再营销，可以通过个性化的推荐和促销信息，进一步提升这些客户的忠诚度和购买频率。

6. 再定位客户

再定位客户是指之前购买过特定产品或服务的客户。通过再营销，可以向这些客户展示与他们过去购买行为相关的广告，并提供相关的升级或补充产品。

（四）再营销的实施

1. 电子商务平台的再营销

当客户在某个电子商务平台上浏览产品但没有购买时，该平台可以使用再营销策略来吸引客户回归并完成购买。例如，客户在浏览了某个商品后，可能会在接下来的几天内看到该商品的定制广告，提供特定的促销或折扣，以促使客户回到网站并完成购买。

2. 旅行和酒店预订再营销

当客户在旅行网站上搜索某个目的地或酒店，并在最后没有进行预订时，该网站可以通过再营销策略继续与用户互动。用户可能会在其他网站上看到与他们之前搜索相关的广告，为他们提供特别优惠或推荐类似的酒店和旅行套餐，以激发他们重新考虑并完成预订。

3. 软件和应用的再营销

当客户在应用商店中浏览某个应用程序但没有下载时，应用开发者可以使用再营销来提醒用户并促使他们安装应用。通过定制广告展示，向客户展示应用的特点和优势，以及与之相关的推荐应用。另外，还可以通过应用商店内部的广告，或者通过其他应用和网站上的广告来实现。

4. 服装和时尚品牌的再营销

时尚品牌可以利用再营销策略来引导用户回到他们的网站并促使购买。当客户在网站上浏览了一件特定的服装或配件时，他们可能会在社交媒体上看到与该产品相关的广告，或者在其他网站上看到该品牌的广告。这些广告可以提供额外的促销信息、样式建议或类似产品的推荐，以吸引客户重新访问并进行购买。

这些案例展示了再营销在不同行业和领域中的应用。无论是电子商务、旅行、应用开发还是时尚品牌，再营销都可以通过个性化定制广告和提供相关的推荐信息，增加客户重新互动和购买的机会。这些案例突出了再营销的核心原理：基于用户先前的行为和兴趣，定制广告以引导他们回归并完成转化。

再营销需要充分了解目标受众、合适的平台和工具选择、数据分析和优化等方面的知识和技能。有效的再营销策略应该坚持隐私保护和合规性，提供有价值和相关性的广告内容；同时，还要关注客户体验和广告效果的评估。

二、跨境再营销的意义

再营销对跨境企业而言具有重要的意义。它不仅可以提高购买转化率和客户忠诚度，还可以增加品牌知名度、提升广告效率、提供个性化购物体验，促进口碑传播，提高销售回购率，降低客户获取成本，并改善企业的市场竞争力。通过有效的再营销策略和实施，企业可以更好地与客户互动，实现业务增长和可持续发展。

（一）提高广告效率

再营销可以优化广告资源的利用，将广告投放给已经表现出兴趣的潜在客户或现有客户，避免广告浪费在不感兴趣的目标群体上。通过展示相关广告或提供个性化的推荐，增加他们进行购买的意愿和动机，提高广告的点击率、转化率和效果。

（二）增加品牌知名度

再营销可以通过展示品牌相关的广告或推送信息，将品牌再次引入客户的视野，加深他们对品牌的认知和印象，从而提高品牌知名度和曝光度。

（三）提升客户忠诚度

通过再营销向现有客户展示与他们过去购买行为相关的广告或优惠，可以增加客户对品牌的忠诚度和满意度，促使他们进行再次购买，并成为品牌的重要支持者。另外，再营销通过与客户保持持续的互动和关系建立，提供有价值的内容和优惠，增加客户对品牌的忠诚度和满意度。这样可以促使客户积极地向他人推荐品牌和产品，扩大口碑传播的范围，带来更多的潜在客户和销售机会。

（四）提高客户生命周期价值

通过再营销，可以引导客户进行多次购买或购买其他相关产品，从而延长客户的购买周期，从而增加客户的生命周期价值，实现更长期的收益。

（五）提升广告投资回报率

再营销针对已经表现出兴趣的目标用户，相比于广告的冷启动阶段，更容易实现较高的投资回报率。通过再营销精准地将广告投放给感兴趣的用户，可以降低广告成本并提高广告效果。

（六）个性化营销体验

再营销通过根据用户的过去行为和兴趣定制广告内容，为用户提供更个性化的营销体验。这种个性化的定位和推荐能够增强用户对广告的兴趣和认同感，提高用户的参与度和互动性。

（七）提高销售回购率

再营销的目标是促使客户进行再次购买，增加销售回购率。定期提供个性化的促销活动、折扣优惠或限时特价等手段可以激发客户的再次购买欲望，延长客户的购买周期，实现更高的销售额和利润。

（八）降低客户获取成本

再营销相比于吸引新客户的营销活动，通常具有更低的客户获取成本。因为再营销是基于已有客户或潜在客户的数据和兴趣进行精准投放，相对于从头开始吸引新客户，成本更低，效果更好。

（九）改善市场竞争力

再营销可以帮助企业建立与竞争对手的差异化优势。通过与客户建立紧密的关系和持续的互动来满足他们的个性化需求和期望，提供更优质的购物体验，从而赢得客户的忠诚和口碑，提高企业在市场中的竞争力。

三、再营销面临的挑战

（一）数据隐私和合规性

再营销需要依赖客户数据，包括浏览行为、购买记录等，涉及个人隐私和数据保护的问题。企业需要确保在数据收集、处理和使用过程中遵守相关法律法规，保护客户数据的安全和隐私。

（二）广告疲劳和干扰

频繁的再营销广告可能导致客户疲劳和厌烦，甚至被视为骚扰。企业需要在再营销策略中控制广告投放的频率和方式，避免给客户造成不适和干扰，保持良好的用户体验。

（三）数据分析和技术能力

再营销需要对客户数据进行有效的分析和利用，以实现精准的广告投放和个性化的沟通。企业需要具备数据分析和技术能力，以应对数据量大、复杂度高的挑战，并有效地运用技术工具和平台进行再营销活动的监测和管理。

（四）客户反馈和关系管理

在再营销过程中，客户的反馈和意见反映对于调整和优化策略非常重要。企业需要建立良好的客户关系管理系统，及时处理客户反馈和投诉，保持与客户的积极互动，提高客户的满意度和忠诚度。

（五）竞争压力和市场饱和

再营销是市场营销中的常用策略，很多企业都在进行再营销活动，市场竞争激烈，客户的选择余地也增加。企业需要在竞争中找到差异化的优势，提供有吸引力的再营销内容和优惠，以吸引客户的关注和行动。

总体而言，再营销在提高营销效果、促进客户忠诚度和品牌发展方面具有显著的优势，但同时也需要企业在数据隐私、广告疲劳、技术能力等方面存在一些挑战，需要综合考虑并制定相应的策略和措施来应对。

四、跨境再营销的关键要素

（一）目标受众定位和细分

1. 数据分析
通过数据分析工具和技术，收集和分析客户数据，包括浏览行为、购买记录、兴趣偏好等。这有助于了解目标受众的特征、行为模式和需求。

2. 客户细分
根据客户数据的分析结果，将目标受众划分为不同的细分群体，如年龄、性别、地理位置、兴趣爱好等。细分客户群体可以更好地理解他们的需求和偏好，从而针对性地进行再营销。

3. 个人化推荐
基于客户的细分特征和历史行为，提供个性化的推荐内容和优惠。进行个性化推荐可以增加客户对再营销广告的关注和兴趣，从而提高转化率。

4. 动态细分
客户的兴趣和行为可能随时间发生变化。因此，在再营销中需要进行动态细分，定期更新客户的细分特征和群体，以保持精准度和有效性。

例如，一个电子商务网站可以根据客户的购买历史和兴趣爱好将他们细分为不同的群体，如时尚粉丝、户外爱好者和家居装饰追求者等。然后，根据每个细分群体的兴趣和需求，通过再营销广告提供相关产品推荐和优惠。

（二）营销内容和创意设计

1. 引人注目的创意
再营销广告需要有引人注目的创意，吸引目标受众的注意力。进行创意设计时应该独特、创新，并能与目标受众的兴趣和需求产生共鸣。

2. 强调个性化和定制化

再营销广告的内容应强调个性化和定制化的特点。根据客户的购买历史、兴趣和偏好为其提供针对性的产品推荐和定制化的优惠。

3. 优惠和奖励措施

提供独家优惠、折扣或奖励措施，激发客户的购买欲望。这可以包括针对再营销目标受众的专属优惠码、免费赠品或积分奖励等。

4. 社交证据和推荐

利用客户的评价、推荐和社交分享等方式，增强广告的可信度和影响力。这可以包括在广告中展示客户的正面评价或使用客户推荐的语言和图像。

如一家健身器材公司可以通过再营销广告向已购买过运动服装的客户展示定制的健身套装推荐，并结合吸引人的创意设计和动态图像，以引起客户的兴趣和购买欲望。

（三）再营销广告平台和工具

1. 基于客户数据的广告平台

选择支持再营销的广告平台（如 Facebook、Google Ads、LinkedIn 等），而这些平台可以基于客户数据进行广告投放和定位。

2. 客户关系管理系统

使用客户关系管理系统（CRM）来管理客户数据、分析客户行为和建立客户关系。CRM可以帮助跟踪客户的再营销过程，记录关键的互动和转化事件。

3. 动态创意工具

利用动态创意工具，根据客户的特征和行为，生成个性化的广告内容，提高广告的相关性和吸引力。

4. 视频和多媒体工具

利用视频广告和多媒体工具，增强广告的视觉效果和吸引力，提升再营销的效果和影响力。

如一家旅游公司可以利用 Facebook 的再营销广告功能，基于客户的浏览历史和兴趣，投放个性化的旅游目的地推荐和特价优惠，以便吸引客户回归并完成预订。

（四）营销策略和触点选择

1. 多渠道整合

结合多个营销渠道（如社交媒体、电子邮件、网站、应用程序等）来覆盖更多的目标受众和增加触达机会。

2. 定时和频次控制

根据目标受众的行为和购买周期，控制再营销广告的定时和频次，避免过度投放和广告疲劳。

3. 多层次触点

通过不同的营销触点和方式，如电子邮件、推送通知、短信营销等，与目标受众进行多层次的沟通和互动。

4. 交叉营销和跨平台触点

其是指将再营销与其他营销策略和触点结合，如与内容营销、合作推广等形成交叉效应，同时利用跨平台触点，提高广告的曝光和影响力。

例如，一个时尚品牌可以通过与时尚博主合作，在社交媒体上展示再营销广告，并提供独家折扣码，以鼓励客户再次购买并分享购买体验。

总之，企业在实施再营销时，可以根据自身的情况和目标受众，灵活选择和整合这些要素和策略，以提升再营销的效果和回报。

五、跨境再营销渠道

（一）电子邮件再营销

电子邮件再营销是最常用且有效的再营销渠道之一。是指企业方可以通过发送电子邮件给已有客户或潜在客户，提醒他们未完成的购买或推荐相关产品。来自 Statista 的数据报告称，平均购物车放弃率为 88.1%。B2C 网站获客成本高，购物车丢弃客户又是最佳的潜在客户。所以，挽回购物车丢弃用户非常重要。比如零售平台的卖家可以向客户发送购物车提醒电子邮件，其中包含他们遗漏的产品和特别优惠。这样，客户可以方便地点击链接返回网站并完成购买。

（二）社交媒体再营销

其是指利用社交媒体平台上的广告和推文，将再营销广告展示给已经与品牌进行互动的用户，以继续引起他们的兴趣并促使他们进行购买。比如一家餐厅可以在 Facebook 是将推广促销活动的广告展示给之前在他们网站上浏览过菜单页面的用户。这样，用户在社交媒体上看到广告后可能会回想起餐厅并重新考虑用餐。

（三）搜索引擎再营销

其是指通过在搜索引擎上投放再营销广告，让用户在浏览其他网站时看到您的广告，从而提醒他们您的产品或服务，并鼓励他们回到网站上购买产品。比如一个在线旅游网站在用户搜索关于度假目的地的相关关键词时，在搜索引擎上投放再营销广告。这样，用户在浏览其他网站时可能会看到该网站的广告，并被吸引回到该网站继续规划他们的度假行程。

（四）网站弹窗再营销

其是指在用户访问您的网站时，通过弹窗广告展示相关产品或特别优惠，以吸引他们继续购买或完成之前未完成的购买。如一个时尚电商网站在用户离开购物页面时触发弹窗广告，显示他们之前浏览过的产品，并提供额外的折扣优惠。这样，用户在看到弹窗后可能会重新考虑购买并返回网站完成订单。

（五）App 再营销

对于使用移动应用程序的用户，可以通过应用内广告或推送通知再次引导他们返回应用并进行购买。例如，一个在线售书店的应用程序通过应用内广告或推送通知，向用户展示他们之前感兴趣的书籍或推荐的新书。这样，用户在收到通知后可能会重新打开应用程序并浏览或购买图书。

（六）视频广告再营销

通过在视频平台上展示再营销广告，如 YouTube、抖音等，让用户在观看视频时看到您的广告，并激发他们的兴趣继续购买。例如，一个健身器材品牌在 YouTube 上投放再营销广告，向之前在他们网站上浏览过器材页面的用户展示相关产品的视频广告。这样，用户在观看视频时可能会被吸引并重新考虑购买该品牌的产品。

（七）网络合作伙伴再营销

与其他网站或合作伙伴进行合作，在其网站上展示再营销广告，以吸引共享受众回到您的网站进行购买。如一个旅游公司与当地酒店网站合作，在酒店网站上展示再营销广告，向之前在旅游公司网站上搜索过酒店的用户推荐特别套餐或优惠。这样，用户在看到广告后可能会回到旅游公司网站并预订酒店。

（八）短信再营销

通过发送短信给已有客户，提醒他们未完成的购买或提供特别优惠，促使他们回到您的网站完成购买。例如，一个健康食品品牌通过发送短信提醒客户还有未完成的订单，并提供限时优惠券作为激励。这样，客户在收到短信后可能会重返品牌网站并购买健康食品。

通过结合多种再营销渠道，您可以更全面地覆盖目标受众，并提高再营销的效果和回报率。根据您的业务和受众特点，选择适合的再营销渠道进行策划和实施。

六、跨境再营销注意事项

再营销广告的主要目的是解决用户第一次浏览中未能够购买的问题，如价格偏高，我们可以通过优惠券或限时促销活动吸引用户再次浏览该产品，鼓励购买。对于海外用户而言，消费者十分注重对隐私信息的保护，一旦出现泄露风险，很难再建立信任感，甚至导致一场大型的公关灾难，一发不可收拾。

（一）跨境再营销涉及的伦理及法律法规问题

再营销活动涉及隐私保护、用户数据安全、广告诚信和透明度等伦理和法规问题。

1. 隐私保护和用户数据安全

再营销活动需要处理用户的个人数据和行为信息，因此隐私保护和用户数据安全是非常重要的伦理和法规问题。企业在进行再营销时需要确保遵守适用的数据保护法律，例如处理个人数据时需要获得用户的同意，并采取合理的安全措施来保护这些数据免受未经授权的访问、滥用或泄露。

如一些跨境店铺运营企业可能使用用户的浏览历史和购买记录来进行个性化再营销。然而，如果该公司未经用户同意将这些数据与第三方共享，或者未能采取适当的安全措施来保护这些数据，就可能违反了隐私保护和数据安全的法规。

2. 广告诚信和透明度

再营销活动中的广告诚信和透明度也是重要的伦理和法规问题。企业应该提供准确、真实和完整的信息，避免使用虚假或误导性的广告手段。再营销广告应明确告知用户其个人数据是如何被使用的，以及再营销的目的和机制。此外，用户应该有选择退出再营销的权利，并且企业应尊重用户的决定。如一些社交媒体平台在再营销广告中使用虚假的用户推荐，声称某些用户已经享受到了特定产品或服务的好处，以吸引其他用户。这种虚假宣传可能误导消费者，违反了广告诚信和透明度的原则。

3. 通用数据保护条例和其他相关法规

在欧洲，通用数据保护条例（GDPR）是一个重要的法规框架，对再营销活动有着严格的规定。GDPR要求企业在处理个人数据时获得用户的明确同意，提供清晰的隐私政策和信息披露，保护用户的权利，包括访问、更正、删除和限制处理个人数据的权利。此外，GDPR还规定了对个人数据的跨境传输和安全保护的要求。因此线上零售商在进行再营销时，必须获得用户明确的同意，并提供清晰的隐私政策和信息披露，解释个人数据的处理方式、目的和时限。此外，如果用户要求退出再营销，该公司必须尊重用户的决定，并及时停止向其发送再营销信息。

除了GDPR外，不同国家和地区还可能有其他相关的数据保护和隐私法规，企业在进行再营销活动时需要遵守这些法规，确保合规性。例如，加拿大的个人信息保护与电子文件法（PIPEDA）、美国的加州消费者隐私法（CCPA）等都对个人数据的处理和隐私保护有着具体规定。比如按照加拿大的个人信息保护与电子文件法（PIPEDA），电信公司进行再营销活动时，必须遵守PIPEDA的规定，包括获得用户明确的同意，在发送再营销通信之前提供适当的选择退出选项，并确保用户的个人数据受到适当的安全保护。

总之，再营销活动必须遵守隐私保护和数据安全原则，确保广告诚信和透明度，并遵守适用的法规，如GDPR和其他相关法规，以保护用户权益和建立可信赖的商业关系。

（二）合规再营销可行方案

1. 网站设置隐私政策条款

例如，用户授权通过Facebook登录，而在登录前必须经由用户确认授权登录，还要说明对于隐私的保密范围，确保用户信息不会被泄露和侵犯。获取用户邮箱信息是投放再营销广告的重要信息之一。

2. 可以通过让新用户填写邮箱领取优惠券

对于网站的新访客，我们可以表明善意，不仅为新用户提供首次购买的优惠福利，还让他们必须填写准确的邮箱才可以获取优惠券，这种方式的好处是主动让用户留下有效的联系方式，并且确保是主动授权填写的。

3. 再营销广告频率与转化率之间的关系

如果再营销广告频率过高，会给用户造成滋扰，反而降低了用户兴趣，Google和Facebook基于用户体验，会大幅降低用户不感兴趣的广告，所以商家必须严格控制广告的频率，如每天展示的次数不超过3次，并非一蹴而就的。

七、再营销的未来趋势与发展方向

（一）人工智能和机器学习在再营销中的应用

人工智能（AI）和机器学习（ML）在再营销中的应用将在未来继续增加。通过分析大规模的用户数据，AI 和 ML 可以帮助企业更准确地理解用户行为和偏好，从而改善再营销策略。

1. 预测用户行为

AI 和 ML 可以分析用户的历史行为和交互数据，预测他们可能的兴趣和购买意向。这样，企业可以通过再营销精准地针对特定用户群体，提供个性化的推荐和优惠。

2. 自动化决策

AI 和 ML 可以自动评估和优化再营销活动的效果，并根据实时数据做出决策。例如，它们可以自动调整广告投放的时间、频率和渠道，以最大程度提高再营销的效果和回报。

3. 聊天机器人和虚拟助手

AI 和 ML 可以用于开发智能聊天机器人和虚拟助手，与用户进行个性化的再营销互动。这些机器人和助手可以回答用户的问题、提供产品建议，并为用户提供即时的支持和服务。

（二）移动和智能设备对再营销的影响

移动和智能设备的普及对再营销产生了深远的影响。

1. 移动优先策略

随着移动设备的使用量不断增加，企业需要采取移动优先的再营销策略。这可能包括开发移动应用程序、优化移动网站和使用移动广告等，以便在移动设备上提供个性化的再营销体验。

2. 位置定位技术

移动设备的位置定位技术可以帮助企业更精确地定位用户，并提供与他们当前位置相关的再营销信息。例如，当用户接近一家实体店铺时，其可以收到与该店铺相关的特别优惠和推广信息。

3. 移动支付整合

移动设备的支付功能使得再营销变得更加无缝和方便。用户可以通过移动设备直接进行购买，并在购买过程中享受到个性化的再营销优惠和推荐。

（三）新兴技术和创新趋势

未来的再营销将受益于许多新兴技术和创新趋势。

1. 虚拟和增强现实

虚拟现实（VR）和增强现实（AR）技术可以为再营销带来全新的体验。企业可以利用这些技术创建沉浸式的再营销活动，让用户更直观地了解产品和服务。

2. 个性化视频营销

个性化视频营销是指根据用户的喜好和偏好创建定制的视频内容。通过结合 AI 和 ML 技术，企业可以自动生成个性化视频广告，提供与用户兴趣相关的再营销体验。

3. 社交媒体整合

再营销可以与社交媒体平台更紧密地结合。通过与社交媒体的整合，企业可以利用用户在社交媒体上的行为和兴趣来进行更精确的再营销定位和推广。

这些趋势和发展方向显示了再营销在人工智能、移动和智能设备和新兴技术方面的巨大潜力。随着技术的不断进步和消费者行为的变化，再营销将继续适应并创新，从而为用户提供更个性化、互动和高效的营销体验。

【拓展知识】

跨境再营销模式整合

跨境再营销的作用是当一个客户浏览了你的产品页面，或是把产品加入到了购物车但是没有立即购买时，相关的广告将通过浏览记录，也就是 Cookie 锁定客户，并在他浏览的其他页面中持续对相关产品进行曝光，以提升客户下单机率。

目前，再营销最大的 2 个广告平台分别是：Facebook 和 Google。独立站运营转化率的 2 个至关重要的标准是：产品需要有独特性、有个性，客户从其他平台无从选取（亚马逊站内现在也更多要求做产品开发）。

拓展知识整合了跨境卖家常用的跨境再营销模式。

一、Google DSP 和 Facebook 再营销

很多线上的广告平台都有再营销的受众定位，对于做跨境电商或出口贸易的用户，最常用的是谷歌 DSP 和 Facebook 再营销。

（一）Google DSP

Google DSP 在 Adwords 系统里叫展示广告，它可以把到访过你网站的用户定位为一类受众，当这些受众在日常浏览与 Google 有广告合作的网站时，就会再次展现你的图片或者文字广告，样式如图 8-1-1 所示。

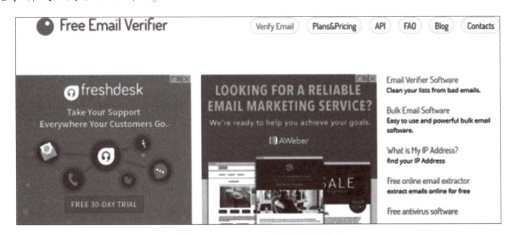

图 8-1-1　Google 展示广告样式

目前 Google 是全球最大的联盟网站，可以覆盖到全球许多知名的大网站，如国内网易等，还有许多垂直类的小型网站。谷歌广告是与访问过独立站但没有购买行为的消费者联系

的最佳方法之一，可以大大提高转化率和投资目标。卖家们可以通过 Google 再营销制作五种不同类型的广告。

Google 再营销广告投放之前必须安装好 Google Anlytics 分析，建立广告分析数据，并且添加再营销广告的相关代码；另外，再营销广告对于用户基数的要求是不低于 1 000 人。

设置再营销广告的时候，在 Google Anlytics 设置中添加设置客户列表，建立新的手中全体，设置受众群体相应的数据，详细情况可以参考图 8-1-2。

图 8-1-2　建立 Google 再营销广告界面

再营销广告可以分为搜索再营销和展示广告再营销两种常见的形式，对于 B2B 的外贸企业来说，搜索类型的再营销广告是最常用，也是最适合的，因为应用场景比较符合用户习惯。

YouTube 广告，因为也是 Google 其中一项业务，所以 YouTube 的视频再营销广告同样是一种有效的再营销广告方式。基于 Google 对于用户体验的考虑，投放 Google 再营销广告的时候，通常会考核用户广告政策的广告历史记录，付款记录（近 90 天的历史记录），广告支出要求在 5 万元以上。

为了更加有效的帮助商家进行精准有效的投放广告，Google 再营销广告机制可以根据多种形式进行受众群体分类，例如，所有用户、新用户、回访用户、访问过网站的特定页面的用户（例如访问过产品价格的页面或者询盘页面）、完成交易的用户。

在投放再营销广告之前，一定要明确广告目标，从整个流量转化模型着手。如果是独立站的用户，可以借助购物车再营销功能进行邮件再营销。根据加入过购物车的产品自动向弃购的用户发送邮件。如果是 B2B 企业的需要考虑回购周期，B2B 企业一般回购周期会比较长，因此，建议持续时间可以适当增长，根据产品生命周期而定。建议可以通过测试了解不同的持续时间，测试持续时间内的 ROI 回报率。再营销广告跟常规的营销广告不同，因为主要目的是旨在再次吸引已经浏览过或者已经购买过的用户，所以广告创意形式十分重要，能够重新唤起用户的兴趣。

（二）Facebook 再营销

在 Facebook 里，创建的再营销受众的广告样式与其他的广告一样。不同的是广告只会出现在设置的条件范围里，如只展示给到访过你的网站的人群。

通过 Facebook 的跟踪像素，可以识别的消费者并根据其行为定向广告。通过再营销广告系列，你可以重新吸引那些准备好购买的消费者。

使用 Facebook 的广告，需要确保受众的精准度后再进行再营销投放。试想一下，如果首次到达网站的访客对产品不感兴趣，再次推送广告他也不会购买。一般建议在 Facebook 里，通过广告进来的新客户产生询盘或购买后，即可把该群体视为相对精准的受众，这时就可以投放再营销广告。

Facebook 再营销广告的制作步骤如下。

1. 根据像素事件创建自定义受众

一个标准的电商网站会有五个重要的 Facebook 像素事件概述访客行为踪迹，我们也可以根据这五个像素事件建立自定义受众群体，其跟踪像素流程如图 8-1-3 所示。

其具体步骤如下：

（1）在 Facebook Business Manager 的"受众"部分中选择"创建受众"选项，单击创建自定义受众的选项菜单，如图 8-1-4 所示。

Page View
↓
View Content
↓
Add To Cart
↓
Initiate Checkout
↓
Purchase

图 8-1-3　跟踪像素流程

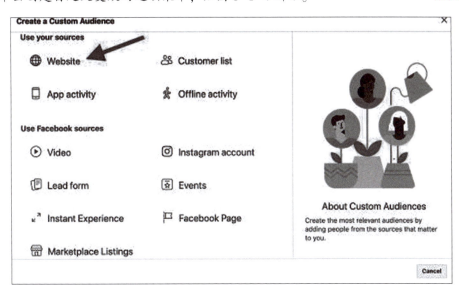

图 8-1-4　自定义菜单

（2）选择"网站"作为来源选项，则可以选择要使用的像素事件并指定时间窗口，例如此处显示的 30 天"购买"受众群体，如图 8-1-5 所示。

图 8-1-5　自定义窗口

像素受众群体可以动态更新并自由创建，因此，创建一系列不同的事件受众群体和时间窗口，以便创建重新定位广告系列时可以使用它们。

2. 根据视频观看程度创建自定义受众

如果潜在客户与我们的广告产生互动并表示喜欢他们看到的内容，但是由于某些原因，并没有点击并访问该网站。

其步骤如下：

（1）根据受众特征或兴趣定位，针对渠道最顶端的受众群体（TOFU）创建娱乐性或教育性视频。

（2）漏斗的中部（MOFU）和漏斗的底部（BOFU），建议根据视频观看次数创建自定义受众。

3. 基于 Facebook 页面参与度创建自定义受众

使用此自定义受众群体，你可以按访问过你的页面、与任何帖子或广告互动、单击任意号召性用语按钮、向你的页面发送消息或保存你的页面或帖子的人员来对其进行细分，之后再进行精准营销（图 8-1-6）。

4. 采用动态产品广告进行再营销

动态产品广告会自动显示用户在网站上查看过的产品，从而将用户吸引回网站。

要成功投放动态产品广告，需要在网站上安装 Facebook Pixel，在 Facebook 上拥有一个 BM 和一个产品目录。创建动态产品广告步骤如下：

（1）在广告管理工具中，创建广告系列，确保选择目录促销作为营销目标，并选择目录。选择合适的种类如图 8-1-7 所示。

（2）创建广告组。确保选择您想宣传的商品系列，然后设置受众、版位、预算和排期。

注意：应根据 Pixel 像素代码活动定位受众。您可以重新定位现有客户或定位更为宽泛的受众。

（3）选择图片浏览种类（图 8-1-8），即单图片或轮播。

图 8-1-6 精准营销设置

图 8-1-7 选择合适的种类

图 8-1-8 选择图片浏览种类

（4）勾选下列选项旁的方框。

在开头添加固定图卡：如果希望在展示商品前显示代表品牌的独有图片，请勾选此项。添加主页头像作为最后一张图片：如果希望在轮播广告的最后添加一张链接到您主页的卡片，请勾选此项（图8-1-9）。

图8-1-9　勾选卡片

（5）更新对应商品系列的标题和动态消息链接描述。默认情况下，上述内容将根据你选择的商品系列自动创建。

注意：建议你输入自己网站的网址，或输入链接到与所选商品系列相关的网站中某个版块的网址。

5. 增加对加入和放弃购物车出价

增加转化的最好方法之一是在已经加入购物车和放弃的购物车页面上使用再营销。这些客户已经对你的产品表现出兴趣，距离购买仅一步之遥。当这些客户停留在网站上的这些页面时，立即向他们进行再营销，提醒他们完成购买。

由于这些访问者即将转化，常被认为是较优质的流量，因此你应该设置更高的预算，以获得更好的投资回报率。

6. 减少首页和相似页的广告支出

企业应该考虑减少针对从自身网站的首页或其他非面向销售页面跳出的访问者进行再营销的广告的预算，而来到这些页面并跳出的访问者一般没有购买意向。

（三）谷歌与 Facebook 的再营销结合投放

既然用户已经精准，我们需要的是尽可能争取更多的曝光机会。可以同时创建两个平台的再营销广告，以相互结合的方式投放。例如，在 Facebook 广告引入的流量，在谷歌 DSP 再次展现，给精准用户多次推送广告。

（四）通过 DSP 数据分析，买断转化率高的垂直网站广告位

若运营人员通过数据分析发现某站点（垂直网站）的再营销流量大且转化率高，可以联系该网站的运营者，和对方谈承包下该广告位，前提是该垂直网站的访客都是目标客户。

二、基于客户管理的再营销

针对电子商务消费特性，我们应有一个重要的条件，即就是要求公司有较强的 CRM 管理系统或者管理记录能力。要求店铺有条件情况下建立详细的客户档案：区域特征、行为特征、心理特征等，了解客户需求的变化及其上次使用产品感官等一系列条件购物体验。

（一）通过客服聊天记录、客户评价分析客户利益点

营销有效性的关键点是抓住客户的需求即客户的利益点。解决客户利益点最好的办法是看评价和聊天记录，且不要依赖于简单的文本挖掘软件。建议运营团队出的专人负责完成这件事情，记录下来客户在评价和聊天记录中提出的问题。并针对性地解决。譬如做男装的，客户比较关心尺码的图片、是否符合描述、服装质量等问题。这些问题都可以从客服聊天记录和评价中找到。我们可以针对客户提出的问题，专门针对性的去做关怀。化妆品类目，客户关心的更多是，是不是真品，是否有效，以及皮肤适用性如何等问题。而3C类目，客户关心的往往是售后、质保的问题。

因行业而异，客户的关注点也不同，我们可以搜集了用户的这些问题后，可以有针对性地去做优化，才能提高客户满意度，创造口碑传播和二次营销。

（二）通过客户利益点切入，针对不同的买家进行分层营销

将客户进行细分类，划分出会员等级，拉大会员折扣梯度，让对店铺相当忠诚的老顾客感受到最大的尊重和实惠。分别考虑一体化、多波段的综合二次数据营销方案。

1. 感谢短信

感谢他们一贯以来的支持，同时可以采取一些类似手机二维码、转发给朋友的优惠券等形式鼓励他们带来更多的新客户。

2. 释疑

紧跟着的动作是关怀，通过针对分析出的买家的问题，对于采购不同类目的客户普遍关心的问题，制定出几种类别的答疑和关怀方案。比如购买奶粉、食品的买家往往最关心宝宝一天吃几次，怎么吃，东西好不好；购买童装的买家会关心衣服是否耐脏等问题；把这些方案分类，区分好，通过EDM，手机WAP、旺旺等形式，跟着之前的短信，对客户表示关怀。

3. 营销

通常很多客户是不会记得曾经在你的店铺里买过东西，那么直接营销的结果就是很多人会直接忽略掉。所以优选策略是先关怀老客户。

（1）真诚互动：通过BBS、帮派、掌柜说，网站，会员群等跟您忠实的买家互动起来。主题可以围绕一些你的客户感兴趣的话题，而前提就是要了解客户。

（2）促销短信：促销也是要有技巧的，即使是送礼品也是要跟会员等级相关的。这样才能凸显老会员在店铺中的一个地位，让客户有被尊重的感觉。做好老客户的营销固然重要，也要修好内功，做好店铺页面设计产品的把控和客服服务，这样老客户才会继续光顾。

【拓展案例】

跨境社交网站老客户二次营销

【任务实施】

实训项目	跨境再营销
实训目的	通过该实训了解跨境再营销方式方法，并掌握再营销的渠道
项目成员 任务分工	
实训方式和步骤	（1）为自己的跨境电商团队进行人员框架搭建和分工 （2）结合任务描述任务，以项目小组为单位展开讨论 （3）针对所要求的任务写出相应的思考结果 （4）各项目小组可进行交流互评 （5）思考并总结，完成实训报告
实训问题	（1）跨境再营销的含义和原理是什么 （2）如何明确再营销的对象 （3）跨境再营销的渠道和方法有哪些 （4）再营销的策略有哪些
个人反思 和总结	

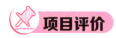 项目评价

评价内容			分值	评价		
项目内容		目标观测点		学生 自评	小组 互评	教师 评价
项目九 跨境营销效果评估	跨境电商营销效果评估	跨境营销小顾评估的基本指标和方法	10			
		掌握营销效果评估的分析工具并运用	20			
	跨境再营销	了解跨境再营销概念和方法	10			
		掌握跨境再营销对象和渠道方法	20			
		掌握跨境再营销的要素和应用	20			
	整体效果	了解跨境电商营销效果评估的方法及工具，并通过再营销的渠道和关键搜索进行跨境再营销。	20			
总评		目标达成总体情况	100			

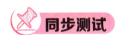 **综合实训**

步骤1：针对项目六中的营销矩阵方案选取营销效果评价指标并收集相关数据。

产品及矩阵方案简介				
营销渠道	营销方案/要点	考核指标1	考核指标2	……
如 TikTok				
……				

步骤2：根据以上的数据，分析该矩阵方案的有效性及优劣势。

步骤3：为该产品设置再营销方案。

同步测试

课后习题参考答案

一、单选题

1. 在营销活动中，哪种指标用于衡量广告的知名度和曝光程度？（   ）

A. 点击率　　　　　　　　　　　　B. 转化率

C. 曝光量　　　　　　　　　　　　D. 社交媒体分享数

2. 以下哪个指标用于评估广告活动的效果，即将潜在客户转化为实际购买者的比例？
（   ）

A. 品牌忠诚度　　　B. 转化率　　　C. 客户满意度　　　D. 市场份额

3. 在营销效果评估中，以下哪个指标用于衡量广告或营销活动对品牌认知的影响？（   ）

A. 市场份额　　　　B. 意识度　　　C. 客户满意度　　　D. 品牌忠诚度

4. 以下哪个指标用于衡量顾客在购买决策中接触到的广告次数？（   ）

A. 市场份额　　　　　　　　　　　B. 广告成本

C. 广告频次　　　　　　　　　　　D. 平均购买金额

5. 以下哪个指标用于衡量在特定时间段内，广告费用所带来的销售收入？（   ）

A. 广告 ROI　　　　　　　　　　　B. 品牌知名度

C. 市场份额　　　　　　　　　　　D. 客户满意度

二、多项选择题

1. 当评估营销活动时，以下哪些指标衡量客户对特定产品或服务的满意程度？（   ）

A. 品牌忠诚度　　　B. 客户满意度　　　C. 转化率　　　D. 曝光量

2. 以下哪些指标用于衡量企业在市场中所占的份额？（   ）

A. 市场份额　　　B. 平均购买金额　　　C. 广告频次　　　D. 意识度

3. 以下哪些指标用于衡量顾客对特定品牌或产品的忠诚度？（   ）

A. 品牌忠诚度　　　B. 转化率　　　C. 客户满意度　　　D. 市场份额

4. 在营销活动中，以下哪些指标衡量广告或推广活动中用户点击广告的比例？（　　）

A. 点击率　　　　　　B. 曝光量　　　　　　C. 广告 ROI　　　　　　D. 转化率

5. 以下哪些指标衡量营销活动中从潜在客户获取的实际销售机会？（　　）

A. 平均购买金额　　　B. 转化率　　　　　　C. 市场份额　　　　　　D. 广告频次

三、简答题

1. 什么是再营销？

2. 再营销是如何利用用户行为数据的？

3. 再营销的优势是什么？